Mosaik bei
GOLDMANN

Buch

Die Körpersprache ist nicht nur um einige Millionen Jahre älter als die verbale Kommunikation, sie ist dieser zudem weit überlegen, wenn es darum geht, Gefühle und Emotionen zum Ausdruck zu bringen. Die Gestik und Mimik der Verführung ist universell und wird in allen Gesellschaften und Kulturkreisen gleich verstanden. Zu diesem Schluss ist der Anthropologe Dr. David Givens nach jahrelanger Forschungsarbeit gelangt, und endlich teilt er sein wertvolles Wissen mit allen Paarungswilligen und Partnersuchenden: Denn wer beim Werben die Signale des Körpers optimal einzusetzen weiß und zugleich die geheimen Signale des Gegenübers richtig deutet, müht sich nicht länger mit den Falschen ab, sondern findet auf Anhieb den richtigen Partner – und kann ihn auch halten.

Autorin

Dr. David Givens, zunächst wissenschaftlicher Mitarbeiter, dann Leiter der Informationsstelle der »American Anthropological Association«, leitet heute das »Center for Nonverbal Studies« in Spokane, Washington. Die Beiträge des weltbekannten Anthropologen erscheinen in »Harper's«, »The New Yorker«, »U. S. News« sowie in der »New York Times«.

David Givens

Körpersprache der Liebe

Selbst die richtigen Signale senden
Signale des Partners richtig deuten

Aus dem Englischen von
Christiane Burkhardt

Mosaik bei
GOLDMANN

Die Ratschläge in diesem Buch wurden vom Autor und vom Verlag sorgfältig erwogen und geprüft, dennoch kann eine Garantie nicht übernommen werden. Eine Haftung des Autors bzw. des Verlags und seiner Beauftragten für Personen–, Sach- und Vermögensschäden ist ausgeschlossen.

FSC
Mix
Produktgruppe aus vorbildlich
bewirtschafteten Wäldern und
anderen kontrollierten Herkünften

Zert.-Nr. SGS-COC-1940
www.fsc.org
© 1996 Forest Stewardship Council

Verlagsgruppe Random House FSC-DEU-0100
Das für dieses Buch verwendete FSC-zertifizierte Papier *Munken Print*
liefert Arctic Paper Munkedals AB, Schweden.

1. Auflage
Deutsche Erstausgabe Oktober 2006
© 2006 der deutschsprachigen Ausgabe
Wilhelm Goldmann Verlag, München,
in der Verlagsgruppe Random House GmbH
© 2005 David Givens
Originaltitel: Love Signals
Dieses Werk wurde im Auftrag von St. Martin's Press, LLC,
durch die Literarische Agentur Thomas Schlück GmbH
30827 Garbsen, vermittelt.
Umschlaggestaltung: Design Team München
Umschlagmotiv: Zefa/masterfile/Didge
Illustrationen: Aaron Huffman
Redaktion: Dagmar Rosenberger
Satz: Buch-Werkstatt GmbH, Bad Aibling
Druck und Bindung: GGP Media GmbH, Pößneck
WR · Herstellung: Han
Printed in Germany
ISBN 10: 3-442-16792-2
ISBN 13: 978-3-442-16792-0
www.goldmann-verlag.de

Oh, wie sie auf die Hand die Wange lehnt!
Wär ich der Handschuh doch in dieser Hand,
und küsste diese Wange!
(William Shakespeare,
Romeo und Julia)

Für Doreen in Liebe

Inhalt

Vorwort 11

1. Uralt und immer wieder neu:
Die Kunst des Liebeswerbens 17
Die nonverbale Sprache der Liebe • Was sagen unsere Hände? • »Fremdeln« ist ganz normal! • Die Mimik ist tabu! • Aneinander gewöhnen • Attraktive Augenbrauen • Werben – was ist das eigentlich? • Die fünf Phasen des Liebeswerbens • *Geben Sie sich harmlos!* • *Fallbeispiel: Der Flirt in der Cafeteria*

2. Phase eins: Aufmerksamkeit erregen 47
Fallbeispiel: Schlaflos in Seattle • Das ungeschriebene Gesetz des Flirtens • Das Balzverhalten des Laubenvogels • Im Team klappt alles besser • So zeigen Sie Präsenz • *Fallbeispiel: Der Rhythmus macht's!* • Liebe im Vorübergehen • Setzen Sie modisch ein Zeichen • *Wie wichtig ist der erste Eindruck?* • Haarige Signale • Betonen Sie Ihre Weiblich- bzw. Männlichkeit • Was Augenbrauen verraten • *Marylins Augenbrauen* • Zeigen Sie Taille • Breite Schultern machen Eindruck • Harmlos wirken • Bieten Sie den Hals • Bewegen Sie die Schultern • *Fallbeispiel: Siegreich in Seattle*

3. Phase zwei: Ein Blick sagt mehr als 1000 Worte 81
Ein ungleiches Paar: Mensch und Vogel • Positive Signale • Mit den Wimpern klimpern • Ein aufrichtiges Kompliment •

Synchronballett • Bekennen Sie Farbe • Das Spiel mit den Haaren • Verräterische Gesten • Zuneigung oder Abneigung? • Große Augen signalisieren Gefallen • Kommunikation mit dem Kiefer • So stellen Sie Blickkontakt her • Was, wenn ich übersehen werde? *Negative Signale* • Hilfe, der andere ist wie gelähmt! • Die berüchtigte kalte Schulter • Ein verkniffener Mund sagt alles

4. Phase drei: Konversation 111
Kein Versteck in Sicht • *Das stumme Liebespaar* • Sprechen Sie über das Nächstliegende • *Quiz: Wie komme ich am besten ins Gespräch?* • Gestikulieren Sie • *Fallbeispiel: Ein Tête-à-Tête in zwölftausend Metern Höhe* • Auf das Timing kommt es an • Wenn sich Primaten tief in die Augen sehen … • Verräterische Augenbewegungen • Lesen Sie von den Lippen • Der richtige Tonfall • Geeignete Treffpunkte • Attraktive Themen

5. Phase vier: Die Sprache der Berührungen 137
Zärtliche Signale • Die erste Berührung • *Eindeutige Gesten im Crocodile Café* • Männer grapschen, Frauen fühlen • Die erste Umarmung • Der erste Kuss • *Küsse besiegeln die Liebe* • *Es hat gefunkt!*

6. Phase fünf: Sex 161
Liebe ohne Worte • Wann ist der richtige Zeitpunkt? • *Sex oder wahre Liebe?* • Die Zeichen stehen auf Sex • *Was Frauen und Männer über Sex denken* • Auf dem Höhepunkt • Tipps fürs Vorspiel • Der Liebesschwur • Nach dem Sex

7. Ein Gesicht spricht Bände 177
Punkt, Punkt, Komma, Strich … • *Klassische Hingucker* • Was macht ein Gesicht attraktiv? • Stimmen Mimik und

Inhalt

Gesicht überein? • Flirtfaktor Augenbrauen • Die richtige Brille für Ihr Gesicht • Der Schönheitsfleck • Wenn Blicke sich begegnen ... • *Liebe auf den ersten Blick* • Geheime Frisurbotschaften • Ihr Gesicht ist Ihre Visitenkarte

8. Verführerische Körper 201
Die Venus-Figur • Die David-Figur • Nehmen Sie Haltung an • *Kleine Unterschiede* • Geschlechtsmerkmale • Die Evolution sexueller Attraktivität • Betonen Sie Ihre Stärken • Hals ist nicht gleich Hals • Die Sprache der Schultern • Brust raus! • Hüften & Po

9. Kleidung und Schmuck: Verführung pur 225
Das Mauerblümchen • Was Jeans so sexy macht • Passt der Schuh? • Wie Frauen mit Schuhen tricksen • *Zeigt her eure Füßchen ...* • Männerschuhe signalisieren Kraft • Turnschuhe für Sie und Ihn • Das richtige »Beinkleid« • *Modetipps* • Die Sprache der Arme • *Echte Hingucker* • Tipps für schöne Schultern • Die Farben der Liebe

10. Die richtige Umgebung 251
In guter Gesellschaft • Sicherheitsabstand halten! • *Die ungeschriebenen Gesetze der persönlichen Zone* • *Die richtige Kulisse für ein romantisches Abendessen* • Wie stehen Sie zueinander? • Alles eine Frage der Orientierung • *Wie vom Blitz getroffen* • Sehen und gesehen werden • *Fallbeispiel: Lekking in den Golden Gardens* • Hier wird's romantisch! • *Liebende im Nebel* • Das richtige Ambiente

11. Damit die Chemie stimmt 275
Der Duft der Frauen, der Duft der Männer • Duftsignale schaffen Präsenz • *Sex liegt in der Luft!* • Duftende Küsse • Verlockende Früchte • Komposition der Duftnoten • *Das*

Inhalt

Parfüm, das schlank macht • Kann Ihr Aftershave sprechen? • Hunger auf Sex • Scharfe Speisen = scharfer Sex • Der Sex-Appeal von Schokolade • Aphrodisiaka – Ja oder Nein? • *Legendäre Aphrodisiaka* • Süchtig nach Liebe • Sind Sie auf Kuscheldroge? • Chemische Anziehungskräfte

12. Zusammenbleiben: Signale für eine glückliche Beziehung.. 299
Leidenschaftliche versus kameradschaftliche Liebe • Wie verhält sich Ihr Partner Fremden gegenüber? • *Hält das Liebesglück?* • Kameradschaftliche Liebessignale • Kommunizieren, kommunizieren, kommunizieren!

Danksagung.. 314
Literatur 315
Register 323

Vorwort

> *MARIANNE: Ach, hören Sie schon auf, Professor. Das sind ganz normale amerikanische Jugendliche.*
> *PROFESSOR: Amerikanisch, ja – normal, nein. Was Sie da sehen Marianne, ist eine echte Subkultur!*
> (Beach Party, 1963)

In dem Musical *Beach Party* spielt Robert Cummings den Anthropologen Robert Sutwell, der das Flirtverhalten von südkalifornischen Surfern erforscht und mit dem Balzverhalten des nordamerikanischen Schreikranichs vergleicht. Wenn er nicht gerade durch sein Fernglas schaut, wendet er die Methode der *partizipierenden Beobachtung* an und wirbt experimentell um die weibliche Hauptfigur Dolores, gespielt von Annette Funicello. Sein Ziel ist es, herauszufinden, wie die männliche Hauptfigur, Frankie Avalon, darauf reagiert.

Das Musical beginnt damit, dass Dolores und Frankie zu einem vermeintlich romantischen Strandurlaub aufbrechen. Aus Angst vor möglichen Konsequenzen hat Dolores jedoch sicherheitshalber auch ihre Surferfreunde eingeladen. Frankie fühlt sich hintergangen und flirtet mit einer anderen Frau, um Dolores eifersüchtig zu machen. Als Dolores sich rächt, indem sie mit Professor Sutwell anbandelt, geht Frankies Plan nach hinten los.

Vorwort

Beach Party war nur einer von vielen Filmen, die an kalifornischen Stränden spielen und Kleidung, Frisuren, Sprachgebrauch, Musik sowie die wilden Tänze der dortigen Surferszene zeigen. Der Film war alles andere als wissenschaftlich und in erster Linie eine Komödie.

Als Student am San Diego State College im ersten Semester wusste ich damals natürlich noch nicht, dass ich mich eines Tages als Anthropologe mit der Körpersprache der Verführung beschäftigen würde. Nie hätte ich gedacht, dass so vieles aus dem Film *Beach Party* wirklich stimmt: Der Vergleich, den der Professor zwischen Surfern und Schreikranichen zieht, beruht durchaus auf biologischen Fakten. Vieles an unserem Flirtverhalten hat seine Wurzeln in der Evolution der Wirbeltiere. Um einen Partner zu finden, verwenden wir Bewegungen, Gesten und Körperhaltungen, die auch von Reptilien, Säugetieren und Vögeln benutzt werden.

Nehmen wir nur mal das Tanzen: Schreikraniche umwerben die Weibchen, indem sie mit den Flügeln schlagen, den Kopf senken und in die Luft springen. Das Männchen stolziert vor dem Weibchen auf und ab, stampft mit den Füßen, schüttelt den Kopf und rauft sich die Federn, wie um zu sagen, »Alle mal hersehen!« Ein interessiertes Weibchen ahmt seine Bewegungen nach, tanzt mit ihm, senkt den Kopf, wenn er den Kopf senkt, und wirft mit ihrem Schnabel einen Zweig in die Luft. Wenn es dunkel wird, tanzen auch die Surfer am Strand, schwingen synchron die Arme schütteln die Köpfe und stampfen mit den Füßen. Sie vollführen rhythmische Bewegungen mit dem Oberkörper, um ihrem Wunsch nach körperlicher Nähe Ausdruck zu verleihen.

Auf der nonverbalen Ebene gibt es deutliche Parallelen zwischen dem tierischen und dem menschlichen »Balzverhalten«. Mensch und Tier senden und empfangen Körpersignale, die es ihnen erlauben, sich näher zu kommen. Beim Menschen nennen wir diese Gesten, Körperhaltungen, Gesichtsausdrücke und Kleidungsbotschaften »Liebessignale«.

Liebessignale

Am Anfang dieses Buches stehen die fünf Phasen des Liebeswerbens. In Phase eins, dem Erregen von Aufmerksamkeit, zeigen wir körperlich Präsenz und betonen unsere Weiblichbzw. Männlichkeit sowie unsere Bereitschaft, Kontakt aufzunehmen. In Phase zwei, in der wir uns gegenseitig wahrnehmen, überprüfen wir, wie die anderen auf unser Angebot zur Kontaktaufnahme reagieren. Ist das Feedback positiv, folgt Phase drei, die Konversation. Während des Sprechens gehen weitere nonverbale Signale hin und her, die, wenn alles gut geht, noch mehr Nähe ermöglichen und zu Phase vier überleiten. In der Berührungsphase kommunizieren wir nicht mehr nur verbal, sondern auf eine wesentlich archaischere, sinnlichere Art und Weise. Hatte das Liebeswerben Erfolg, folgt in Phase fünf eine sexuelle Begegnung: Man »macht Liebe«. Dieses Buch geht detailliert auf die nonverbalen Signale ein, die wir in jeder dieser fünf Phasen aussenden und empfangen.

Danach zeige ich, welch wichtige Rolle die Mimik bei der Werbung um einen Partner spielt. Sie werden lernen, wie Sie sich am besten in Szene setzen können. Anschließend entschlüssele ich Ihre Körpersprache und beschreibe die geheimen Signale, die Schultern, Hals, Arme, Hände, Taille, Waden, Knöchel, Füße und Zehen aussenden. Da wir normalerweise bekleidet sind, darf auch eine Analyse von Schnitt, Farben und sonstigen Details unserer Garderobe nicht fehlen. Dann machen wir uns noch gemeinsam Gedanken über das richtige Ambiente, denn eine bestimmte Umgebung kann das Kennenlernen begünstigen oder erschweren. Chemische Signale aus Düften, Geschmäckern, Steroiden, Sterinen und Hormonen haben großen Einfluss auf die Gefühle des Partners, sodass wir diese unsichtbaren Botschaften ebenfalls näher betrachten.

Vieles, was in diesem Buch steht, sind empirische Erkenntnisse aus der Feldforschung. Nachdem ich an der University of Washington meinen Doktor in Anthropologie gemacht hatte, bewegte ich mich in Single-Kreisen und beobachtete, wie Männer und Frauen auf Partys, in Cafés und in Bars verzweifelt versuchten, sich näher zu kommen. Im Schutz einer Topfpalme wurde ich das, was der französische Anthropologe Claude Lévi-Strauss einen »unbeteiligten Augenzeugen« genannt hat. Dabei entdeckte ich ein universelles Verhaltensmuster, mit dem die Paare nonverbal Kontakt aufnahmen. Egal, ob wir in Neu-Delhi, New York oder Hamburg leben – wenn wir um einen Partner werben, verwenden wir alle dieselbe Körpersprache. Das vorliegende Buch fasst meine Forschungsergebnisse zusammen.

Die Körpersprache ist heute wissenschaftlich sehr viel besser erforscht als früher. In den 1960er-Jahren war die nonverbale Kommunikation nur ein untergeordneter Zweig der

Phrenologie (griech. *phrenos* = Geist, Gemüt). Fortschritte im Bereich der Neurowissenschaften, der Evolutionsbiologie und der Gefühlsforschung haben die Körpersprache zu einem seriösen Forschungsgegenstand werden lassen. Wissenschaftler haben inzwischen die Nervenbahnen identifiziert, die nonverbale Signale mit dem Nervensystem verbinden. Für die Partnersuche bedeutet das, dass wir verborgene Motive, Emotionen und Gefühle heute viel klarer und deutlicher erkennen können.

Das vorliegend Buch ist aber vor allem auch ein praktischer Ratgeber. Es schildert die kleinen Flirt-Rituale in Aufzügen, in der U-Bahn und am Arbeitsplatz, gibt Tipps für verführerische Blicke, hilft, in den Augen des Partners zu lesen, und verrät uns alles über die richtige Art zu sitzen, zu stehen, zu laufen, sich zu kleiden, ja sogar sich zuzuprosten. Es macht uns fit für das faszinierende Abenteuer, einen Partner zu finden, zu verführen – und zu halten. Wer die geheime Körpersprache der Liebe kennt, ist dabei deutlich im Vorteil. Mit Hilfe dieses Buches lernen Sie, die wahren Motive und Gefühle Ihres Gegenübers verlässlich zu entschlüsseln. Und je besser Sie die geheime Sprache der Verführung beherrschen, desto leichter finden Sie einen liebevollen, treuen Partner. Viel Spaß bei diesem besonderen Sprachkurs und viel Erfolg bei der Partnersuche!

1. Uralt und immer wieder neu: Die Kunst des Liebeswerbens

»Wenn ich mit dem Kindergarten
fertig bin, suche ich mir eine Frau.«
(Tom, 5 Jahre alt)

»Es ist besser angesehen zu werden
als übersehen zu werden.«
(Mae West)

Körpersprache der Liebe ist ein praktischer Ratgeber zur Körpersprache der Verführung. Er beschäftigt sich mit den nonverbalen Zeichen, Signalen und sonstigen Hinweisen, die Menschen austauschen, um einen Partner zu finden und zu halten. Als Kommunikationsmedium geht die nonverbale Sprache der Liebe dem gesprochenen Wort um Millionen Jahre voraus. Lange bevor er sprechen konnte, warb der Mensch mit Mimik und Gestik um einen Partner. Und trotz der sechstausend Sprachen, die auf der ganzen Welt gesprochen werden, drücken wir Gefühle und Emotionen auch heute noch hauptsächlich ohne Worte aus.

Die erste wissenschaftliche Studie über das Liebeswerben des *Homo sapiens* wurde in den 1960er-Jahren durchgeführt. Mit Hilfe einer mit speziellen Spiegellinsen bestückten Kamera filmte der Biologe Irenäus Eibl-Eibesfeldt vom deutschen Max-Planck-Institut unbemerkt Paare und konnte so viele auf der ganzen Welt verbreitete Flirt-Rituale dokumentieren. Bevor er sich mit dem Sozialverhalten des Menschen beschäftigte, schrieb der Konrad-Lorenz-Schüler Eibl-Eibesfeldt seine Doktorarbeit über die Paarungsbiologie der Erdkröte. Seine Forschungsreisen führten ihn nach Frankreich, Brasilien, Samoa und in viele andere Länder, wo Eibl-Eibesfeldt ein universelles Vokabular nonverbaler Zeichen entdeckte, die beim Verführen, Flirten und Liebeswerben zur Anwendung kommen.

Seit den 1960er-Jahren gab es in den Disziplinen Archäologie, Anthropologie, Linguistik, Primatologie, Psychologie und Psychiatrie zahlreiche Projekte, mit deren Hilfe es gelang, ein Wörterbuch der Paarungssignale zu erstellen. Die Fortschritte in den Neurowissenschaften während und nach der so genannten »Dekade des Gehirns« von 1990 bis 2000 haben dafür gesorgt, dass wir unsere Kenntnisse über nonverbale Paarungssignale noch weiter vertiefen konnten.

Heute wissen wir wesentlich genauer, wie das Gehirn nonverbale Signale verarbeitet. So wie beispielsweise die Sprachzentren des Gehirns, das Broca- und Wernicke-Areal, die gesprochene Sprache kontrollieren, beherrschen ältere Hirnregionen die nonverbale Kommunikation. Spezielle Schaltkreise im Zentralen Nervensystem senden, empfangen und verarbeiten die nonverbalen Signale, ohne dass sie uns überhaupt ins Bewusstsein gelangen.

Bei den 90 Prozent von uns, die Rechtshänder sind, werden nonverbale Signale in der rechten Gehirnhälfte verarbeitet. Unsere rechte Gehirnhälfte funktioniert ganzheitlicher, visuell-räumlicher und intuitiver als die linke Gehirnhälfte, die verbaler, analytischer und rationaler ist. Ein Bereich in der Gehirnmitte namens *Gyrus cinguli* produziert nonverbale Gefühlssignale. Wir entziffern Mimik und Gestik mit Hilfe bestimmter Schichten der Großhirnrinde.

Die nonverbale Sprache der Liebe

Die nonverbale Sprache der Liebe ist universell. Wenn es um Verführung geht, sind Haltung, Gestik und Mimik in allen Gesellschaften und Kulturen gleich. Ein typisches Beispiel dafür ist der *En-face*-Blick. Damit ist eine ganz besonders innige Form des Augenkontakts zwischen Müttern und ihren Neugeborenen gemeint. Eine liebende Mutter bringt ihr Gesicht ganz nahe an das ihres Babys heran und begibt sich auf seine Augenhöhe, um einen optimalen Augenkontakt aufzubauen. Ihr *En-face*-Blick nimmt das Neugeborene völlig gefangen, sodass es aufhört zu weinen, und sorgt für eine enge Mutter-Kind-Bindung. Kinderärzte betrachten diese *En-face*-Kommunikation als eine Art »Tanz«: Mutter und Kind betrachten sich verzückt, stimmen ihre Bewegungen aufeinander ab und imitieren die Mimik des Gegenübers, um eine starke Beziehung aufzubauen.

Das *En-face* ist außerdem ein weltweit verbreitetes Paarungsritual. Verliebte Paare bringen ihre Gesichter ganz nah zueinander, fixieren sich und sehen sich als Beweis ihrer Liebe tief in die Augen. Im übertragenen Sinn werden sie jeweils zum Baby des anderen. Weil es so ein mächtiges Liebessignal ist, wird das *En-face* im amerikanischen Alabama als genauso romantisch und unwiderstehlich empfunden wie im südafrikanischen Zululand.

Da die Körpersprache der Verführung universell ist, braucht man beim Liebeswerben die Muttersprache des Partners nicht unbedingt zu beherrschen. Eine der exotischsten Liebeswerbungen, die ich kenne, spielte sich zwischen einem großen weißen Mann mittleren Alters aus New Jersey und einer jungen afrikanischen Pygmäin ab – und das völlig ohne Worte. Vor ihrer Verlobung äußerten weder sie noch er ein für beide Seiten verständliches Wort. An die Stelle der Konversation trat die Gestik.

Aber wenn die Körpersprache der Liebe universell ist, warum brauchen wir dann einen Ratgeber, um sie zu entschlüsseln? Das liegt unter anderem daran, dass viele das Heiraten zugunsten ihrer Karriere auf später verschieben. In fortgeschrittenem Alter haben sie dann Schwierigkeiten gleich alte, kluge und erfolgreiche Partner zu finden, die oft genug äußerst wählerisch sind. Wer erst einmal in den Dreißigern ist, verliebt sich nicht mehr so Hals über Kopf wie damals an der Uni. Ein weiterer Grund besteht darin, dass geschiedene Männer und Frauen aus der Übung gekommen sind: Sie haben Schwierigkeiten, die Liebessignale zu entziffern, die sie als Teenager und Mittzwanziger noch mühelos verstanden haben. Viele, die nach ihrer Hochzeit aufgehört haben zu flirten, haben Probleme, wieder mit dem Flirten zu beginnen. In Großstädten sehnen sich tausende von Singles nach der Aufmerksamkeit völlig Fremder. In der Vergangenheit galt das Liebeswerben – zumindest in ländlichen Regionen – eher Bekannten, die als

»ungefährlich« galten. Wer sich nicht kannte, nahm häufig die Hilfe von Ehestiftern in Anspruch, um die psychologische Barriere der Fremdenangst leichter zu überwinden.

Heute sieht die Partnersuche völlig anders aus. Städtische Singles sind von Fremden regelrecht umzingelt. Manche greifen auf eine Partnervermittlung zurück, unternehmen Kreuzfahrten, schalten Kontaktanzeigen oder durchforsten das Internet. Viele machen dabei die Erfahrung, dass der Kontakt mit Unbekannten unangenehm, unberechenbar, ja sogar gefährlich sein kann. Meint es diese Frau wirklich ernst? Sagt sie die Wahrheit? Kann ich diesem Mann vertrauen? Hat er ehrliche Absichten? Ist er gefährlich? Auf was muss ich achten?

Die Antworten auf solche Fragen sind nicht im Gesagten zu finden, das leicht täuschen kann, sondern in der wesentlich aufrichtigeren, unverstellteren Körpersprache, in unserer Mimik und Gestik. Geheime Botschaften, die mit Hilfe von Schulterzucken, Augenzwinkern, Aftershaves, Augenbrauen, Tätowierungen und Schuhwerk übermittelt werden, vervollständigen das nonverbale Bild, mit dem sich das vorliegende Buch beschäftigt. *Körpersprache der Liebe* zeigt, wie man bei einem potenziellen Partner zwischen den Zeilen liest.

Wie Sie noch sehen werden, enthält das heimliche Drehbuch des Körpers seitenweise Hintergedanken, Gefühle und Ängste. Die Schätzungen darüber, auf welchen Prozentsatz sich unsere nonverbale Kommunikation beläuft, liegen zwischen 60 und 93 Prozent. Beim Liebeswerben überschreitet die emotionale, nonverbale Kommunikation die 99-Prozent-Marke. Wenn es um Gefühle geht, sagt unser Körper mehr als tausend Worte.

Was sagen unsere Hände?

Ein typisches Beispiel dafür sind die Hände, die beim Liebeswerben eine ganz besondere Rolle spielen. Wir empfinden Finger, Handflächen und Handgelenke als extrem attraktiv. Bestimmte Zentren in unseren Schläfenlappen, den Gehirnregionen, die sich direkt über unseren Ohren befinden, reagieren ausschließlich auf Handformen (Kandel, 1991). Männer wie Frauen reagieren unbewusst auf das äußere Erscheinungsbild der Hände und Finger des jeweils anderen, aber auch auf ihre expressive Gestik.

Eine nach oben zeigende Handfläche wird auf der ganzen Welt als freundlich empfunden. Diese einladende Geste bedeutet: »Du kannst ruhig näher kommen.«

Im Alltag, aber auch in der Kunst, sind die Hände unsere »großen Kommunikatoren«. Bei Michelangelos David-Statue sind es die Hände, die uns in den Bann ziehen, dasselbe gilt für sein Deckengemälde in der Sixtinischen Kappelle. Hände erzeugen die nachdenkliche Stimmung von Rodins Meisterwerk *Der Denker*. Dank unserer Schläfenlappen »sprechen«

die Hände zu uns und erregen beinahe ebenso viel Aufmerksamkeit wie Gesichter.

Beim Liebeswerben wirken Gesten, bei denen die Handfläche nach oben zeigt, freundlicher als solche, bei denen dies nicht der Fall ist. Sie gehören zu einem Demut signalisierenden Schulterzucken, das Charles Darwin 1872 in seinem Klassiker *Der Ausdruck der Gefühle bei Mensch und Tier* beschrieben hat. Nach oben zeigende Handflächen sind gestische Überbleibsel einer uralten Kauerstellung, einer primitiven Schutzhaltung, die eher defensiv als offensiv zu verstehen war.

Frauen finden Männerhände und Männerhandgelenke äußerst attraktiv. Am besten, Sie präsentieren sich mit kurzen Ärmeln.

Wer sein Jackett lässig über die Schulter wirft, präsentiert einen maskulinen Unterarm samt Handgelenk und Hand.

Unsere nächsten tierischen Verwandten, die Schimpansen, begrüßen sich mit nach oben zeigenden Handflächen, um zu demonstrieren, dass sie sich freundlich gesinnt sind. Bei Menschen haben sich Gesten, bei denen die Handfläche offen sichtbar ist, ebenfalls bewährt, um auszudrücken, »Vertrau mir, ich tu dir nichts.« Auf der ganzen Welt gelten nach oben zeigende Handflächen als charmant und entwaffnen auf psychologische Weise Partner, die sich ihrer Absichten noch nicht ganz sicher sind.

Im Gegensatz dazu wirken nach unten zeigende Handflächen aggressiv. Wer mit nach unten weisenden Handflächen gestikuliert, haut beispielsweise auf den Tisch, um seine Aussagen aggressiv zu unterstreichen. Eine nach unten zeigende Handfläche erinnert an das zeremonielle Aufstampfen eines Sumo-Ringers vor dem Kampf. Da beide Gesten sehr bestimmt und offensiv sind, eignen sie sich nicht für das Werben um einen Partner. Überall auf der Welt werden Gesten mit nach unten zeigenden Handflächen verwendet, um Autorität und eine ablehnende Haltung zu vermitteln.

Ein Beispiel dafür ist das weit verbreitete Wedeln mit der Hand für »Nein!«, was gewissermaßen ein Kopfschütteln symbolisiert. Ein weiteres ist die zweifach hintereinander ausgeführte »Moutza«-Geste, bei der beide Hände mit nach unten bzw. außen zeigenden Handflächen abwehrend nach vorn gestoßen werden, um zu sagen: »Fahr zur Hölle!« Aggressive Schlaggesten, bei denen die Handflächen nach unten gerichtet sind, unterstreichen die eigenen Ideen, Meinungen und Bemerkungen, wirken beim Liebeswerben jedoch deutlich unattraktiv. Auf einer Weinprobe sah ich zu, wie sich meine Freundinnen Toni und Karen mit zwei Unbekannten namens Bill und Steve unterhielten. Die vier bildeten einen Kreis in der Probierstube und hielten ihre Weingläser jeweils in der rechten Hand. Während Toni sprach, drehte sie ihre linke Hand so, dass die Handfläche nach oben zeigte. Der Oberarm blieb eng am Körper, während sie ihre Hand zu Bill und Steve streckte und diese damit regelrecht herbeizuwinken schien. Karen dagegen umfasste ihr Weinglas mit beiden Händen. Sie gestikulierte kaum, und wenn, dann ließ sie die linke Hand knapp unter ihr Weinglas sinken. und zwar so, dass die Handfläche nach unten zeigte. Ihre gestreckten Finger, mit denen sie abgehackte Auf-und-ab-Bewegungen vollführte, wirkten steif. Karens Gestik mit der nach unten zeigenden Handfläche verlieh dem, was sie sagte, Autorität, stellte aber keine Verbindung zu den Männern her.

Tonis Gesten, bei denen die Handfläche nach oben zeigte, waren häufig zu beobachten und freundlich. Sie streckte die linke Hand aus, um Aufmerksamkeit zu erregen. Karens Gesten traten nur sporadisch auf, waren dafür aber umso nachdrücklicher und intensiver. Von ihrer Handfläche war nichts zu sehen, und ihre ruckartigen Dirigierbewegungen ließen sie unfreundlich und ablehnend wirken. Wie reagierten die Männer darauf? Bill und Steve schenkten Toni deutlich mehr Aufmerksamkeit. Sie sahen und lächelten sie häufiger an und gestikulierten ebenfalls mit nach oben zeigenden Handflächen. Beim Liebeswerben kommt es also sehr auf die Hände an.

Wie das Aufstampfen eines Sumo-Ringers werden auch Gesten, bei denen die Handflächen nach unten zeigen, subkortikal von den *Basalganglien* kontrolliert. Die Basalganglien sind urzeitliche Bewegungszentren, die in unseren Großhirnhemisphären liegen. Sie steuern ein reptilisches Imponierverhalten. So wie sich der Leguan aufbläht, um sich größer zu machen und männliche Rivalen zu beeindrucken, sind auch unsere Handfläche-nach-unten-Gesten von uralten Imponiergebärden abgeleitet. Beim Werben um einen Partner wirken sie wenig attraktiv, da sie Dominanz statt Kooperation signalisieren. In den 1950er-Jahren sang Elvis Presley mit nach oben zeigenden Handflächen, um die Frauen anzuziehen. Die heutigen Rapper-Gesten mit den nach unten gerichteten Handflächen scheinen dagegen zu sagen: »Geh mir aus den Augen.«

»Fremdeln« ist ganz normal!

Die offenen Handflächen zu zeigen ist äußerst wirkungsvoll, wenn es beim Liebeswerben darum geht, das natürliche Misstrauen zwischen Fremden zu überwinden. Dieses Misstrauen entwickelte sich vor Millionen von Jahren, um uns vor potenziell gefährlichen Unbekannten zu schützen. Xenophobie (*xenos* ist das griechische Wort für »Fremder« und *phobos* bedeutet »Angst«) ist beim Menschen weit verbreitet. Jede Kultur misstraut dem Fremden in ihrer Mitte, und auch wir sind vorsichtig, wenn es um Neuankömmlinge und Außenseiter geht – sogar, wenn wir sie attraktiv finden.

Treffen wir bei unserer Partnersuche auf jemanden, den wir nicht gut kennen, fühlen wir uns oft unbehaglich und befangen. Dieses ängstliche Gefühl ist völlig normal. Vor sechzig Jahren stellte der Psychologe Edward Thorndike die These auf, dass die Angst vor Fremden angeboren ist. Spätere Forschungen bestätigten, dass das, was Psychologen als Fremdenangst bezeichnen, tatsächlich eine weit verbreitete – höchstwahrscheinlich sogar universelle – menschliche Reaktion ist.

Wenn sich ein Fremder nähert, kann es passieren, dass unsere Hände kalt und feucht werden, weil das sympathische Nervensystem die Blutgefäße in den Händen verengt. Der Adrenalinspiegel im Blut steigt, und die Handflächen produzieren genügend Schweiß, um beim Lügendetektortest durchzufallen. Bei manchen ist die Schweißproduktion so stark ausgeprägt, dass ihnen ein freundliches Händeschütteln peinlich ist.

Fremdenangst sowie ein generelles Misstrauen vor neuen Dingen und Erfahrungen entstehen bereits in frühester Kindheit, und zwar in einem Alter von fünf bis neun Monaten. Da ist es nur zu unserem Vorteil, wenn wir Angst davor haben, unbekannte Gegenstände aufzuheben oder uns von fremden Erwachsenen auf den Arm nehmen zu lassen. Vorsicht schützt uns vor Gefahr.

Bei Affen treten diese Angstreaktionen spontan in den ersten zwei bis drei Lebensmonaten auf. Menschliche Babys beginnen etwa im Alter von einem halben Jahr Angstreaktionen wie Weinen, Klammern und den Blick abwenden zu zeigen. Ein weiterer Indikator für Angst ist ein plötzliches, leichtes Stirnrunzeln, das senkrechte Falten über der Nase des Kleinkinds erzeugt. Kinderärzte bezeichnen diesen verräterischen Gesichtsausdruck als Ernüchterung oder »Kalte Dusche«. Das so genannten Fremdeln erreicht im Alter von anderthalb Jahren seinen Höhepunkt und nimmt mit zwei, drei Jahren wieder etwas ab.

Auch wenn die Fremdenangst in der Kindheit abklingt, verschwindet sie nicht vollständig. Beim Werben um einen Partner ist sie besonders stark ausgeprägt. Sie hält uns davon ab, einen völlig Fremden zu fragen, ob er mit uns ausgehen will. Fremdenangst erkennt man daran, wenn der Partner unseren Blicken ausweicht, sich auf die Lippen beißt oder diese zusammenkneift.

Das ist dieselbe schützende Mimik, die ein Kleinkind macht, wenn ihm ein Fremder zu nahe kommt. Auch als Erwachsene kneifen wir unwillkürlich unsere Lippen zusammen und wenden den Kopf ab, um Augenkontakt zu vermeiden, wenn wir mit Fremden Aufzug fahren müssen oder auf Menschen treffen, die wir noch nicht kennen. Wir haben nicht wirklich Angst vor ihnen, aber unsere Körpersprache signalisiert Zurückhaltung und Unzugänglichkeit. Egal, wie flüchtig diese Signale auch sind – sie sind wirkungsvoll genug, um den anderen auf Distanz zu halten.

Um das erste Treffen so erfolgreich wie möglich zu gestalten, sollten Sie deshalb versuchen, keine Fremdenangst zu zeigen. Da dies unbewusst geschieht, ist es nicht leicht, die entsprechenden Signale zu vermeiden. Doch indem Sie wissen, worauf Sie achten müssen und die Ursachen kennen, können Sie Ihre Körpersprache kontrollieren. Ihre Gesichts–, Hals- und Schultermuskeln werden von speziellen Viszeralnerven gesteuert. Wenn Ihnen ängstlich zumute ist, sorgen diese Schaltkreise dafür, dass sich die Muskeln, die ablehnende Gesichts- und Kopfbewegungen erzeugen, automatisch zusammenziehen.

Der zweiunddreißigjährige Tom beschwerte sich darüber, dass sich die Frauen in Bars nie mit ihm unterhalten wollten. Selbst wenn ihm Freunde dabei halfen, Frauen an seinen Tisch zu locken, plauderten diese angeregt mit allen außer mit Tom. Sie ignorierten ihn, so als sei er gar nicht da. Eine Videoaufnahme, die Tom in der Bar zeigt, lieferte die Erklärung dafür: Jedes Mal, wenn er Augenkontakt herstellte, kniff Tom seine Lippen zu einem dünnen Strich zusammen. Das ließ ihn unglücklich und unzufrieden wirken. Dabei war er einfach nur ängstlich. Frauen, die Tom kennen, beschreiben ihn als gut aussehend und einfühlsam, aber sein zusammengekniffener Mund hielt Fremde auf Distanz. Nachdem sich Tom selbst auf Video gesehen hatte, gelang es ihm, seinen Mund zu entspannen – und schnell war es mit seiner ungewollten Einsamkeit vorbei.

Diese Mimik ist tabu!

Die Anwesenheit eines Fremden regt die *Amygdala,* ein primitives Erregungszentrum im Gehirn, das vorn in unseren Schläfenlappen sitzt, dazu an, die Kiefermuskulatur sowie die Lippen anzuspannen und die Augenbrauen zusammenzuziehen – alles Dinge, die Unbehagen signalisieren. Außerdem kann eine dem Körper angeborene Erstarrungsreaktion auftreten, die sich in körperlicher Unbeweglichkeit und einer unfreundlichen, maskenartigen Mimik ausdrückt. Auch wenn Sie sich insgeheim wünschen, der nett aussehende Fremde solle näher kommen, entmutigen Sie ihn gleichzeitig mit ihrer Mimik und Körpersprache, die zu sagen scheinen »Bleib mir bloß vom Leib!«

Fremdenangst kann auch zu einer ablehnenden Mimik führen, bei der sie unfreiwillig die Zunge zeigen. Dabei schaut die Zungenspitze ein winziges Stück weit zwischen den Lippen hervor. In sozialer Hinsicht hat sich das Zungezeigen sowohl beim Gorilla als auch beim Menschen als negatives Signal herausgestellt. Ein Gorilla, der von seinem Lieblingsplatz vertrieben wird, oder ein Mensch, der einen Raum mit lauter Fremden betritt, zeigt unbewusst Zunge, um sein Missfallen kundzutun. Das Zungezeigen, eine abwehrendes Signal, das auch Kinder aussenden, wenn sie auf fremde Erwachsene zugehen müssen, wurde von Forschern als antisoziale Mimik entschlüsselt, die besagt, »Lass mich in Ruhe!«.

Die Amygdala im Gehirn kann beim Flirten eindeutig negative Signale erzeugen.

Wenn wir auf einer Party bei anderen Zungezeigen, angespannte Kiefermuskeln oder zusammengezogene Augenbrauen wahrnehmen, werden wir uns hüten, uns der betreffenden Person zu nähern. Wir nehmen an, der andere findet uns unattraktiv oder hat etwas gegen unsere Tätowierung am Knöchel. Doch wer sich einmal mit der Psychologie der Fremdenangst auseinander gesetzt hat, weiß, dass eine ablehnende Mimik keine Reaktion auf die eigene Person sein muss. Ganz zu Anfang einer Beziehung weiß der Partner schließlich noch gar nichts über einen. Das Problem besteht einzig und allein darin, dass man sich noch fremd ist – und das ist noch lange kein Grund, auf Distanz zu bleiben.

Aneinander gewöhnen

Studien in Korea, Japan und den Vereinigten Staaten haben gezeigt, dass schon die kleinste Ähnlichkeit, die man gegenüber einem Fremden entdeckt, zu einem gesteigerten Attraktivitäts- und Sympathiewert führen kann. Wenn man weiß, wo sie arbeitet oder welcher Glaubensrichtung er angehört, kann das ein positives Gefühl von Berechenbarkeit und Sicherheit vermitteln. Beim Liebeswerben besteht die einfachste Methode, so eine Ähnlichkeit herzustellen, in einer nonverbalen Technik namens *Mere Exposure*. Der Mere-Exposure- oder Gewöhnungseffekt, der erstmals 1968 vom Psychologen Robert Zajonc beschrieben wurde, besagt, dass eine wiederholte Konfrontation mit einem beliebigen Reiz – sei es nun ein Ölgemälde, ein chinesisches Ideogramm oder ein Fremder – unterschwellig positive Gefühle für diesen Reiz auslösen kann (Zajonc, 1968). Vereinfacht gesagt bedeutet Mere Exposure, dass man jemanden, den man schon mal irgendwo gesehen hat, lieber mag als einen völlig Unbekannten.

Beim Flirten funktioniert dieser Gewöhnungseffekt sogar in so unpersönlichen Räumen wie einem Aufzug. Wenn

Sie jeden Tag mit demselben Aufzug zu ihrem Büro fahren, entwickeln sie eine Art emotionale Verwandtschaft zu den Menschen, denen sie dabei häufig begegnen. Dann lächeln sie vielleicht, nicken sich zu und heben erkennend die Augenbrauen. Vielleicht sagen Sie sogar »Guten Morgen«, aber der Gewöhnungseffekt funktioniert auch ohne die gesprochene Sprache. Studien über die Entstehung und Verfestigung von menschlichen Beziehungen haben gezeigt, dass es einzig und allein auf die körperliche Nähe ankommt. Forscher haben festgestellt, dass man sich umso vertrauter miteinander fühlt, je geringer die funktionelle Distanz ist, d. h., je öfter man neben jemandem in der Cafeteria sitzt oder jemandem im Aufzug begegnet. Dieser Gewöhnungseffekt kann bereits ausreichen, damit man eine Person, die einem emotional »näher« ist, mehr mag als andere, deren Büros weiter entfernt liegen und die einem seltener über den Weg laufen.

Das Prinzip des Gewöhnungseffekts beruht auf Vorhersehbarkeit und Sicherheit. Das menschliche Gehirn zieht Bekanntes Unbekanntem vor.

Gesichter, die wir kennen, ziehen wir unbekannten Gesichtern eindeutig vor. Das gilt sogar für kleinste Details. Bei einem Experiment zeigten Forscher Frauen zwei Fotos von sich (Mita, Derner und Knight, 1977). Das eine Foto zeigte das Gesicht der Frau ganz normal, wie es sich der Kamera präsentiert hatte, während das zweite spiegelverkehrt abgezogen war: Die linke und die rechte Seite waren also vertauscht. Weil kein Gesicht völlig symmetrisch ist, passen die zwei Gesichtshälften eines Menschen nicht perfekt zusammen. Wie erwartet, bevorzugten die Frauen das spiegelverkehrte Foto, da sich ihr Gesicht darauf so darstellte, wie sie es jeden Morgen im Spiegel sahen. Ihre Freunde dagegen bevorzugten das echte Foto, weil es ihre Bekannte so zeigte, wie sie ihr jeden Tag begegneten.

In Bezug auf die Partnersuche besagt der Gewöhnungseffekt, dass Sie irgendeine Art von Vertrautheit herstellen sollten, bevor Sie eine Ihnen fremde Person ansprechen. Auf diese Weise schaffen Sie die psychologische Basis dafür, dass sich wirklich etwas zwischen ihnen entwickeln kann. Bevor Sie die sympathisch aussehende Supermarktangestellte um eine Verabredung bitten, sollten Sie öfter an ihrer Kasse anstehen, um die Dame an Sie zu gewöhnen. Die Chance, dass sie dann einwilligt, mit Ihnen einen Kaffee trinken zu gehen, wird sich dadurch drastisch erhöhen. Die wiederholte körperliche Nähe über einen kurzen Zeitraum hinweg verwandelt Sie von einem x-beliebigen Fremden in einen sympathischen Bekannten.

Attraktive Augenbrauen

Eine angenehme Art, einen Neuankömmling zu begrüßen, besteht in einem allgemein gültigen Signal, das Biologen als *Augengruß* bezeichnen. Dieses Signal wird überall auf der Welt als Zeichen für Freundschaft und Wohlwollen wahrgenommen. Sie stellen Augenkontakt her, lächeln, ziehen beide Augenbrauen hoch und schauen kurz darauf wieder weg. Dieser Augengruß ist ein positives Signal, das ausdrückt, »Ich freue mich, dich zu sehen.« Das darauf folgende Wegschauen besagt, dass keine Gegenleistung dafür erwartet wird. Rasch hintereinander ausgeführt machen die beiden Augenbotschaften deutlich, dass an den Gruß keinerlei Bedingungen geknüpft sind. Sie setzen den anderen nicht unter Druck und erwarten auch keine Antwort.

Je vertrauter anderen Ihr Gesicht wird, desto mehr Sympathie bringt man Ihnen entgegen. Zajonc glaubt, dass der Gewöhnungseffekt tief in der evolutionären Psychologie unserer Spezies verwurzelt ist. Es ist sehr wahrscheinlich, dass schon unsere frühesten hominiden Vorfahren vertraute Männchen oder Weibchen als sicherer empfanden als unbekannte. Das Prinzip der wiederholten Konfrontation beeinflusst unsere Kontaktaufnahme zu potenziellen Partnern noch heute.

Werben – was ist das eigentlich?

Das Wort »werben« hat sich aus der siebentausend Jahre alten indogermanischen Wurzel *gher-* entwickelt, was »packen« oder »umschließen« bedeutet. In jeder Kultur gelangt der Mensch durch das Liebeswerben zur Nähe sexueller Intimität. Dabei handelt es sich in der Regel um längere Verhandlungen, die auf dem Austausch nonverbaler Signale und Botschaften beruhen. Da sich alle Wirbeltiere – von den Reptilien bis hin zu den Primaten – durch Paarung und innerer Befruchtung des weiblichen Körpers fortpflanzen, müssen sich die Partner so nahe kommen, dass sie sich berühren können. Das in fünf Phasen gegliederte menschliche Liebeswerben dient also schlichtweg dazu, die physische Lücke sowie die emotionale Distanz, die zwei Personen voneinander trennt, zu schließen, damit sie ein Paar werden können.

> *»Das Liebeswerben ist insofern seltsam, als es nur das Vorspiel zu etwas anderem darstellt – der Paarung.«*
> (Margaret Bastock)

In seinem Buch *Der nackte Affe* bezeichnet der Biologe Desmond Morris die Menschen als die »sexysten« Primaten schlechthin. Affen und die meisten Menschenaffen pflanzen sich nur zu bestimmten Zeiten fort, manchmal sind sie sogar nur wenige Wochen im Jahr fruchtbar. Doch der Mensch kann sich ganzjährig paaren, und zwar unabhängig vom monatlichen Zyklus der Frau. Männer und Frauen haben sich schon in Bäumen, an Bord von Flugzeugen und auf den Treppenstufen zum Kapitol in Washington geliebt – mit anderen Worten an jedem nur erdenklichen Ort, einschließlich des Weltraums. Obwohl man Anfragen zu diesem Thema nicht beantwortet, hat die NASA nie abgestritten, dass es im Weltraum zu sexuellen Handlungen kam.

Jederzeit, überall – aber nicht mit jedem. Was unsere Partner anbelangt, sind wir wesentlich wählerischer, als was den Zeitpunkt oder Ort betrifft. Bevor wir uns entscheiden, müssen wir zunächst einmal eine Auswahl treffen. Diesen Ausleseprozess bezeichnen wir als Liebeswerbung. Die meisten verstehen darunter nur das Verführen eines Partners, doch die Kehrseite der Medaille, das Abweisen, ist mindestens ebenso wichtig. Beim Werben verführen wir und weisen zurück, wir sagen Ja *und* Nein. Das Liebeswerben ist ein zweischneidiges Schwert, das Dinge möglich, aber auch unmöglich macht.

Das Liebeswerben ist wie ein Sieb, das Grobes von Feinem trennt. Es wählt aus und weist zurück, vor allem jedoch Letzteres, da es mehr Menschen aus- als einschließt. Die meisten Werbeversuche enden in verschiedenen Phasen mit einer Ablehnung, bevor es wirklich zu Intimitäten kommt.

Im Grunde ist das Werben damit nichts anderes als ein Dialog über persönliche Annäherung und körperliche Nähe. Es beruht auf Botschaften – auf handfesten Signalen und sichtbarem Verhalten. Die Liebe selbst ist nicht greifbar, aber die Kommunikation der Liebe umso mehr. Bevor wir uns lieben, tauschen wir »Komm-her!«-Botschaften aus, die uns die Erlaubnis geben, uns zu nähern. Ein Mann neigt den Kopf wie ein kleiner Junge; eine Frau reagiert, indem sie verschämt die Schultern hochzieht.

Die Cheyenne-Indianer sind ein typisches Beispiel dafür. Im 10. Jahrhundert stellte sich ein Cheyenne-Krieger schweigsam und mit gesenktem Kopf an den Wegesrand und wartete dort schüchtern auf das von ihm verehrte junge Mädchen. Wenn das Mädchen vorüberging, erstarrte der junge Mann wie eine Statue, bis es ihm kaum merklich zu verstehen gab, dass es ihn bemerkt hatte – zum Beispiel, indem es ihm kurz zulächelte oder ihm einen verstohlenen Blick zuwarf. Daraufhin fasste der Krieger Mut und wagte es bei der nächsten Begegnung vielleicht sogar, sanft an ihrem Rock zu ziehen (Hoebel, 1978). Das Liebeswerben nahm bei den Cheyenne-Indianern genauso seinen Lauf wie überall sonst – langsam, zaghaft und ohne Worte.

Die fünf Phasen des Liebeswerbens

Als nonverbaler Prozess führt uns das Liebeswerben durch fünf klar voneinander abgrenzbare Phasen, die überall auf der Welt gleich ablaufen: 1. Aufmerksamkeit erregen, 2. sich gegenseitig Wahrnehmen, 3. Konversation, 4. Berührungen und 5. Sex. Jede Phase verfügt über eigene Zeichen, Signale und Hinweise. Da sich die potenziellen Partner zunächst auf die Probe stellen, bevor sie sich zusammentun, ist das Liebeswerben selten eine kurze Angelegenheit. Wer es eilig hat und zu viele Signale auf einmal oder zum falschen Zeitpunkt aussendet, kann den Partner vergraulen. Geduld ist angesagt! Wir werden erst ein Paar, wenn wir eine genaue Choreographie des Gebens und Nehmens durchlaufen und Signale ausgetauscht haben, die körperliche und seelische Nähe herstellen.

Phase eins: Aufmerksamkeit erregen
In dieser Phase senden wir in erster Linie Signale aus, die sagen sollen, »Hier bin ich!« und »Ich bin weiblich/männlich«. Mit Hilfe von Kleidung, Mimik, Düften, Gesten, unserem Verhalten und nonverbalen Botschaften versuchen wir auf jede mögliche Art und Weise, Aufmerksamkeit zu erregen, bevor auch nur ein einziges Wort gesagt wird. Gleichzeitig bemühen wir uns, deutlich zu machen, dass wir harmlos sind: »Keine Angst, ich tu dir nichts!« Charles Darwin hat diese Signale als *Demutsgesten* bezeichnet. Wir senden hunderte von Botschaften aus, die andere ermutigen sollen, sich uns zu nähern – von dem leiser werdenden Lachen, das eine Frau

von sich gibt, um ihre Anwesenheit auf einer Party kundzutun, bis hin zu der schüchternen Pinguin-Haltung, die ein Mann einnimmt, der möchte, dass wir auf ihn zugehen. In den folgenden Kapiteln werde ich diese nonverbalen, um Aufmerksamkeit ringenden Gesten entschlüsseln – und zwar auf dieselbe Art, wie das ein Anthropologe macht, der die verborgene Bedeutung von Trommelsignalen, Hieroglyphen oder Tänzen herausfinden will.

Geben Sie sich harmlos!

Bei manchen Tieren ist das Liebeswerben eine Sache von Leben oder Tod. Wie für das Wolfsspinnenmännchen, das so nah an seine widerspenstige Partnerin herankommen muss, dass es ein Spermapaket in ihrem Körper deponieren kann. Ein allzu forscher Schritt in ihr Erdloch genügt, damit sie das Männchen angreift, weil sie es mit einem Räuber oder einer Beute verwechselt. Wolfsspinnenmännchen müssen sich also sehr langsam nähern, denn die langsame Fortbewegung bedeutet: »Keine Angst, ich tu dir nichts!«. Wenn das Männchen dem Weibchen dann plötzlich Auge in Auge gegenübersteht, muss es seine Beine ausstrecken und ihren Körper auf genau die richtige Art und Weise sanft streicheln, weil sie es sonst auf der Stelle töten würde.

Die Psychologie des Liebeswerbens der Spinnen ist der des Menschen gar nicht so unähnlich: Wenn ein Mann, der sich auf den ersten Blick in eine Frau verliebt hat, sofort auf sie zustürzt, ohne den Oberkörper vorzubeugen, den Kopf zu neigen und die Schultern in einer Demutsgeste hochzuziehen oder ihr seine offene Handfläche zu zeigen, wird sie ihm höchstwahrscheinlich signalisieren, er möge tot umfallen. Sie wird die Lippen zusammenkneifen, sich von ihm abwenden und ihm »die kalte Schulter« zeigen. Beim Liebeswerben von Mensch und Tier sollten wir die Bedeutung von Charles Darwins Demutsgesten nicht unterschätzen.

Phase zwei: Sich Wahrnehmen

In diese Phase treten Sie ein, wenn Sie nach nonverbalen Reaktionen auf ihre Signale Ausschau halten, die Sie in Phase eins ausgesendet haben, nämlich: »Hier bin ich! Ich bin weiblich! ... Na, hast du mich bemerkt?« Reaktionen darauf besagen, dass man bemerkt wurde. Eine Frau testet, wie ein Mann auf ihre körperliche Anwesenheit reagiert, indem sie um ihn herum nach einem Häppchen auf einem Partytablett greift. Wenn er daraufhin die Schultern hochzieht, den Kopf neigt und lächelt, bedeutet das, dass er ihre Anwesenheit zu schätzen weiß. Bleibt sein Gesicht dagegen ausdruckslos und wendet er seinen Oberkörper von ihr ab, empfindet er ihre Nähe als unangenehm. Signale in dieser Phase geben Auskunft über den Status quo einer Beziehung, bevor auch nur ein einziges Wort gesprochen wurde. Und was noch viel wichtiger ist: Sie geben Auskunft darüber, *mit wem* man das Gespräch suchen sollte.

Die Kunst des Liebeswerbens

Phase drei: Konversation

Was Sie sagen können und wie Sie es sagen sollten. Nach den nonverbalen Signalen, mit denen Sie Präsenz gezeigt und Vertrauen eingeflößt haben, geht es jetzt weiter mit Phase drei, der so genannten *Konversationsphase*. Die bislang ausgetauschten Signale haben es den potenziellen Partnern ermöglicht, ihre Fremdenangst zu überwinden. Diese Schranke tiefen Misstrauens ist manchmal so hoch, dass mögliche Paare die Konversationsphase gar nicht erst erreichen. Männer und Frauen, die sich stark voneinander angezogen fühlen, trauen sich oft Monate oder Jahre lang nicht, verbal miteinander zu kommunizieren.

Manche meinen, dass man nicht mit Fremden sprechen darf, außer, man hat etwas besonders Geistreiches oder Wichtiges zu sagen. Bitte denken Sie daran: Das Liebeswerben läuft zu 99 Prozent nonverbal ab. *Was* gesagt wird ist wesentlich weniger wichtig, als *wie* es gesagt wird. Befragungen dazu, wie man am besten ins Gespräch kommt, haben ergeben, dass ein einfaches »Hallo« bei Männern oft und bei Frauen immer funktioniert. Allerdings haben die Sozialpsychologen bei ihrer Studie nicht die vorbereitenden Gesten berücksichtigt, die dafür sorgen, dass überhaupt eine Konversation zustande kommt. Wenn man sich erst einmal direkt gegenübersteht, sind die nonverbalen Signale für Sympathie, Vertrauen oder Bindungswunsch nicht mehr zu übersehen.

Fallbeispiel: Der Flirt in der Cafeteria
»Freitagnachmittag, 8. Oktober, auf dem Campus der University of Washington, kühl, leichter Nieselregen« verraten mir meine Notizen. Keiner saß auf dem feuchten, durchweichten Rasen, sodass ich meine Beobachtungen nach Drinnen verlegen musste. Die Reihen der Studenten, die zum Mittagessen hergekommen waren, hatten sich bereits gelichtet und in dem großen Saal saßen nur noch zwei, drei Leute pro Tisch. Die Fremdenangst veranlasste die Studenten, sich nach Möglichkeit an einen noch leeren Tisch zu setzen.

Ich nahm Platz und fasste eine Gruppe von Tischen ins Auge, die jeweils von einem einzelnen Mann bzw. einer einzelnen Frau besetzt waren. Ich kaute an einem Hamburger, um meiner Umgebung klar zu machen, dass keine Gefahr von mir ausging. Die Primatenforscherin Dian Fossey hat in ihren Studien tropische Blätter gekaut und laut gerülpst, um die scheuen Berggorillas in Ruanda zu beruhigen. Das gemeinsame Essen zeigt, dass man nichts Böses im Schilde führt. Das hat bei Menschenaffen funktioniert und würde sicherlich auch bei Studenten funktionieren.

Meine Strategie sollte sich auszahlen. Ich hatte meinen Hamburger zur Hälfte aufgegessen, als ich sah, wie ein älterer, ernsthaft wirkender Student – Bart, khaki Freizeithosen und Tweedjackett – sein Tablett auf einem Tisch abstellte, an dem bereits eine junge, ebenfalls seriös wirkende Frau saß. Sie trug schwarze Seidenstrümpfe, war ungeschminkt und hatte ihr Haar zu einem Knoten zusammengebunden. Ich spürte, dass da eine Anziehung bestand, weil er eine ruckartige Kopfbewegung machte, nachdem er ihr einen kurzen Blick zugeworfen hatte. So eine Kopfbewegung offenbart eine Erregung im Hirnstamm.

Das Liebeswerben nahm langsam und behutsam seinen Lauf, wie ich es schon oft beobachtet hatte. Überall auf der Welt geht das Liebeswerben bei Mensch und Tier äußerst langsam vor sich, um den potenziellen Partner daran zu hindern, anzugreifen oder zu fliehen.

Während ich die Szene beobachte, bemerke ich, wie sich die beiden bewusst ignorieren, bis schließlich sie ein erstes positives Signal aussendete. Die Frau holte einen Kunstband aus ihrer Tasche, lies ihn mit einem Knall auf den Tisch fallen und neigt ihren Oberkörper in Richtung des Mannes. Ohne ihn anzusehen, blätterte sie demonstrativ in dem Buch, um seine Aufmerksamkeit zu erregen. Daraufhin schaute der Mann der Frau weder ins Gesicht noch in die Augen, sondern verlagerte sein Körpergewicht so, dass er seine Schultern symmetrisch zu den ihren ausrichtete. Anthropologen bezeichnen ein solch spiegelbildliches Verhalten als *Haltungsecho*. Am Ende nahm er seinen ganzen Mut zusammen und durchbrach bewusst den Sicherheitsabstand, um einen Blick in ihr geöffnetes Buch zu werfen. Dabei sah er sie immer noch nicht an, erreichte jedoch, dass beide eine gemeinsame Perspektive einnahmen. Anstatt sich direkt einander zuzuwenden, traten sie indirekt und auf eine wesentlich weniger bedrohliche Weise über den Kunstband miteinander in Kontakt.

Sekunden, nachdem er einen Blick in ihr Buch geworfen hatte, reckte sich der junge Mann und brachte seine Hände auf Schulterhöhe. Er spreizte die Ellbogen, gähnte und streckte die Brust raus. Sie ahmte sein Verhalten nach, reckte sich, streckte ebenfalls die Brust vor, bis sich ihre Blicke endlich trafen. Beim nonverbalen Aufmerksamkeiterregen kommt der Augenkontakt immer erst ganz zuletzt. Zwanzig Minuten später lächelten die beiden, nickten wiederholt mit dem Kopf und spannten wechselweise die Schultermuskeln an, während sie sich unterhielten. Sie ahmten sich nach, synchronisierten ihre Bewegungen und förderten damit ihre aufkeimende Beziehung. Nachdem sie eine halbe Stunde zusammensaßen, verabschiedeten sie sich voneinander – aber nicht ohne ihre Telefonnummern ausgetauscht zu haben. Dieses Paar meisterte die ersten drei Phasen des Liebeswerbens in nicht einmal einer halben Stunde.

Phase vier: Die Sprache der Berührungen.
Die *Berührungsphase* beginnt mit dem ersten spürbaren Kontakt, vom zufälligen Berühren der Knie bis zu einem bewussten Klopfen auf Schultern oder Rücken. Nach dem Geruchssinn ist der Tastsinn der entwicklungsgeschichtlich älteste Sinn der Menschheit. Berührungssignale sind derart bedeu-

tungsvoll, dass der erste Körperkontakt extrem behutsam erfolgen muss. Wenn ein Mann im Restaurant den Arm auf den Tisch in Richtung seiner Partnerin legt, kann sie das als Einladung, ihn zu berühren, interpretieren. Als Test kann die Frau beiläufig ihre Fingerspitzen auf seinen Unterarm legen und beispielsweise sagen, »Ich bin froh, dass wir hergekommen sind.« So kann sie seine Bereitschaft, berührt zu werden, testen, bevor sie nach dem Essen noch einen Schritt weiter geht und seine Hand hält. Zuckt er zusammen, wenn sie ihre Fingerspitzen auf seinen Arm legt? Vielleicht ist er noch nicht reif für die Berührungsphase. Doch wenn er sich entspannt, sich vorbeugt und ihre Hand ebenfalls berührt, sind die beiden erfolgreich in Phase vier eingetreten.

Phase fünf: Sex.
Wenn sich die Partner mit Hilfe von Berührungen gegenseitig bestätigen, kann es zu Sex kommen. Die intimste Phase des Liebeswerbens strotzt wie die vorherigen Phasen nur so vor nonverbalen Signalen. Die Partner umarmen und streicheln sich, tauschen innige Blicke aus, kuscheln sich aneinander, knuddeln, liebkosen und küssen sich so zärtlich, als wären sie Babys. In sexueller Hinsicht sind die effektivsten Körperzonen in Phase fünf Schenkel, Po und der Schambereich. In der Anatomie wird Letzterer auch als erogenes Gewebe bezeichnet. Wer diese Körperzonen berührt, stimuliert Nervenenden, die mit dem *Pudendalnerv* verbunden sind, der die Sexualorgane auf ihre Fortpflanzungspflichten vorbereitet.

Aber es wird auch weiterhin miteinander gesprochen. Die Paare tauschen sich in leiseren, höheren Stimmen aus. Die

Die fünf Phasen des Liebeswerbens

Worte sollen den anderen genauso liebkosen wie die Fingerspitzen. Unsere frühen amphibische Vorfahren konnten als taktile Signale übermittelte Vibrationen mit Hilfe ihrer Unterkiefer hören. Millionen Jahre später haben sich diese Kieferknochen zu unseren Gehörknöchelchen Hammer, Amboss und Steigbügel weiterentwickelt. Doch unser Gehirn reagiert auf Liebesschwüre nach wie vor wie auf eine intime Berührung.

Nach dem ersten Sex nimmt das Liebeswerben ab. Manche behaupten dann, die Beziehung habe ihre Magie eingebüßt. Dabei ist es einfach nur so, dass ein Paar, das sich einmal darauf geeinigt hat, intim miteinander zu sein, das nicht immer wieder aufs Neue aushandeln muss. Da die Nähe kein Problem mehr darstellt, müssen weniger Signale ausgetauscht werden, um sie herzustellen.

Auch beim Liebeswerben gilt: Wissen ist Macht. Wenn Sie wissen, dass Gesten besser funktionieren als Worte, haben Sie bereits einen deutlichen Wettbewerbsvorteil bei der Partnersuche. Nonverbale Signale erreichen tiefer gelegene Areale des emotionalen Gehirns, wo auch der Paarungsinstinkt angesiedelt ist. Mimik, Gestik und Körperhaltung werden von uns wesentlich unmittelbarer wahrgenommen als die gesprochene Sprache. Jeder Weltreisende weiß, dass es nicht nötig ist, die Sprache der Einheimischen zu kennen, wenn er mit ihnen flirten will.

2. Phase eins: Aufmerksamkeit erregen

> »*Er umkreist sie langsam und verbeugt sich gelegentlich vor ihr, bis sie seine Werbung annimmt.*«
> (Margaret Bastock über das Liebeswerben des Birkhuhns)

Zu wissen, wie man sich in Szene setzt, ist der erste Schritt auf dem fünffach gewundenen Weg des Liebeswerbens. Die Aufmerksamkeitsphase kann sehr angstbesetzt sein, weil man dabei seine ganze Persönlichkeit zur Schau stellen und sich vor aller Augen produzieren und bewegen muss. Männer versuchen, Frauen zu imponieren, und Frauen Männern. Das geschlechtsspezifische Sich-Anpreisen mit Hilfe von Frisur, Schuhen und Kleidung kann dezent, aber auch sehr eindeutig ausfallen. Ein Mann wird beispielsweise sein Lieblings-T-Shirt oder einen Armani-Anzug anziehen, um seinen maskulinen Körper zu betonen. Eine Frau wird sich für ein schlichtes beiges Top oder ein rotes Kleid mit kurzen Ärmeln entscheiden, das die freundliche Aufgeschlossenheit hochgezogener Schultern betont. Es gibt unzählige Möglichkeiten sich anzupreisen, aber die Botschaft bleibt immer die gleiche.

In der Aufmerksamkeitsphase geht es darum, physische

Präsenz zu zeigen, das eigene Geschlecht deutlich zu machen und freundliche Absichten zu signalisieren. Signalfarben, starke Kontraste und auffällige Gesten sollen sagen: »Hallo, hier bin ich!« Der Mann zeigt seine Männlichkeit durch breite Schultern, ein größeres Kinn und eine tiefere Stimme. Das alles überbringt die Botschaft: »Ich bin ein Mann.« Schmale Schultern, ein kleines Kinn und eine höhere Stimme bedeuten dagegen: »Ich bin eine Frau.« Bei beiden Geschlechtern besagen ein respektvolles Schulterzucken, ein seitlich geneigter Kopf und ein entblößter Hals: »Ich bin harmlos, du darfst ruhig näher kommen.«

Die beste Strategie beim Liebeswerben besteht darin, Aufmerksamkeit zu erregen, ohne dabei übereifrig oder plump zu wirken. Übertreibungen, wie zu knallige Farben, zu starke Düfte oder eine zu forsche Herangehensweise, wirken in dieser ersten Phase häufig abschreckend. Das Liebeswerben basiert auf dem Prinzip Verlockung. Anstatt den potenziellen Partner zu verfolgen, ihn in die Enge zu treiben oder einfach Besitz von ihm zu ergreifen, zeigen wir ein »Komm-näher«-Signal und warten auf eine Reaktion. Wir müssen uns zunächst noch zurückhalten und uns in Geduld üben, denn hier geht es darum, jemanden anzulocken – nicht, ihn zu erbeuten.

Fallbeispiel: Schlaflos in Seattle
Willkommen im *Monkeyshines,* einem Irish Pub für Singles in Seattle mit dunklen Holzvertäfelungen, Messinggeländern und wild wucherndem Efeu. Ein auffälliger

Phase eins: Aufmerksamkeit erregen

Fünfundzwanzigjähriger, den wir der Einfachheit halber »Lederweste« nennen wollen, möchte hier eine Frau kennen lernen. »Lederweste« begeht dabei viele Fehler, die bei Männern, die auf Teufel komm raus Kontakt suchen, weit verbreitet sind. Sein Verhalten erregt zu viel Aufmerksamkeit und schreckt die Frauen dadurch eher ab.

»Lederweste« kommt ins Lokal hereinstolziert und belegt mit einer hektische Geste einen kleinen Tisch am Fenster mit Beschlag. Im Nu fördert er eine Schachtel Zigaretten zutage und nimmt eine Zigarette heraus. »Lederweste« klopft mit der Zigarette auf seinen Daumen, wobei sein gesamter Oberkörper mitgeht. Nachdem er sich die Zigarette angezündet hat, schüttelt er heftig das Streichholz aus und bläst eine Riesenrauchwolke in den Raum. Ohne auch nur ein einzige Wort gesagt zu haben, macht er den anderen unmissverständlich seine Anwesenheit klar.

Aber »Lederweste« ist allein gekommen. Als einsamer Mann wirkt er irgendwie verdächtig, und nur wenige Frauen sehen zu ihm herüber. Er trägt ein braunes Karohemd, das am Hals aufgeknöpft ist und eine gut sitzende Jeans. Ein winziges rotes Etikett auf seiner rechten Hosentasche lenkt die Aufmerksamkeit auf seinen Po. Die sich kreuzenden Linien seines Hemds fallen sofort ins Auge, genau wie seine damit kontrastierende, glänzende schokoladenbraune Lederweste.

»Lederweste« hält nicht einen Moment lang still. Er tritt ständig von einem Bein auf das andere und gestikuliert wild mit den Händen, um Vertreterinnen des anderen Geschlechts anzulocken, doch die Frauen bleiben weg. Ungeduldig dreht er sich um und lehnt sich mit dem Rücken gegen die Tischkante, wobei er seine Ellbogen auf die Platte stützt. Er blickt grimmig und mit gekräuselter Oberlippe zu den Männern hinter der Bar, so als wolle er sie herausfordern.

Als sein Tequila Sunrise gebracht wird, bleibt sein Handgelenk steif, sodass er den ganzen Arm benutzt, um seinen Drink umzurühren. Er hebt ihn an den Mund, als würde er eine Hantel stemmen. Er schüttelt seinen Pony aus den Augen, raucht affektiert eine weitere Zigarette, setzt sich, steht wieder auf, dreht sich um und reckt nervös die Arme. »Lederweste« steht und sitzt abwechselnd in seinem Balzrevier und verhält sich wie eine Wildgans, die auf sich aufmerksam machen will. Jede seiner Bewegungen wirkt gespreizt und unnatürlich.

Genauer betrachtet, versagt »Lederweste« in einem von drei Punkten. Was er richtig macht ist Folgendes: Er lässt die Leute erstens wissen, dass er anwesend ist, und zweitens, dass er ein Mann ist. Diese Botschaften sind eindeutig, aber was den dritten, entscheidenden Punkt anbelangt, macht er alles falsch. »Lederweste« teilt den Frauen nicht mit, dass er verletzlich ist, d. h., er wirkt alles andere als harmlos. Er ist ein einsamer Fremder mit beunruhigend eindeutigen Absichten.

»Lederweste« sollte sein aggressives Auftreten durch dezentere Signale abmildern. Anstatt jedermann mit zurückgelegtem Kopf verächtlich anzustarren, sollte er sich lieber mit einem leicht nach unten geneigten Kopf umschauen. Würde er eine demütigere Kopfhaltung einnehmen, die Einfühlsamkeit suggeriert, würde »Lederweste« wesentlich freundlicher und entwaffnender rüberkommen.

Um nicht so abschreckend zu wirken, könnte »Lederweste« auch auf eine dezentere Geste zurückgreifen und seinen Hals von vorn mit den Fingerspitzen umschließen. Das Berühren des Halses – ein unbewusstes Zeichen für Unsicherheit – würde enthüllen, dass er gar nicht so selbstsicher ist. Eine etwas unbeholfene Geste, wie das Fallenlassen seiner Zigarette würde zeigen, dass man nicht gleich angefallen wird, wenn man als Frau auf ihn zugeht. Auch sein Balzrevier, das kleine Dreiertischchen, ist viel zu privat, als dass sich eine Frau unverbindlich dazusetzen könnte. Würde sie in das Revier von »Lederweste« eindringen, würde sie viel zu unverhohlen Interesse zeigen. Deshalb sollte er lieber an einem der größeren, geselligeren Tische Platz nehmen, wo sich Frauen zwanglos dazusetzen können, ohne ihre Absichten sofort zu verraten.

»Lederweste« hat keine Alternative zu seinem Macho-Cowboy-Verhalten. Nachdem er sich eine Stunde lang erfolglos wie ein Löwe gebärdet hat, zieht er wie ein verschüchtertes Lämmchen von dannen. Hätte er sich umgekehrt zuerst wie ein Lamm verhalten, hätte er das Lokal durchaus zu zweit verlassen können.

Phase eins: Aufmerksamkeit erregen

Das ungeschriebene Gesetz des Flirtens

Von den irisierenden Schwanzfedern eines Pfaus bis hin zum unwiderstehlichen Duft eines Schwammspinners können wir viel von der Tierwelt lernen, wenn es darum geht, einen Partner anzulocken. Das atemberaubend farbenprächtige Radschlagen des männlichen Pfaus reicht aus, um selbst ein völlig fremdes Weibchen sofort zur Paarung zu bewegen. Der aromatische Duftstoff des Schwammspinnerweibchens ist so überwältigend, dass schon ein einziges Molekül davon genügt, um von einem mehrere Kilometer weit entfernten Männchen wahrgenommen zu werden.

Um das Anlocken aus geringer Entfernung geht es bei uns Menschen hauptsächlich auf Partys, in Diskotheken und Singlekneipen. Das Fallbeispiel aus dem *Monkeyshines* in Seattle ist ein typisches Beispiel dafür. Jeden Freitagabend ist das Lokal brechend voll mit Fünfundzwanzig- bis Vierzigjährigen im Business-Outfit, die hierher kommen, um zu sehen und gesehen zu werden. Während die Gäste Pina Coladas unter den sich drehenden Deckenventilatoren trinken, wird das Stimmengewirr immer lauter. Eine Geräuschkulisse aus begeisterten Begrüßungen, eifrigem Smalltalk und überbordendem Gelächter erfüllt den Raum. Anfangs empfindet man den Lärm noch als verwirrend, doch nach dem ersten Drink entspannt man sich und sieht die Aufmerksamkeit heischenden Signale kreuz und quer durch den Raum flitzen.

An drei Marmortischen in der Mitte des Pubs stehen einsame Männer, die in respektvoller Distanz zueinander ihre Drinks nehmen. Weil sie während des Liebeswerbens Rivalen sind, sprechen sie nicht miteinander. Stattdessen bleiben sie sich fremd, stehen einfach nur da, trinken, schauen und stellen sich zur Schau.

Single-Männer gehören im *Monkeyshines* zu den Stammgästen. Sie tragen maskulin-aggressive Jacketts und Krawatten und versuchen passiv, eine Frau anzulocken. Jeder Mann glaubt, seine beeindruckende Erscheinung müsse ausreichen, um einen weiblichen Single an seinen Tisch zu locken. Doch selbst dann geht es nicht darum, gemeinsam etwas zu trinken und sich zu unterhalten – noch nicht. Es reicht schon, allein an seinem Glas zu nippen und sich unweit voneinander aufzuhalten, um Hinweise aufzuschnappen, die ein Gespräch einleiten könnten.

Das Balzverhalten des Laubenvogels

Einen würde das wöchentliche Ritual der *Monkeyshines*-Stammgäste an das Balzverhalten eines australischen Hühnervogels, des Seidenlaubenvogels, erinnern. Das schwarze, rotkehlchengroße Männchen konstruiert auf dem Boden ein Nest aus dürren Ästen, um potenzielle Partnerinnen anzulocken. Das etwa dreißig Zentimeter hohe, an beiden Enden offene Nest sieht aus wie eine Art Gang oder Hütte. Im Grunde ist das Nest an sich nicht viel beeindruckender als zwei Grasbüschel. Also fügt der Vogel eine Laube aus Zweigen hinzu, die er mit Schneckenhäusern, Kieseln, Blüten und Federn dekoriert. Lebt das Tier in Stadtnähe, können auch noch Plastikknöpfe, Glasscherben, Murmeln und Dosenblech dazukommen. Mit dieser farbenfrohen Laube wird das Nest für die Weibchen derart attraktiv, dass sie es freiwillig aufsuchen. Das Weibchen wird sich in den Gang aus Ästen stellen und die merkwürdigen Schmuckobjekte bestaunen, woraufhin das Balzverhalten in eine zweite Phase übergeht.

Die männlichen Stammgäste des *Monkeyshines* verhalten sich genau wie Laubenvögel. Zunächst einmal etabliert jeder Mann sein eigenes Balzrevier. Dann dekoriert er es mit auffälligen Objekten wie einem dicken Portemonnaie, einem teuren Füller, einem Handy, Autoschlüsseln, einem Taschenbuch, einem Notebook oder einem Stapel Geldnoten oder Münzen. Neben diesen Objekten stellt er auch seinen möglichst vorteilhaft bedeckten Körper aus, um potenzielle Partnerinnen hineinzulocken. Aus geringerer Entfernung können Mimik und Gestik nämlich besonders gut und überzeugend eingesetzt werden.

Im Gegensatz zu den Männern im *Monkeyshines* dekorieren die Frauen ihre Tische nicht. Sie bewahren ihren Besitz in Handtaschen und Tüten auf, die sie unauffällig verstauen. Das versetzt sie in die Lage, sich frei im Raum bewegen zu können. Da sie kein festes Balzrevier für sich beanspruchen, können sie kommen und gehen, wohin sie wollen, und sich aus strategisch günstigen Winkeln annähern. Eine Frau, die weiß, wie man sich verführerisch bewegt, kann die Aufmerksamkeit aller erregen, ohne auch nur ein einziges Wort sagen zu müssen.

Im Team klappt alles besser

Jetzt betreten zwei Frauen von Mitte zwanzig das *Monkeyshines*. Sie halten sich dicht hintereinander, bahnen sich einen Weg durch die Menge und laufen an dem Tisch mit den Single-Männern vorüber. Die Frauen nehmen am Ende eines großen Tisches für sechs Personen Platz, an dem bereits ein Mann sitzt, der ein Kreuzworträtsel löst und an seinem Guinness nippt. Während sie sich setzen, unterhalten sich die Frauen lebhaft. Ohne den Mann zu beachten, weil sie völlig auf sich konzentriert sind, senden sie eine Menge Aufmerksamkeit heischende Signale aus.

Die Brünette wirft den Kopf zurück, um sich ihre Ponyfransen aus der Stirn zu schütteln. Das Haareschütteln lenkt die Aufmerksamkeit auf ihr Gesicht. Ihre blonde Freundin tut dasselbe, indem sie sich lange Strähnen hinters Ohr streicht. Dieses sich Putzen haben Biologen bei Primaten und Vögeln als wichtigen Bestandteil des Liebeswerbens erkannt. Indem die beiden jungen Frauen mit ihrem Haar spielen, zeigen sie, wie gepflegt und glänzend es ist, was bei Primaten als Statussymbol gilt und für Fitness und Gesundheit steht.

Mit Hilfe dieser weithin sichtbaren Signale zeigen die Frauen Präsenz und betonen ihre Weiblichkeit. Kein Wunder, dass der Mann am Tisch zu ihnen herüberschaut, sich dann jedoch schnell wieder auf sein Kreuzworträtsel konzentriert. Er gibt vor, völlig darin vertieft zu sein und seine Umgebung nicht wahrzunehmen, hat aber eindeutig bemerkt: »Sie sind da.«

Das Aufmerksamkeiterregen mit Hilfe von Bewegungen der Hände, des Kopfes und der Haare ist besonders effektiv, wenn man dabei eine lebhafte Mimik zeigt. Studien, bei denen man die Augenbewegungen verfolgt hat, haben ergeben, dass wir sprechende, sich bewegende Lippen besser wahrnehmen als unbewegliche. Man hat festgestellt, dass ein unbewegtes, entspanntes, ausdrucksloses Gesicht unempfänglich, ja sogar unfreundlich wirkt. Die Frauen am Kreuzworträtsel-Tisch lächeln und unterhalten sich angeregt. Sie nicken synchron mit dem Kopf, ziehen ihre Augenbrauen gleichzeitig nach oben und öffnen die Augen weit. Im Zweiergespräch geraten ihre Gesichter in Bewegung, und das macht sie wesentlich interessanter als jedes Kreuzworträtsel.

Im Team kann man leichter Partner anlocken als allein. Die paarweise auftretenden Frauen im *Monkeyshines* zeigen jede Menge emotionale Gesten, Bewegungen und Gesichtsausdrücke, die den auf sich gestellten, einzelnen Männern versagt sind. Während sich die Frauen unterhalten, ziehen sie die Schultern hoch, legen den Kopf schräg und stellen ihre offenen Handflächen zur Schau. Ihre Körper signalisieren Energie, Geselligkeit und Präsenz. Die Körpersprache der Männer dagegen tritt völlig hinter ihre zur Schau gestellten »Schätze« zurück. Allein für sich ist der Mann an seinen Tisch gefesselt und Gesicht, Hände und Schultern haben nicht viel zu sagen. Obwohl das Balzverhalten des Laubenvogels für den Anfang nicht schlecht ist, muss sich der Mann noch etwas anderes einfallen lassen, um deutlich zu machen: »Hallo, hier bin ich.«

So zeigen Sie Präsenz

Bei Mensch und Tier kommt es in der Aufmerksamkeitsphase hauptsächlich darauf an, Präsenz zu zeigen. Im Südosten der Vereinigten Staaten lebt der Anolis, eine Echsenart, der mehrfach den Kopf senkt und seinen roten Kehllappen zeigt, um eine Partnerin anzulocken. Der Präriehahn aus den Mittleren USA dagegen beugt sich vor, lässt die Flügel sinken, spreizt seine Schwanzfedern und bläht an seinen Halsseiten mächtige, rotlila Luftsäcke auf. Er stolziert in seinem Balzrevier herum, macht akrobatische Luftsprünge und lässt eine Art Indianergesang ertönen, der meilenweit zu hören ist.

Wie die Echsen und Präriehühner verlassen auch wir uns auf nonverbale Zeichen, um unsere Präsenz zu zeigen. Auf einer Party verkünden laute Musik, lautstarke Begrüßungen und lautes Gelächter ein und dieselbe Botschaft, nämlich: »Hier sind wir!« Wir gestikulieren unbewusst heftiger, bewegen ruckartig den Kopf, berühren unseren Körper, indem wir uns beispielsweise kratzen oder massieren, um aufgestaute Energie freizusetzen, und gehen schneller, als wir das normalerweise zu Hause tun. Jede dieser spontanen Bewegungen sorgt für Präsenz im überfüllten Balzrevier.

Fallbeispiel: Der Rhythmus macht's!
Nirgendwo in Seattle wird die Botschaft »Hier bin ich!« deutlicher als im griechischen Viertel *Greek Row*. Und nirgendwo lassen sich Paarungsrituale besser studieren

als hier, wo beinahe schon Laborbedingungen herrschen. Wenn im Frühling die Kastanienbäume austreiben und der Rhododendron in den Reihenhausvorgärten blüht, donnert aus allen Schlafzimmerfenstern laute Rockmusik. Wie das Singen der Vögel dient auch die laute Musik dazu, Aufmerksamkeit zu erregen und männlichen Rivalen die Grenzen des eigenen Reviers klar zu machen.

Da unser akustischer Orientierungsreflex im Stammhirn angesiedelt ist, reagieren wir ganz automatisch auf den imponierenden Rocksound. Unsere angeborene Fähigkeit, Geräusche zu verorten, sitzt tiefer als das denkende Vorderhirn, und zwar in den urzeitlichen Modulen der *Colliculi inferior* im amphibischen Mittelhirn. Musik begünstigt das Liebeswerben, weil sie mit ihrem Rhythmus dafür sorgt, dass unsere Seelen und Körper im Gleichtakt schwingen. Indem wir ein und demselben Rhythmus gehorchen, werden wir auf eine gemeinsame psychologische Wellenlänge gebracht und empfinden uns gegenseitig als vertrauter.

Wenn es in *Greek Row* Frühling ist, wimmelt es in den Vorgärten und auf den Bürgersteigen nur so von tanzenden Menschen. Um auf sich aufmerksam zu machen laufen die jungen Männer und Frauen von hier nach da und sind ständig in Bewegung. Sie verbringen viel Zeit draußen im Freien und sind ohne ein festes Ziel unterwegs. Genau wie die Echsen oder Präriehühner haben die Griechen intuitiv begriffen, dass man in Bewegung bleiben muss, um Blicke auf sich zu ziehen.

Genau wie unsere Ohren auf auffällige Geräusche reagieren, orientieren sich auch unsere Augen vor allem an Bewegungen. Studien über Augenbewegungen haben gezeigt, dass sich unser Blick auf alles richtet, was in Bewegung ist. Da Körper, die sich bewegen, automatisch Aufmerksamkeit erregen, werden ein Mann oder eine Frau, die sich still verhalten, weniger wahrgenommen. Unsere angeborene Fähigkeit, Bewegungen zu verorten, ist unterhalb der Bewusstseinsschwelle in Sehzentren des Mittelhirns namens *Colliculi superior* angesiedelt. Bewegung, allein um der Bewegung willen, wie beim Tanzen, Frisbee oder Volleyballspielen der Fall, ist beim Liebeswerben weltweit die Norm. *Greek Row,* das griechische Einwandererviertel von Seattle, beweist, dass das Flirten buchstäblich ein Tanz ist.

Rhythmische Wiederholungen sind eine Konstante im Liebeswerben der Tiere. Für das Sehen, Hören und Fühlen zuständige Rezeptoren reagieren leichter auf sich regelmäßig wiederholende, rhythmische Signale als auf solche, die gleichförmig oder unveränderlich sind (Bastock, 1967). Der Zickzacktanz des männlichen Stichlings, das rhythmische Zirpen einer männlichen Grille und die Wellen, die von den sich durchs Wasser schlängelnden Fischen ausgesendet werden – sie alle gelten bei Biologen als Signale, die Aufmerksamkeit erregen sollen. Beim menschlichen Liebeswerben drücken die sich wiederholenden Bewegungen, Geräusche und Berührungen, die wir beim Volley-, Basket- oder Fußballspielen an den Tag legen, genau dasselbe aus, nämlich: »Hallo, hier bin ich!«

Liebe im Vorübergehen

Eine gute Methode, auf einer Party für Aufsehen zu sorgen, besteht ganz einfach im Vorübergehen. Dieses Verfahren erinnert an das Paarungsritual des Stichlings, den so genannten Zickzacktanz, bei dem die männlichen Fische dadurch auf sich aufmerksam machen, dass sie sich den Weibchen nähern und sich dann zickzackförmig wieder in ihren Bereich zurückziehen. Etwas ganz Ähnliches machen Sie, wenn Sie direkt an der von Ihnen anvisierten Person vorübergehen. Seit Jahrzehnten machen kluge Frauen auf dem Weg zur Toilette stets einen kleinen Schlenker, um an den von ihnen favorisierten Männern vorübergehen zu können. Anlässe dafür gibt es genug, egal, ob man nun auf die Toilette, in die Küche, zum Kühlschrank, Kamin oder in den Innenhof geht. Das Ziel ist in diesem Fall völlig unwichtig, sondern nur Mittel zum Zweck, um gesehen zu werden.

Damit das Vorübergehen funktioniert, muss vorab unbedingt eine strategisch günstige Position eingenommen werden. Platzieren Sie sich so, dass sich derjenige, der sie anschauen soll, zwischen Ihnen und dem »Ziel« befindet. Dann laufen Sie selbstbewusst auf das Ziel Ihrer Träume zu. Das können Sie mehrfach wiederholen, um sicherzustellen, dass Sie auch wirklich wahrgenommen werden. Mit der nötigen Ungezwungenheit kommen Sie Ihrem Objekt der Begierde auf diese Weise näher, können Blickkontakt aufnehmen und die Reaktion Ihres Gegenübers auf Ihre Anwesenheit studieren. Wenn Sie hochgezogene Augenbrauen, ein Nicken oder Neigen des Kopfes, ein Lächeln oder einen außergewöhnlich

Liebe im Vorübergehen

langen Blick von zwei oder drei Sekunden wahrnehmen, heißt das, dass Sie einen Kontakt hergestellt haben.

In seinem Buch *Silent Messages* stellt der Psychologe Albert Mehrabian fest, dass das Fallenlassen eines Taschentuchs lange Zeit benutzt wurde, um Aufmerksamkeit zu erregen. Obwohl das längst aus der Mode gekommen ist, bleibt das Fallenlassen eines Objekts nach wie vor ein Trick beim Liebeswerben. Flirtratgeber behaupten, dass so ein unbeholfenes Manöver immer Erfolg hat, da es sich dabei um einen nonverbalen Hilferuf handelt. Wenn Sie also an Ihrem Wunschpartner vorübergehen, brauchen Sie bloß Blickkontakt herzustellen, zu lächeln und eine Partyserviette fallen zu lassen. Wenn sich der Unbekannte daraufhin bückt, um Ihnen beim Aufheben zu helfen, ist das eine gute Gelegenheit, miteinander ins Gespräch zu kommen. Durch das gemeinsame Bücken versichern Sie sich gegenseitig Ihrer Harmlosigkeit. Das erlaubt es Ihnen, aufeinander zuzugehen, ohne dass das als aufdringlich empfunden wird.

Der Zoologe Frans de Waal konnte das Fallenlassen von Objekten auch bei unserem nächsten Verwandten, dem Bonobono-Schimpansen, beobachten. Ein Männchen namens Mituo kletterte am Weibchen Miso vorbei, um auf einen höheren Zweig zu kommen. Von dieser erhöhten Position aus begann Mituo, Zweige abzubrechen und herunterfallen zu lassen. Nachdem einige zu Boden gefallen waren und das Weibchen nur um Haaresbreite verfehlt hatten, schaukelte Mituo schweigend auf seinem Ast hin und her und ließ weitere Zweige fallen. Nach nur vier Minuten kletterte Miso zu dem aufgeregten Mituo empor, präsentierte ihm als Zeichen ihrer Einwilligung ihr Hinterteil, und es kam zur Kopulation. Das Liebeswerben von Bonobonos schreitet zügiger voran als das unsere, aber auch sie lassen Objekte fallen, um Aufmerksamkeit zu erregen und zu sagen: »Schau, hier bin ich!«

Setzen Sie modisch ein Zeichen

Wie durch Bewegungen, bestimmte Haltungen und das Fallenlassen von Gegenständen, können wir auch mit unserer Kleidung Aufmerksamkeit erregen. Bei Männern und Frauen ist auffällige Kleidung in leuchtenden, kontrastierenden Farben eine gute Methode dazu – so wie der Pfau es mit seinen prächtigen Federn ebenfalls tut. In Tanzklubs und Bars kommen in der Aufmerksamkeitsphase auffällige Pullis, Blusen, Westen und Jacken besser an als Oberteile in gedeckten Braun-, Oliv-, Beige- oder Grautönen.

Obwohl die Farbe Schwarz sehr beliebt ist, empfindet unser Primatengehirn Farbsignale – und zwar insbesondere Farbsignale in fruchtigen Farben – als deutlich interessanter. Mit Schwarz kann man Präsenz zeigen und modisch punkten, lädt aber niemanden dazu ein, näher zu kommen. Bunte Farben rufen Gefühle hervor, während dunklere Farbschattierungen dazu dienen, diese zu verstecken oder zu verdecken – genauso wie eine Sonnenbrille verhindert, dass man in unseren Augen lesen kann. Dem Neurowissenschaftler Vilayanur Ramachandran zufolge erfreut sich unser Gehirn an so intensiven Farbtönen wie dem leuchtenden, satten Gelb von van Goghs Sonnenblumen. Leuchtende Farben wirken einladend, da sich das trichromatische Sehen bei uns Primaten unter anderem deshalb entwickelt hat, um Früchte leichter finden zu können. Kurz gesagt, bemerken wir fruchtige Farben deshalb so gut, weil wir sie unterschwellig für essbar halten.

Spezielle Rezeptoren in den Sehzentren des Vorderhirns reagieren auf die Linien, Markierungen, Abzeichen, Muster, Etiketten, Siegel, Fähnchen, Anstecker, Symbole und Broschen, mit denen wir unsere Kleidung schmücken. Sie erfüllen weniger einen praktischen Zweck, sondern senden verschlüsselte Botschaften aus. Dabei versorgen sie uns mit Informationen und »sprechen« genauso zu uns wie Gesten. Beim Liebeswerben zieht ein T-Shirt, das mit einem linearen oder geometrischen Muster bedruckt ist, mehr Aufmerksamkeit auf sich als ein unifarbenes. Asymmetrien wie ein diagonaler Streifen, ein einseitig angebrachtes Markenetikett oder eine Brosche sind automatisch ein Hingucker, weil sie mit der Symmetrie unserer aufrechten, zweibeinigen Gestalt kontrastieren. Asymmetrien an einem ansonsten völlig symmetrischen Körper müssen einfach ins Auge fallen, da das Ungewöhnliche immer interessanter ist als die Norm.

Wie wichtig ist der erste Eindruck?

Ist der erste Eindruck unwichtig oder hinterlässt er bleibende Spuren? Laut der Kommunikationswissenschaftlerin Judee Burgoon spricht vieles dafür, dass er bleibende Spuren hinterlässt. Die spontanen Reaktionen und Gefühle, die wir haben, wenn wir jemanden das erste Mal

> sehen, begleiten uns normalerweise noch lange nach dem Kennenlernen. Was uns als Erstes auffällt, bleibt im Gedächtnis haften – selbst wenn das weitere Verhalten unserem ersten Eindruck widersprechen sollte. Trotzdem hält Burgoon fest, dass körperliche Attraktivität, die beim ersten Treffen von großer Bedeutung sein kann, mit der Zeit immer unwichtiger wird. Nachdem wir ein Gesicht mehrfach gesehen haben, wird es uns dank des Gewöhnungseffekts in der Regel zunehmend sympathischer.

Haarige Signale

Egal, ob kurz gelockt oder lang und glatt – bei Frauen spielt die Frisur beim Liebeswerben stets eine große Rolle. Ponys betonen die Augen, wenn die Haarfarbe mit dem Teint kontrastiert. Eine Zeit lang trugen viele Frauen kunstvoll aufgebauschte Frisuren, weil sie auf jeden Fall ins Auge stechen und gegen die Harmlosigkeitsregel verstoßen. Doch solche Frisuren sind einfach eine Nummer zu groß, weil der Kopf dadurch optisch unangenehm nah heranrückt. Sie besagen, dass ihre Trägerinnen um jeden Preis auffallen möchten. Als die Maskenbildner am Set des Films *Magnolien aus Stahl* (1989) versuchten, Dolly Partons Löwenmähne zu bändigen, sagte sie ihnen: »Hey, was soll das, in mir steckt schließlich eine überlebensgroße Persönlichkeit!« Wie ihre Frisur lässt Dollys Botschaft keine Fragen offen.

Bei Frisuren ist Veränderung die einzige Konstante. Frauen der Oberschicht im Alten Ägypten trugen riesige Perücken, die mit bunten Bändern und Juwelen geschmückt waren, um Aufmerksamkeit zu erregen – ganz ähnlich wie die Damen des französischen Adels tausende Jahre später am Hof von Marie Antoinette. Wenn diese hoch aufgetürmten Frisuren beim Liebeswerben ein Comeback erleben sollten, was zweifellos eines Tages der Fall sein wird, ist die Botschaft genau dieselbe wie damals, nämlich: »Hallo, hier bin ich!«

Betonen Sie Ihre Weiblich- bzw. Männlichkeit

Wenn Sie beim Liebeswerben Präsenz zeigen, weisen Sie gleichzeitig mit Hilfe einer Vielzahl von Signalen auch auf Ihr Geschlecht hin. Wie unglaublich wirksam solche Signale sind, zeigt sich vor allem, wenn Männer sich der Signale von Frauen bedienen oder umgekehrt, um als Vertreter des anderen Geschlechts durchzugehen. Es gibt mehrere nachgewiesene Fälle, in denen sich eine Frau als Mann ausgegeben und eine Frau geheiratet hat, oder in denen ein Mann mit einem anderen Mann geschlafen hat, den er irrtümlich für eine Frau hielt.

Obwohl es bei ganz bestimmten Fischarten normal ist, dass sich echte Weibchen in echte Männchen verwandeln und umgekehrt, kann der Mensch das nicht, ohne sich einer Operation zu unterziehen. Die geschlechtstypischen Signale können sich während des Liebeswerbens zwar verändern, doch die sexuelle Identität bleibt die gleiche.

Im Falle des Jazzmusikers Billy Tipton aus Spokane, verkleidete sich »Er«, der eigentlich eine »Sie« war, fünfzig Jahre lang als Mann, heiratete fünfmal, adoptierte drei Söhne und wurde sogar Pfadfinderanführer und Baseballtrainer. Als Billy im Alter von vierundsiebzig Jahren starb, entdeckte ein Leichenbeschauer sein wahres Geschlecht und schockierte damit Tiptons Familie. Tipton gab sich dermaßen überzeugend als Mann aus, dass keine der Frauen, die er verehrt, geheiratet und mit denen er Sex gehabt hatte, auch nur das Geringste bemerkt hatten. Umgekehrt gibt es den berühmten Fall eines Japaners, der sich als Frau ausgab und regelmäßig Sex mit einem Franzosen hatte, der von dem wahren Geschlecht seiner »Freundin« erst erfuhr, als die Affäre schon viele Jahre vorbei war.

Im Vergleich zu Tieren wie dem Walross und dem Elch, bei denen ungeheure Unterschiede zwischen den Geschlechtern bestehen, ist der menschliche Körper wesentlich androgyner. Beim Liebeswerben betonen wir jedoch unsere Geschlechtsmerkmale, um dem anderen möglichst deutlich zu zeigen, ob wir Frauen oder Männer sind.

In der Tierwelt sind Streifen, Linien und geometrische Muster eine bewährte Methode, um das eigene Geschlecht zu markieren. Beim Seebarsch bedeutet ein gebänderter, vertikal gestreifter Körper: »Ich bin männlich.« bzw. eine dunkle Form auf dem Schwanz: »Ich bin weiblich.« Männliche Guppys und Hausfinken sind röter gefärbt als die Weibchen. Mitglieder beider Arten reagieren auf die rote Färbung des Männchens wie auf ein Liebessignal. Bei Menschen aus der westlichen Welt bedeutet eine vertikal herabhängende Krawatte:

Betonen Sie Ihre Weiblich- bzw. Männlichkeit

»Ich bin männlich.« Eine horizontal um die Hüften drapierte Stoffbahn signalisiert: »Ich bin weiblich.«

In der Biologie bezeichnet man die Unterschiede im Aussehen und Verhalten von Männchen und Weibchen als *sexuellen Dimorphismus*. Manche Tiere, darunter auch Hunde und Katzen, weisen nur geringfügige Unterschiede auf, sodass wir ihr Geschlecht nicht auf Anhieb identifizieren können. Andere Tiere wie Löwe, Pfau und Berggorilla sind schon von weitem als männlich oder weiblich zu erkennen. Ein knapp 250 Kilogramm schwerer männlicher Silberrücken kann zweimal so viel wiegen wie ein Gorillaweibchen. Was unsere eigene Spezies anbelangt, sind wir nicht sehr dimorph, weisen aber viele kleine und ein paar auffällige sexuelle Unterschiede auf. Von der Form unserer Stirn, die bei Frauen runder ausfällt, bis hin zum Umfang unserer Zehen, die bei Männern dicker sind, signalisieren wir unsere sexuelle Identität und verlassen uns darauf, dass unsere Botschaft auch richtig ankommt.

Beim Liebeswerben besteht die beste Strategie darin, die natürlichen Geschlechtsmerkmale überzeugend zu unterstreichen. Das bedeutet, so eindeutige Formen wie die männlichen Schultern und die weibliche Taille zu betonen und diese durch dezentere Signale wie die Buschigkeit und Form der Augenbrauen zu ergänzen. In der Aufmerksamkeitsphase können geometrische Details wie Linien, Formen und Silhouetten durchaus darüber entscheiden, ob man einen Partner findet oder allein bleibt.

Was Augenbrauen verraten

Ein gutes Beispiel dafür sind unsere Augenbrauen. Die Brauen einer Frau sitzen beispielsweise deutlich höher als die eines Mannes. Männliche Brauen umrahmen den oberen Knochenwulst der Augenhöhlen, der bei Männern eckiger und bei Frauen runder ausfällt. Weibliche Augenbrauen beginnen an derselben Stelle wie die männlichen, nämlich direkt neben der Nasenwurzel. Doch dann beschreiben sie einen Bogen nach oben, verlaufen oberhalb des Knochenwulstes, um dann wieder auf die Ohren zuzulaufen. Die Brauen eines Mannes ruhen schwer und horizontal über seiner Nase. Die einer Frau dagegen bilden eine »S«-ähnliche Linie neben dem Nasenrücken.

Das führt dazu, dass die Augen eines Mannes tiefer zu liegen scheinen als die einer Frau. Das verleiht ihm beim Liebeswerben einen ernsthaften, autoritären, ja fast schon strengen Blick. Da die Brauen der Frau mehr Haut umrahmen – unter anderem auch einen Bereich über dem Lid namens *Supraorbitalregion* – hebt das ihre Augen optisch hervor und lässt sie größer wirken. Augenbrauen signalisieren mehr als nur »Ich bin männlich« oder »Ich bin weiblich«. Die hohen Brauenbögen einer Frau stehen auch für Begierde, Glück und »großäugige« Unschuld. Maskuline Brauen dagegen signalisieren eine zurückhaltende Strenge, während die weibliche, freundlich wirkende Form zum Näherkommen einlädt. Die Brauen einer Frauen bedeuten »Keine Angst, ich tu dir nichts!«, die eines Mannes »Tret mir bloß nicht auf den Schlips!«

Da sie so auffällig sind, brauchen Männer ihre buschigen,

tief liegenden Augenbrauen nur ein wenig zu schneiden, um beim Liebeswerben eine männliche Botschaft auszusenden. Das Schneiden empfiehlt sich, weil es auf einen hohen sozialen Status verweist: »Ich bin gut gepflegt.« Da weibliche Brauen dünner und damit nicht ganz so expressiv sind, kann eine Frau vieles tun, um sie attraktiver zu machen.

Die Sprache der Brauen ist so geheimnisvoll, dass man schon Make-up-Gurus wie Kevyn Aucoin oder Anastasia aus Beverly Hills benötigt, um sie zu entziffern. Laut Anastasia sind zwar auch Brauenformen der Mode unterworfen, jedoch haben sie stets eines gemeinsam, nämlich den sichtbaren Bogen über dem äußeren Rand eines jeden Auges. Ein gut platzierter Bogen über der Iris einer Frau imitiert das freundliche Hochziehen der Brauen beim Augengruß. Ein talentierter Stylist kann die Form ganz normaler Brauen im Nu in pure Verführung verwandeln. Das Geheimnis liegt darin zu wissen, wo und wie der Brauenbogen exakt verlaufen muss.

Marilyns Augenbrauen

Nur wenige Frauen widmen ihren Geschlechtsmerkmalen eine solche Aufmerksamkeit wie Marilyn in den 1950er-Jahren. Kaum eine wusste besser, wie man seinen Körper vorteilhaft zur Schau stellt, und das gilt auch für ihre Augenbrauen. Wenn man die alten Studiofotos betrachtet, fühlt man sich sofort von Marilyns Augen angezogen. Wortlos fordert sie uns auf, sie anzusehen – und zwar weil ihre Brauen genau definierte

»Winkel« beschreiben, die den allgemein gültigen Augengruß imitieren. Überall auf der Welt lädt der Augengruß dazu ein, Kontakt aufzunehmen.

Bei näherer Betrachtung ihrer Fotos zeigt sich jedoch, dass Marilyns Brauen überhaupt nicht hochgezogen sind. Ihre Stirn- oder *Fronatlismuskeln,* die für das Hochziehen der Brauen verantwortlich sind, sind völlig entspannt. Marilyns Augenbrauen ziehen uns deshalb so gekonnt an, weil ihre verführerische Form vom legendären Hollywood-Stylisten Whitey Snyder entworfen worden ist.

Die Supraorbitalregionen sind bei Frauen größer als bei Männern, aber die von Marilyn sind ganz besonders groß. Die strahlend helle Haut um ihre ohnehin schon großen Augen lässt sie noch größer wirken. Und so reagiert unser Gehirn tatsächlich auf die von Snyder markierte Hautpartie wie auf übergroße Augen.

Snyders Verdienst sind die Winkel am Scheitelpunkt von Marilyns Brauen. Sie suggerieren den Sehzentren in unserem Gehirn, dass sie ihre Brauen hebt, um zum Näherkommen aufzufordern. »Ich habe sie so in Form gebracht, dass sich der Winkel genau über der Augenmitte befindet«, erklärte Whitey. »Viel weiter weg kann man nicht gehen, denn sonst sieht es unecht aus« (Crown, 1987). Durch Snyders Geschick sind Marilyns Brauen zu einem unverwechselbaren Merkmal geworden, das noch heute Millionen Menschen wiedererkennen.

Zeigen Sie Taille

Was ist rein geometrisch gesehen die attraktivste weibliche Form? Manche sagen schön geformte Beine, während andere auf Schultern, Busen, Hüften oder Fesseln tippen, doch keiner von ihnen hat Recht. Wissenschaftliche Studien haben ergeben, dass es trotz der bekannten Attraktivität von Busen, Po und Schenkeln die Taille ist, die neben dem Gesicht am meisten auffällt. Forschungen von Anthropologen und Entwicklungspsychologen bestätigen, dass das herausragendste Merkmal des weiblichen Körpers seine sanduhrförmige Taille ist.

Trotz der wechselnden Modetrends und weiblichen Schönheitsideale in Bezug auf Körbchengröße, Körpergewicht, Hüftmaß oder Wadenumfang, steht eines unverrückbar fest: Überall auf der Welt finden Männer eine schlanke Taille attraktiver als eine dicke. Von den neolithischen Figuren bis hin zu klassischen ägyptischen Skulpturen, von den Miss-Universe-Schönheitswettbewerben bis hin zum *Playboy* bleibt die Botschaft stets die gleiche: Eine schmale Taille wirkt auf Männer ungemein anziehend.

Aber wie schmal muss eine schöne Taille sein? Studien haben gezeigt, dass die extrem schlanke Taille eines Supermodels von Männern nicht unbedingt attraktiver empfunden wird als die Taille einer normalgewichtigen Frau. Forschungen der Neuropsychologin Devendra Singh haben ergeben, dass Männer eine anormal dünne Figur nicht unbedingt mit Schönheit gleichsetzen. Was sie anziehend finden, ist nicht das Dünnsein an sich, sondern der Kontrast zwischen Taille und

Hüfte. Anthropologen haben herausgefunden, dass ein niedriges Taillen-Hüftumfang-Verhältnis (Taillenumfang, geteilt durch Hüftumfang) für Fruchtbarkeit und eine gute Gesundheit steht – und außerdem deutlich macht, dass die Frau nicht bereits von einem anderen Mann geschwängert wurde.

Wenn es ums Liebeswerben geht, sollten Frauen mit einem niedrigeren Taillen-Hüftumfang-Verhältnis von unter 1 ihre Schlankheit also durch einen Gürtel, einen eng anliegenden Bund oder eine Schärpe betonen. Frauen mit schlanken Taillen wie Nicole Kidman, Jennifer Lopez und Madonna stehen helle, eng sitzende Oberteile zu dunklen Röcken. Der starke Farbkontrast lenkt den Blick auf die schmale Mitte. Frauen mit einem höheren Taillen-Hüftumfang-Verhältnis von 1 und mehr sollten dagegen Tops mit geschickt platzierten Mustern oder anderen Details tragen, die den Blick von der Taille ablenken.

Breite Schultern machen Eindruck

Und welche geometrische Form ist beim Mann besonders attraktiv? Manche tippen auf muskulöse Arme, während andere auf Hände, Brustkorb, Rücken oder Bauchmuskulatur setzen. Auch sie haben Unrecht. Es ist wissenschaftlich bewiesen, dass neben Gesicht und Augen hauptsächlich die keilförmige Figur des Mannes ins Auge sticht. Frauen bevorzugen Männer mit breiten Schultern, da ein breiter Oberkörper für maskuline Stärke steht. In Studien fanden Männer und Frauen eine größere Schulterbreite im Vergleich zur Hüftbreite attraktiver als schmale Schultern. Je breiter und kantiger die Männer gebaut waren, desto eher schafften sie es, einen Rivalen auszustechen und den Sieg davonzutragen.

Wie breit sollten die Schultern eines Mannes sein? Frauen legen bei Männern nicht so rigide Maßstäbe an wie Männer bei Frauen. Sie sind da wesentlich großzügiger. Während eine Frau fast schon eine sanduhrförmig Figur besitzen muss, um einen Mann zu begeistern – dessen Blick laut Devendra Singh zuerst der Taille und erst dann dem Gesicht gilt – lassen die weiblichen Augen auch schmale Schultern durchgehen, solange sie deutlich breiter sind als ihre eigenen. Ein bescheidener Größenunterschied reicht aus, damit der Mann als »männlicher Beschützer« wahrgenommen werden kann. Die eindeutige Botschaft, die die Schultern eines Bodybuilders aussenden, ist eher an andere Männer gerichtet, die ebenfalls um weibliche Aufmerksamkeit kämpfen. Die keilförmige Figur eines normalgroßen Mannes ist beim Liebeswerben für Frauen genauso attraktiv wie der überdimensionierte Körper eines Arnold Schwarzenegger.

Bevor wir jedoch behaupten, dass alle Männerschultern gleich gut ankommen, sollten wir uns fragen, warum sich so viele Manager, Politiker oder Militärs in Macht verheißende »Uniformen« werfen. Das liegt daran, dass taillierte Jacketts die natürliche Keilform betonen. Nur mit T-Shirts bekleidet, scheinen Hulk und Woody Allen zwei verschiedenen Spezies anzugehören. Würde Woody dagegen Schulterpolster, Ärmelaufschläge und große Revers statt seines üblichen ausgeleierten Tweedjacketts tragen, würde auch er imposant genug wirken, um für Frauen auf den ersten Blick attraktiv zu sein.

Harmlos wirken

Beim Liebeswerben reicht es allerdings nicht, Präsenz zu zeigen und eindeutig männlich oder weiblich zu sein. Bevor wir uns einem Unbekannten nähern, müssen wir auch wissen, ob unsere Annäherung willkommen ist oder nicht. Wir wollen uns gern vergewissern, dass unser potenzieller Partner nicht mürrisch, grob oder unfreundlich auf unseren Annäherungsversuch reagieren wird. Das heißt, wir brauchen ein klar erkennbares Signal für Harmlosigkeit. Harmlosigkeit spielt eine große Rolle beim Flirten, aber auch noch später in der Ehe. In der westlichen Welt gilt ein Ehering am Finger als Symbol.

Auch beim Liebeswerben der Tiere ist das Signalisieren von Harmlosigkeit von großer Bedeutung. Wenn sich beispielsweise der Grünreiher reckt, signalisiert er damit potenziellen Partnerinnen, dass er sie nicht angreifen wird, wenn sie sich nähern. Indem er Kopf und Nacken hochsteckt, sich demütig hin und her wiegt und sanfte *Aru-aru*-Rufe ausstößt, zeigt er,

Wer den Kopf seitwärts neigt, signalisiert: »Ich bin interessiert.«

dass er ihnen nicht feindlich gesinnt ist. Außerdem scheint sich der Vogel vor seiner potenziellen Partnerin zu verbeugen. Weibchen reagieren auf die unterwürfige Körpersprache, indem sie sich seinem Nest nähern.

Ein Mann kann sein unausgesprochenes Interesse dadurch kundtun, dass seine Zehen nach innen zeigen.

Beim Liebeswerben spielen Signale für Unterwürfigkeit, Schüchternheit und Harmlosigkeit eine wichtige Rolle. Signale, die Verletzlichkeit suggerieren, erlauben anderen, sich gefahrlos körperlich zu nähern. Deshalb tun sich die Frauen im *Monkeyshines* auch leicht, auf einen Fußballspieler zuzugehen, der sich ans andere Ende des Tisches gesetzt hat. Sie haben nämlich sein Gipsbein bemerkt und die an den Stuhl gelehnte Krücke. Diese für »Harmlosigkeit« stehenden Signale zeigen, dass er zugänglich ist und bestimmt nicht beißen wird. Die Frauen können sich ihm ohne Angst nähern. Sichtbare Behinderungen wie ein Gipsbein, ein Verband, eine Brille oder andere Anzeichen für Schwäche, lösen einen typisch menschlichen *Helferinstinkt* aus.

Bieten Sie den Hals

Eine gute Methode, Harmlosigkeit zu signalisieren, besteht darin, den obersten Knopf von Hemd oder Bluse aufzumachen und den Hals zu zeigen. Auf diese Weise wird das Halsgrübchen sichtbar. Da diese Stelle besonders verletzlich ist, verstecken wir sie im Geschäftsleben, in der Politik oder beim Militär häufig hinter einem Krawattenknoten, Schal oder Rollkragen, um Förmlichkeit und Stärke zu demonstrieren. Ein verhüllter Hals besagt: »Bleib auf Distanz!« Beim Liebeswerben dagegen ist das für alle sichtbare Halsgrübchen ein Zeichen von Demut. Es signalisiert: »Du darfst gern näher kommen.«

Wer seinen Hals entblößt, signalisiert: »Ich bin harmlos, du darfst gern näher kommen.«

Ein unterwürfiges Bieten der Kehle ist bei Hunden, Wölfen, Fischen und Reptilien zu beobachten. Krokodile strecken ihre Köpfe weit aus dem Wasser und zeigen ihren Hals, wenn dominante Männchen vorüberschwimmen, da sie sich sonst auf einen Kampf gefasst machen müssen. Wer seinen Hals zeigt, kann einen Angriff verhindern, indem er Harmlosigkeit signalisiert und sagt: »Ich gebe auf.«

Das Halsgrübchen wirkt beim Liebeswerben derart anziehend, dass es in den unterschiedlichsten Kulturen Mode ist, den Hals in den Mittelpunkt zu stellen und zu schmücken. Kleider mit tiefem Ausschnitt, Bauernblusen, aber auch klassische V-Pullis erfreuen sich deshalb überall auf der Welt großer Beliebtheit.

Bei Frauen dient eine kurze Perlen- oder Goldkette dazu, den Blick auf das entwaffnende Grübchen zu lenken. Ein bernstein-, türkis- oder korallenfarbener Anhänger unter dem Schlüsselbein lenkt die Aufmerksamkeit ebenfalls auf das Halsgrübchen. An der richtigen Stelle getragen, signalisiert ein münzgroßer Anhänger Demut, denn er markiert das Halsgrübchen, anstatt es wie ein Kropfband zu verbergen.

In traditionellen Gesellschaften haben Männer zwar in der Regel einen nackten Oberkörper, schmücken sich aber mit Ketten. Männer der westlichen Welt tragen stattdessen Hemd und Krawatte. Für sie besteht die beste Methode, das entwaffnende Halsgrübchen zu zeigen, darin, die Krawatte abzulegen oder zu lockern und den obersten Hemdknopf aufzumachen. Das setzt zwar den Machtkoeffizienten herab, machte es aber Frauen leichter, sich zu nähern. Wer seinen verletzlichen Hals darbietet, suggeriert eine lockere Atmosphäre, auch wenn der Hemdkragen selbst hoch bleibt und die Maskulinität des männlichen Nackens betont. So jemand sagt: »Ich bin ein Mann, und ich bin harmlos.«

Bewegen Sie die Schultern

Ein weiteres Zeichen für friedliche Absichten sind hochgezogene Schultern. Achten Sie darauf, wenn eine oder beide Schultern Ihres Gegenübers in Richtung Ohr oder nach vorn hochgezogen werden. Da es sich dabei um fließende Bewegungen handelt, müssen Sie schon sehr genau hinschauen, um diese Signale nicht zu übersehen. Die Schultern wandern nach oben, wenn die Schulterblätter durch die Trapezmuskeln und Schulterheber gehoben werden. Das Nachvornebeugen der Schultern ermöglichen die Trapezmuskeln mit Hilfe des großen und kleinen Brustmuskels sowie des vorderen Sägezahnmuskels.

Eine hochgezogene Schulter bedeutet: »Ich bin interessiert.«

Das Hochziehen der Schultern ist ein Signal für Nachgiebigkeit. Wer seine Schultern unterwürfig hochzieht, lädt einen Partner ein, näher zu kommen. Wer das Signal entdeckt, kann annehmen, dass man nicht vor ihm zurückschrecken, sich nicht abwenden oder die Annäherung zurückweisen wird. Wenn wir jemanden mögen, heben wir unbewusst die Schultern und beugen sie vor. Wenn wir Babys knuddeln, um ihnen unsere Zuneigung zu zeigen, machen wir genau dieselbe Schulterbewegung.

> **Fallbeispiel: Siegreich in Seattle**
> Im *Monkeyshines* haben die übertriebenen Gesten und Blicke von »Lederweste« viel zu viel Aufmerksamkeit auf sich gezogen. Sie haben die Frauen auf Distanz gehalten. Ganz anders die gelassene Haltung eines nahen Rivalen, der ebenfalls ganz allein an einem leeren Tisch sitzt. Sein zurückhaltendes Verhalten scheint die Frauen regelrecht anzuziehen. In der Aufmerksamkeitsphase hat das Liebeswerben fast schon etwas Paradoxes: Je weniger Ehrgeiz wir zeigen, desto eher kommen wir ans Ziel.
> Der Rivale, den wir der Einfachheit halber »Jeansjacke« nennen wollen, hat einen Zahnstocher im Mund, liest das *Wall Street Journal* und scheint sich völlig auf seine Lektüre zu konzentrieren. Er hält die Zeitung mit beiden Händen nah vor sein Gesicht, während seine Augen den Zeilen folgen. Die Jeansjacke und das Wall Street Journal bilden einen interessanten Gegensatz. Da der Mann dermaßen in seine Lektüre vertieft ist, kann sich eine Frau problemlos neben ihn setzen, ohne ir-

> gendetwas sagen zu müssen. Dazu ist kein Gruß, kein Kopfnicken und keinerlei Augenkontakt notwendig. Außerdem wirkt »Jeansjacke« wesentlich verschlossener und damit ungefährlicher als »Lederweste«, der alle Welt gierig mit seinen Blicken zu verschlingen scheint. Wegen seines zurückhaltenden Benehmens gelingt es »Jeansjacke« schon nach wenigen Minuten, eine Frau in sein Revier zu locken. Nach vorbereitendem Schütteln und Neigen des Kopfes, dem Zurschaustellen offener Handflächen und einem respektvollen Schulterzucken, beginnen sich die beiden zu unterhalten.

Die erste Phase des Liebeswerbens ist deshalb der richtige Zeitpunkt, Präsenz, Männlichkeit bzw. Weiblichkeit und Annäherungsbereitschaft zu zeigen. Diese Phase wird absolviert, bevor Worte oder gar Berührungen ausgetauscht werden. Die verschiedenen Phasen des Liebeswerbens gehorchen nämlich einer ganz bestimmten Reihenfolge, die schon vor Äonen während der Evolution der Wirbeltiere festgelegt wurde. Phase eins dient nicht dazu, jemanden zu verfolgen. Phase eins dient dazu, selbst für Aufsehen zu sorgen.

3. Phase zwei: Ein Blick sagt mehr als 1000 Worte

> »Die Männchen vieler Arten produzieren sich vor den Weibchen, bevor sie sich mit ihnen paaren: Sie tanzen, posieren, singen oder verhalten sich anderweitig auffällig und merkwürdig.«
> (Margaret Bastock)

In Phase eins des Liebeswerbens geht es darum, Aufmerksamkeit zu erregen. Es gilt körperliche Präsenz zu zeigen, das eigene Geschlecht und Harmlosigkeit zu signalisieren. In Phase zwei, der Wahrnehmungsphase, interpretieren wir die nonverbalen Reaktionen des Gegenübers, um Aufschluss über seine Gefühle zu bekommen: Hat er mich bemerkt? Ist er interessiert? Woran kann ich das erkennen?

Die Wahrnehmungsphase läuft ebenfalls überwiegend nonverbal ab. Und selbst wenn gesprochen wird, werden keine Gefühle verbalisiert. Es ist viel zu früh und zu riskant, sich einem Fremden anzuvertrauen. Denn wenn wir uns öffnen, riskieren wir, abgewiesen zu werden. Da der emotionale Schmerz der Zurückweisung genauso heftig ist wie ein Schlag in die Magengrube – neurologisch gesehen wird beides im Vorderhirn verarbeitet – halten wir uns instinktiv zurück.

In der zweiten Phase des Liebeswerbens müssen wir also vorsichtig vorgehen, um uns vor seelischen Verletzungen zu schützen. Bevor wir uns dem anderen öffnen, versuchen wir zunächst Gestik und Verhalten des Partners zu entschlüsseln, um herauszufinden, ob dieser unsere Anwesenheit schätzt und freundlich auf unseren Annäherungsversuch reagieren wird. Die dabei ablaufende Kommunikation funktioniert ähnlich wie das Echolot einer Fledermaus: Wir lassen um Aufmerksamkeit heischende Signale auf unsere Umwelt los und interpretieren ihr nonverbales Echo.

Das erste Gesetz der Körpersprache, das in den 1970er-Jahren von dem Anthropologen Ray Birdwhistell aufgestellt wurde, besagt, dass eine Person nicht *nicht* kommunizieren kann. Sollte ein Partner versuchen, »absolut nichts« von sich zu zeigen, verrät ihn doch seine starre Unbeweglichkeit. Ein unbeweglicher Körper ist nämlich genauso verräterisch wie einer in Bewegung. Menschen, die andere hinters Licht führen wollen, machen dabei deutlich weniger Gesten, als wenn sie die Wahrheit sagen. Studien bestätigen, dass bewegungslose Hände auf betrügerische Absichten hinweisen können.

Egal, ob Sie beim Flirten heftig gestikulieren oder Ihre Hände so still halten wie eine Statue – unbewusst senden Sie trotzdem Signale aus. Auch das Interpretieren der Körpersprache erfolgt überwiegend unbewusst. Unsere Pupillen sind ein gutes Beispiel dafür: Wir wissen, dass sich unsere Pupillen als Reaktion auf Emotionen, Gefühle und Stimmungen zusammenziehen oder weiten.

Untersuchungen mit einem Messinstrument namens *Pupillometer* haben ergeben, dass sich die Pupillen eines Mannes vergrößern, wenn er das Foto einer attraktiven Frau betrachtet. Nerven im *oberen Halsganglion* seiner Wirbelsäule lösen ein Weiten der Iris aus. Auch die Pupillen einer Frau weiten sich, wenn sie einen gut gebauten Mann in Badehose sieht. Erblickt sie ihn dagegen im Adamskostüm, verengen sich die Pupillen wieder. In diesem Fall steht das Weiten der Pupillen für Gefallen und das Zusammenziehen für Missfallen. Ein unbekleideter männlicher Körper ist für Frauen nicht so attraktiv, wie ein nackter Frauenkörper für Männer.

Man könnte meinen, dass der entstehende Größenunterschied der Pupille viel zu gering ist, um überhaupt bemerkt zu werden. Psychologen haben jedoch herausgefunden, dass wir die verengte oder geweitete Pupille unseres Gegenübers sehr wohl wahrnehmen und deutlich darauf reagieren. Bei einem Versuch wurden Männern beinahe identische Fotos einer attraktiven Frau gezeigt. Sie bevorzugten jedes Mal das Bild, auf dem die Frau mit künstlich vergrößerten Pupillen dargestellt war, auch wenn sie nicht erklären konnten, warum (Hess, 1975).

Die geweiteten Pupillen sendeten offenbar ein Signal aus, das die Männer unterbewusst positiv bewerteten. Die größeren Pupillen schienen ihnen zu sagen: »Ich mag dich.« Aus diesem Grund benutzten die Europäerinnen vor mehreren Jahrhunderten auch ein kosmetisches Extrakt namens Belladonna. Belladonna, das auf Italienisch »schöne Frau« bedeutet, weitete ihre Pupillen und schenkte ihnen dadurch attraktivere Augen. Und auch heute noch interpretieren raffinierte Pokerspieler die geweiteten Pupillen ihrer Mitspieler als verräterischen Hinweis auf ein gutes Blatt.

Phase zwei: Ein Blick sagt mehr als 1000 Worte

> *»Es ist gar nicht so leicht, geweitete Pupillen zu erkennen, vor allem wenn die betreffende Person dunkle Augen hat. Doch aufgrund meiner Erfahrungen mit Hypnose kann ich dieses Signal leichter identifizieren. Wenn ich hypnotisiere, lese ich immer auch in den Augen meiner Patienten. Dabei habe ich festgestellt, dass der Blick starr, leer und ausdruckslos wird, sobald sich die Pupillen weiten. Wenn ich das bei einer Person registriere, die sich durchaus in einiger Entfernung befinden kann, weiß ich, dass ihre Pupillen geweitet sind.«*
>
> (Marco Pacori, Psychologe)

Es gibt noch viele andere Signale, die wesentlich leichter zu erkennen sind als die Größe der Pupillen. Doch mit einer gewissen Übung lässt sich die Pupillengröße aus einer Entfernung von bis zu zwei Metern sehr genau interpretieren. Wird es richtig entziffert, kann dieses Signal aus Phase zwei verraten, wie interessiert oder verfügbar jemand wirklich ist. Ein Mann sollte nie vergessen, dass Frauen in den ersten Phasen des Liebeswerbens wesentlich bessere Beobachterinnen sind als Männer. Frauen sind nachweislich von klein auf empfänglicher für nonverbale Signale, was ein Stück weit auch die berühmte »weibliche Intuition« erklärt. Trotzdem können meist weder Frauen noch Männer exakt benennen, welche Signale ihnen verraten haben, ob jemand Interesse zeigte.

Um die Wahrnehmungsphase zu einem bewussteren Prozess zu machen, werde ich die dabei verwendeten nonverbalen Signale im Folgenden einzeln analysieren. Da keines der Signale idiotensicher ist, sollte man sich mit so vielen Signalen absichern wie möglich. Ein einzelnes, viel versprechendes

Signal ist noch kein Liebesversprechen. Das Liebeswerben ist eine äußerst ambivalente Angelegenheit. Für den Partner ist es ganz normal, Ihnen einerseits näher kommen, Sie aber andererseits auch auf Distanz halten zu wollen. Widersprüchliche Botschaften sind beim Liebeswerben des Menschen genauso häufig wie beim Liebeswerben von Säugetieren und Vögeln.

Ein ungleiches Paar: Mensch und Vogel

In einem der seltsameren biologischen Experimente hat ein Mensch erfolgreich einen Schreikranich verführt (Walters, 1988). Zwischen 1976 und 1982 warb der Ornithologe George Archibald um einen weiblichen Schreikranich namens »Tex«.

Die ungleiche Paarung fand während eines Zuchtprogramms der *International Crane Foundation* in Baraboo, Wisconsin, statt. Auf dem Gelände dieser Stiftung sendete George der Kranichdame Tex lauter richtige, um Aufmerksamkeit heischende Signale. Er sah ihr ins Gesicht, wedelte mit den Armen und bewegte den Kopf ruckartig vor und zurück. Tex reagierte auf das imitierte Balzverhalten mit eigenen Signalen. Sie richtete ihren Körper symmetrisch zu seinem aus, flatterte mit den Flügeln, bewegte ihren Kopf ruckartig vor und zurück und »tanzte«. Der Vogel nahm George eindeutig als potenziellen Partner wahr.

Während das ungleiche Paar mit seinem Balzverhalten fortfuhr, tanzten George und Tex gemeinsam zu synkopischen Rhythmen: Wenn George den Kopf neigte, streckte Tex den ihren, und wenn Tex den Kopf neigte, streckte George den seinen. Indem sie sich gegenseitig abwechselten, stellten sie die Synchronizität her, die für eine Paarung notwendig ist. Sobald George aus dem Rhythmus kam, verlor das Weibchen sein Interesse am Liebeswerben. Aber wenn er alles richtig machte, begann ihn Tex regelrecht anzustacheln: Sie spreizte ihre Flügel, kehrte ihm ihr Hinterteil zu und stellte sich auf die Zehenspitzen, um die typische Deckhaltung eines weiblichen Schreikranichs einzunehmen. Ihre verführerische Pose war eine unmissverständliche Aufforderung an George, sich mit ihr zu paaren.

In dieser Phase ihres Liebeswerbens schalteten sich Georges Forscherkollegen ein und befruchteten den verliebten Vogel auf künstliche Weise. Das Experiment von George Archibald hatte dazu gedient, Tex' Begierde und damit auch ihren Hormonspiegel anzuregen, damit sie einen Eisprung bekam. Da sie von Menschen aufgezogen worden war, wusste Tex nicht, wie man sich anderen Kranichen gegenüber verhält und konnte auch keine Eier legen. Also nahm Archibald die Partnerrolle ein, um der gefährdeten Art zu Nachwuchs zu verhelfen.

Wie manchmal auch beim Menschen, dauerte dieses Liebeswerben mehrere Jahre, bis tatsächlich ein Nachkomme gezeugt wurde. Am 1. Juni 1982 schlüpfte aus dem künstlich befruchteten Ei von Tex ein winziger Kranich namens »Gee Whiz«.

Positive Signale

In der Aufmerksamkeitsphase senden wir Botschaften, die besagen: »Hier bin ich!« In der Wahrnehmungsphase dagegen warten wir die Reaktionen darauf ab. Folgende Signale sind ein Hinweis dafür, dass Ihr Gegenüber interessiert ist:

- **Verstärktes Blinzeln:** Wird in kürzeren Abständen als normal geblinzelt, weist das auf eine emotionale Erregung hin, die entsteht, wenn im Gehirn die Neurochemikalie Dopamin ausgeschüttet wird.
- **Der Chamäleon-Effekt:** Wer Ihre Körperbewegungen imitiert, zeigt, dass er genau auf Ihrer Wellenlänge liegt.
- **Erröten:** Wer rote Ohren bekommt oder im ganzen Gesicht errötet, verrät, dass sein sympathisches Nervensystem in Wallung ist.
- **Das Spiel mit den Haaren:** Wenn Sie näher kommen und bemerken, dass Ihr potenzieller Partner daraufhin mit seinen Haaren spielt, bedeutet das: »Ich bin interessiert.«
- **Intentionsbewegungen:** Ein Arm, der wie zufällig über die Tischplatte in Ihre Richtung gestreckt wird, signalisiert den Wunsch nach Berührung.
- **Vorneigen des Oberkörpers:** Aufgrund unseres Orientierungsreflexes, neigen wir den Oberkörper stets in die Richtung des Geschehens oder der Person, die uns am meisten interessiert.
- **Große Augen:** Wenn das zentrale Nervensystem Ihres potenziellen Partners erregt ist, sorgen Muskeln

in seinen Augenlidern unwillkürlich für größere Augen.
- **Eine heruntergefallene Kinnlade:** Wenn Sie die volle Aufmerksamkeit Ihres Partners haben, bleibt ihm im wahrsten Sinne des Wortes der Mund offen stehen. Eine heruntergefallene Kinnlade ist ein eindeutiger Hinweis darauf, dass Sie näher kommen dürfen.
- **Sich kreuzende Blicke:** Wenn ein potenzieller Partner seine Augen auffällig oft durch Ihr Blickfeld wandern lässt, möchte er gern Blickkontakt aufnehmen.

Mit den Wimpern klimpern

Wenn die Person, die Ihnen am Tisch gegenübersitzt, Blickkontakt zu Ihnen aufnimmt, kurz blinzelt und dann wieder wegschaut, können Sie das getrost als positives Signal betrachten. Ein kurzes Blinzeln (oder »Wimpernklimpern«) bedeutet, dass Sie das Erregungsniveau der blinzelnden Person erhöht haben. Ein häufiges Blinzeln in kürzeren Abständen besagt, dass man auf dem Radarschirm des Partners ist.

Die Blinzelrate spiegelt die psychische Erregung genauso gut wieder wie ein Lügendetektor. Die normale Blinzelrate liegt bei zwanzig Mal pro Minute, wobei das durchschnittliche Blinzeln eine Viertelsekunde dauert (Karson, 1992). Deutliche schnellere Blinzelraten weisen auf emotionale Erregung und Stress hin, wie sie auch bei einer Kampf- oder Fluchtreaktion auftreten.

Beim Liebeswerben kann heftiges Blinzeln auch auf sexuelle Erregung hinweisen. Das Wimpernklimpern ist ein auf der ganzen Welt bekanntes Flirtsignal. Wer Wimperntusche aufträgt oder sich künstliche Wimpern anklebt, kann diesen Effekt noch verstärken. Und nicht nur Frauen klimpern mit den Wimpern. Studien haben ergeben, dass beide Geschlechter öfter blinzeln, wenn ihnen jemanden sympathisch ist.

Aber wie soll man die Blinzelrate seines Gegenübers interpretieren, wenn man keine Stoppuhr dabei hat? Achten Sie einfach darauf, wie oft der potenzielle Partner blinzelt, wenn er entspannt ist oder woanders hinschaut. Vergleichen Sie diese Rate mit der bei Blickkontakt. Dazu müssen Sie nicht genau mitzählen, sondern nur darauf achten, wann öfter geblinzelt wird.

Gefühlsregungen stimulieren das *retikuläre Aktivationssystem* des Hirnstamms (RAS), ein primitives Erregungszentrum, das wir nur schwer kontrollieren können. Das RAS fordert das Mittelhirn auf, im reptilischen Sehzentrum namens *Colliculus superior* die erregende Chemikalie Dopamin auszuschütten. Dieses Zentrum unterhalb der Bewusstseinsschwelle kontrolliert den Blinzelreflex. Wie das Weiten der Pupille, geschieht auch das häufige Blinzeln völlig unwillkürlich und macht es zu einem äußerst verlässlichen Signal.

Ein aufrichtiges Kompliment

Wenn wir anhand seiner Pupillen und seiner Augenlider festgestellt haben, dass der uns gegenübersitzende Fremde interessiert ist, sollten wir noch auf ein zweites Signal warten, nämlich auf ein synchrones Verhalten, das auch als *Isopraxismus* bezeichnet wird. Imitiert die betreffende Person Ihre Bewegungen? Schlägt sie die Beine übereinander, wenn Sie es tun, lehnt Sie sich zurück, wenn Sie sich zurücklehnen oder spielt sie mit ihrem Haar, wenn Sie mit Ihrem Haar spielen? Wenn das der Fall ist, dürfen Sie getrost annehmen, dass sie mehr als nur ein oberflächliches Interesse an Ihnen hat. Studien von Anthropologen, Psychologen und Psychiatern sind sich darin einig, dass Isopraxismus – der auch als Mimikry, Synchronie, Parallelisierung, Spiegelung, Haltungsecho und Chamäleon-Effekt bezeichnet wird – verrät, dass sich zwei Menschen sympathisch sind.

Sympathie zeigt sich ganz deutlich in einem synchronen Verhalten, aufeinander abgestimmten Bewegungen, identischen Gesten, Körperhaltungen und Stimmlagen. Isopraxismus ist ein fester Bestandteil im Liebeswerben von Reptilien, Säugetieren und Vögeln. Vor der Paarung richten sich die für ihre eleganten Balztänze berühmten Haubentaucher Brust an Brust aneinander auf und schwingen in einem so genannten *Pinguintanz* hin und her. Rotkammkraniche recken im Gleichtakt Hälse und Schnäbel und besiegeln ihre Liebe durch ein so genanntes *Duett*. Beim Menschen rücken enge Freunde dicht zusammen und verhalten sich wie ein Spiegelbild des jeweils anderen. Wenn Sie in einer gut besuchten Bar sitzen, das Kinn in die Hand stützen und merken, dass es Ihnen am Nachbartisch jemand gleichtut, der sie noch dazu anschaut, kann das bedeuten, dass er sich von Ihnen angezogen fühlt.

So ein Haltungsecho kann mit oder ohne Blickkontakt stattfinden. Oft scheint der Fremde an Ihnen vorbeizusehen, bevor er Ihre Haltung imitiert. Das geschieht, wenn der Wunsch nach Nähe, den das Spiegeln ausdrückt, mit einem Vermeidungsverhalten einhergeht, das sich in einem abgewendeten Blick zeigt. In Phase zwei werden viele ambivalente Signale ausgetauscht, bevor die Partner miteinander sprechen. Dafür ist der so genannte *Motivationskonflikt* verantwortlich. Dieser Motivationskonflikt lässt sich beim Liebeswerben des Menschen, aber auch des Affen, Schmetterlings, Laubenvogels und vieler anderer Tiere beobachten. Bevor wir einen Fremden ansprechen, fragen wir uns mehrfach: »Soll ich oder soll ich nicht?«

Um das Haltungsecho eines potenziellen Partners auf die Probe zu stellen, können Sie das Kinn von der Hand lösen und eine andere Position einnehmen. Rücken Sie ein Stück vom Tisch weg und lehnen Sie sich in Ihrem Stuhl zurück. Ändert der andere innerhalb von zehn Sekunden ebenfalls auf diese Weise seine Haltung, ist das bestimmt kein Zufall mehr, sondern ein positives Signal.

Auf eine ganz ähnliche Art und Weise signalisiert auch die weibliche Kanadagans ihre Zustimmung, indem sie die Bewegungen ihres Partners wiederholt (Ogilvie, 1978). Mit ihrer Imitation schmeichelt sie ihm, da ein synchrones Verhalten während des Liebeswerbens psychologisch äußerst beruhigend wirkt. Für das tierische Gehirn bedeutet Gleichheit Sicherheit. Gleiches fühlt sich auch für Menschen auf der emotionalen Ebene sicher an – und sicher fühlt man sich bei Gleichheit.

Balzende Vögel und menschliche Liebespaare imitieren einander, um sich näher zu kommen.

Synchronballett

Der wissenschaftliche Begriff *Isopraxismus* wurde 1975 von dem Hirnforscher Paul MacLean geprägt. Auf Griechisch bedeutet *iso* »gleich« und *praxis* »Verhalten«. Isopraxismus beruht auf dem tief in uns verwurzelten, reptilischen Mimikry-Prinzip, das uns das Verhalten derjenigen, die wir attraktiv finden, nachahmen und wiederholen lässt. MacLean hat diesen Imitationsreflex in primitiven Bewegungszentren in unserem Vorderhirn, den *Basalganglien,* lokalisiert.

Isopraxismus erklärt, warum wir uns genauso kleiden wie unsere Kollegen und die Überzeugungen, Eigenarten, ja sogar die Stimmlage von Menschen imitieren, die wir bewundern. Das Tragen derselben Vereins- oder Firmenkleidung erzeugt den Eindruck, dass wir auch gleich denken und fühlen.

Immer mehr Forschungsergebnisse belegen, dass die Imitation von Haltung, Verhalten und Kleidung den Umgang mit anderen erleichtert und unsere Sympathiewerte erhöht (Chartrand und Bargh, 1999). Anscheinend können wir gar nicht anders, als die zu mögen, die uns mögen. Der Psychologe Albert Mehrabian konnte beobachten, dass Menschen, die ihre Eigenarten und Stimmlagen aufeinander abstimmten, damit automatisch auch ihren Wunsch nach mehr Nähe ausdrückten.

Bei Tieren zeigt sich Isopraxismus beispielsweise im gleichzeitigen Kopfnicken von Echsen, im gemeinsamen Kollern von Truthähnen und dem synchronen Scheinputzen bei Vögeln. Beim Liebeswerben von Stockenten knüpfen die Partner mit Hilfe des Isopraxismus zarte Bande, indem sie gemeinsam rhythmisch den Kopf bewegen, sich unter den Flügeln putzen und ihre Schnäbel gleichzeitig in den Teich tauchen, um zu trinken. Beim Liebeswerben des Menschen nickt das Paar synchron, während es sich unterhält, spielt parallel mit den Haaren und nippt gleichzeitig am Glas, wenn es sich zuprostet.

Isopraxismus drückt zugleich aus, wie wenig vertraut sich die Partner noch sind. Wenn männliche und weibliche Singles auf einer Party nebeneinander sitzen, kommt es vor, dass sie unbewusst gleichzeitig die Gläser heben und daran nippen, so als wären sie bereits ein Paar. Wer wen mag, sieht man daran, wer wen imitiert. Indem Sie die Haltung oder andere Angewohnheiten nachahmen, schaffen Sie scheinbare Gemeinsamkeiten, die den Sympathiefaktor erhöhen. Dieses aufeinander abgestimmte Verhalten in der zweiten Phase des Liebeswerbens bereitet den Weg für eine gemeinsame, romantische Zukunft.

Wer die Körperhaltung eines anderen imitiert, sagt: »Ich mag dich, ich tu dir nichts. Du kannst mir vertrauen.«

Bekennen Sie Farbe

Wie unsere Verwandten aus der Tierwelt wechseln auch wir beim Liebeswerben die Farbe. Der Po einer Schimpansin wird als Zeichen ihrer Paarungsbereitschaft Pink. Ein Seepferdchen läuft orange an, wenn es um einen Partner wirbt. Und das Gesicht eines verliebten Menschen wird rot.

In Phase zwei kann es vorkommen, dass wir als Reaktion auf die körperliche Nähe des Partners erröten. Ganz plötzlich beginnen Stirn, Wangen, Nacken, ja sogar der Ausschnitt vor lauter Schüchternheit rot anzulaufen. Dieses Erröten ist ein Symptom für Fremdenangst und findet immer dann statt, wenn das sympathische Nervensystem die kleinen Blutgefäße in Gesicht und Körper weitet. »In den meisten Fällen«, so beobachtete Charles Darwin vor mehr als einem Jahrhundert, »sind nur Gesicht, Ohren und Hals betroffen. Doch viele Menschen, die stark erröten, haben das Gefühl, dass ihr ganzer Körper heiß wird und prickelt.«

Helen, eine fünfundzwanzigjährige Studentin, hat dieses Phänomen für sich wie folgt interpretiert: »Ich habe festgestellt, dass das Erröten eines Mannes ein ziemlich verlässliches Zeichen dafür ist, dass er mich verführerisch findet.« Nicht jeder von uns errötet auf die gleiche Art und Weise, es gibt sogar Menschen, die gar nicht erröten können. In Phase zwei kann eine Person zwar kein gerötetes Gesicht, aber dafür leicht rote Ohrläppchen bekommen. Ein teilweises Erröten, das oft an den Ohrmuscheln beginnt, ist häufig das erste, sichtbare Anzeichen dafür, dass ein Mann und eine Frau mehr als nur freundschaftliche Gefühle füreinander hegen. In vielen Teilen der Welt tragen Frauen scharlachrote Pigmente auf ihre Wangen auf, um das rosige Glühen sexueller Anziehung zu imitieren.

Manche Menschen werden in beinahe jeder Umgebung rot, ohne es kontrollieren zu können. Etwa zehn bis fünfzehn Prozent aller Menschen leiden an einer mehr oder weniger ausgeprägten sozialen Angststörung und erröten bei jedem Fremden, dem sie begegnen. Beim Flirten kann ein solcher

»Leicht-Erröter« unter Umständen falsche Signale aussenden. Einige Betroffene leiden so sehr darunter, dass sie sich einer Operation unterziehen. Dabei werden bestimmte Gesichtsnerven durchtrennt, sodass kein Erröten mehr möglich ist – nicht mal beim Liebeswerben.

Das Spiel mit den Haaren

Ein weiteres positives Signal aus der Körpersprache ist das Spiel mit den Haaren. Sowohl Männer als auch Frauen berühren und zwirbeln in Gesellschaft von Menschen, die sie attraktiv finden, ihre Haare oder fahren sich mit der Hand durch ihre Frisur. Das Spiel mit den Haaren lenkt die Aufmerksamkeit aufs Gesicht: Dafür sorgen die Bewegungen von Hand und Fingern, aber auch die hin und her schwingenden Strähnen, Locken und Ponys. Der Psychiater Albert Scheflen hat das Spiel mit den Haaren al »Komm-näher«-Signal klassifiziert. Wer mit seinem Haar spielt, es um den Finger wickelt, lockerte: oder kämmt, sagt laut Scheflen unbewusst »Ich bin interessiert. Ich mag dich. Nimm mich wahr.«

> *»Können Sie mir sagen, was es zu bedeuten hat, wenn sich ein Mann am Konferenztisch weit zu einer Frau neigt und sich selbstvergessen durchs Haar fährt? Ich kann diese Geste während der Arbeit häufig beobachten, und es verwirrt mich sehr. Ich denke, das hat bestimmt irgendwas mit Affen und Fellpflege oder einem kindlichen Verhalten zu tun.«*
>
> (Linda)

Wie ein errötetes Gesicht, zeigt auch das spontane Spiel mit den Haaren Emotionen, die durch das sympathische Nervensystem hervorgerufen werden. Wir spielen mit den Haaren, wenn Gefühle in uns hochkommen, die durch einen gut aussehenden Partner verursacht werden. Was wir in diesem Moment tun, ist gewissermaßen mit Akupressur vergleichbar: Wenn wir unsere Haarfollikel streicheln, stimulieren wir taktile Nervenenden in der Kopfhaut und lenken unsere Aufmerksamkeit dadurch nach innen, weg von dem Fremden »da draußen«, der uns nervös macht.

Das Spiel mit den Haaren ist beim Liebeswerben von Säugetieren und Vögeln weit verbreitet. Tiere zeigen ihre Paarungsbereitschaft, indem sie sorgfältig ihr Federkleid bzw. ihr Fell putzen und damit Kontaktbereitschaft signalisieren. Beim Spielen mit dem Federkleid, steckt der Stockenterich seinen Schnabel tief unter seinen leicht angehobenen Flügel und lässt ein lautes RRRRR ertönen. Dabei enthüllt er einen attraktiven Fleck aus blauen Federn (Bastock, 1967). Beim Menschen lenkt das »Scheinputzen« die Aufmerksamkeit auf das glänzende, schimmernde, gut frisierte Haar. Wenn der Partner beginnt, ebenfalls mit seinem Haar zu spielen, sind Sie eindeutig auf einer Wellenlänge.

Verräterische Gesten

Bei bestimmten Gesten, die Biologen als *Intentionsbewegungen* bezeichnen, ist die Absicht klar. Viele beim Liebeswerben verwendete Gesten gehen auf unvollständige, vorbereitende

Bewegungen zurück, die eine Handlung erst ankündigen, bevor sie tatsächlich ausgeführt wird. Wenn ein Hund die Lefzen hochzieht und Ihnen die Zähne zeigt, weil Sie nach seinem Knochen greifen, haben Sie es mit einer Intentionsbewegung zu tun. Anstatt gleich zuzubeißen, zeigt Fido nur die Vorbereitung zum Beißen, um Sie abzuschrecken. Macht eine Katze einen Buckel, bevor sie eine Artgenossin angreift oder vor ihr flieht, ist das ebenfalls eine viel sagende Intentionsbewegung. Die Wirbelsäule ist bedrohlich gekrümmt, während ihre Vorderbeine in Richtung Hinterbeine zurückweichen. Diese ambivalente Körperhaltung signalisiert sowohl Flucht- als auch Angriffsbereitschaft.

Die Intentionsbewegungen beim Liebeswerben sind so eindeutig, dass sie sich leicht entschlüsseln lassen. Findet ein Mann eine Frau attraktiv, kann er das nonverbal ausdrücken, indem er einen Arm quer über den Tisch in ihre Richtung streckt, so, als wolle er ihren Unterarm oder ihre Hand berühren. Wie bei anderen Intentionsbewegungen auch wird das Vorhaben jedoch nicht ausgeführt. Bevor es wirklich zur Berührung kommt, wird der Mann innehalten, er zeigt aber durch das Ausstrecken seines Arms deutlich, dass er sich eine Berührung wünscht.

Auch das Umklammern der Knie ist eine Intentionsbewegung. Wer sich im Sitzen vorbeugt und beide Knie umfasst, will damit sagen: »Ich werde gleich aufbrechen.« (Morris, 1994). Sollte eine Frau ihre Knie umfassen, wenn ein Mann vorbeigeht, zeigt sie dadurch, dass sie ihm gern folgen würde, ohne es jedoch tatsächlich zu tun. Sie bleibt dann vielleicht noch mehrere Minuten in einer aufrechten, startklaren Position auf ihrem Stuhl sitzen, bevor sie wirklich aufsteht. Ihre Intentionsbewegung verrät jedoch, dass sie in Gedanken längst aufgestanden ist.

Zuneigung oder Abneigung?

Wenn sich ein Mann zu einer Frau herüberneigt, drückt seine Körpersprache aus, dass er ihr gern näher kommen würde. Die Fremdenangst hält ihn davon ab, seinen Stuhl dichter heranzurücken, aber sein Wunsch zeigt sich eindeutig in seiner geneigten Haltung. Wie die geweiteten Pupillen ist auch das Zuneigen ein Signal, das von vielen unbewusst verstanden wird. Man spürt einfach, dass sich die Person, die sich herneigt, nähern möchte, auch wenn sie einfach nur dasitzt und an ihrem Milchkaffee nippt. Psychologen sehen im Zuneigen einen freundlichen, spontanen Hinweis. Bevor sich zwei Menschen miteinander unterhalten, neigen sie sich häufig zueinander hin, so, als wollten sie sich gleich ansprechen. Ihre Körperhaltung drückt aus: »Wir sollten uns näher kennen lernen.«

Das Zuneigen ist ein Stimmungssignal, das vom *Orientierungsreflex* kontrolliert wird. Der Orientierungsreflex ist eine primitive Reaktion auf das, was wir in diesem Moment als besonders wichtig empfinden. Darüber müssen wir nicht erst groß nachdenken, denn dieser Reflex erfolgt ganz automatisch. Wenn wir uns zu irgendjemandem im Raum hingezogen fühlen, sorgt der Orientierungsreflex von allein dafür, dass sich bestimmte Muskeln in unserem Körper anspannen und wir unsere Wirbelsäule zum Objekt unserer Begierde hinneigen.

Ein Neigen des Rumpfes oder unserer Körpermitte ist ein bedeutenderes Stimmungssignal als die Bewegungen von Armen und Beinen. Die Rumpfmuskulatur ist entwicklungsgeschichtlich älter. Anders als die Muskeln der Gliedmaßen, die fürs Laufen, Klettern und Greifen gemacht sind, sind die des Rumpfes nicht so stark spezialisiert und weniger unserer Kontrolle unterworfen. Zu einem frühen Zeitpunkt während unserer Wirbeltierentwicklung, Millionen von Jahren, bevor sich unsere Gliedmaßen ausbildeten, sorgten einfache Bewegungen des Rumpfes dafür, dass wir uns Partnern zu- und von Feinden abwenden konnten.

Unsere elementarste Körpersprache besteht also nicht aus den Bewegungen der Gliedmaßen, sondern aus den wesentlich ursprünglicheren Bewegungen der Körpermitte. In Phase zwei des Flirtens sollten Sie deshalb den Rumpf Ihres potenziellen Partners genau im Auge behalten: Neigt er den Oberkörper in Ihre Richtung oder wendet er ihn ab? Das Vor- oder Zurückneigen des Rumpfes sagt Ihnen, woran Sie wirklich sind.

Große Augen signalisieren Gefallen

Große Augen sind eine weiteres positives Signal. Sie erkennen es, wenn Sie ein Fremder mit Augen ansieht, die weiter geöffnet sind als normal. Solche »Glupschaugen« macht nur, wer sich körperlich stark von einem angezogen fühlt. Anatomisch gesehen weiten sich dabei die Lidspalten und zeigen mehr vom Augapfel, sodass er optisch hervorzutreten scheint.

In Phase zwei bedeuten große Augen, dass der Partner dabei ist, seine Fremdenangst zu überwinden, und gern auf Sie zugehen möchte. Zwei nicht willentlich zu steuernde Lidmuskeln, der *Musculus tarsalis superior* und der *tarsalis inferior,* weiten die Lidspalte, und verraten die emotionale Erregung.

Als Instinktreaktion sind große Augen nur schwer zu verbergen und können auch nicht einfach so auf Kommando gezeigt werden. Man kann die Augen zwar weiter aufreißen, aber die maximale Dilatation hängt einzig und allein von der Anspannung der Lidmuskeln ab. Weil sie von den sympathischen Nerven durch das obere Halsganglion kontrolliert werden, machen die spontan reagierenden Muskeln im Unter- und Oberlid große Augen zu einem untrüglichen Stimmungsbarometer.

Kommunikation mit dem Kiefer

Große Augen können mit geöffneten Lippen und einer »heruntergefallenen Kinnlade« einhergehen. Im Jahr 1872 zählte Charles Darwin einen offen stehenden Mund und große Augen zu den Signalen, die gespannte Aufmerksamkeit und Überraschung verraten. Darwin führte die heruntergefallene Kinnlade auf eine sich plötzlich entspannende Muskulatur zurück, da das Erstaunen Energie »absorbiere«. In einem überfüllten Lift sind unsere Kiefer beinahe geschlossen, unsere Lippen sind versiegelt. Ein tief liegender Muskeltonus in den Stirn- und Kaumuskeln erzeugt das ausdruckslose Gesicht, das wir in der Öffentlichkeit zur Schau stellen.

Unser reservierter Gesichtsausdruck hält Fremde auf Distanz. Doch wenn uns ein attraktiver Fremder auffällt, werden die Impulse aus dem Hirnstamm, die den Unterkiefermuskel kontrollieren, kurzzeitig blockiert. Starke Emotionen führen dazu, dass wir unwillkürlich die Kinnlade herabsinken lassen. Wir verlieren einen Moment lang die Kontrolle, was sich an unseren geöffneten Lippen zeigt.

Heruntergefallene Kinnladen als Zeichen absoluten Entsetzens kommen in jedem Horrorfilm vor, und zwar meist dann, wenn sich der Held plötzlich riesigen Affen, Echsen oder Außerirdischen gegenübersieht. Wenn wir von unseren Gefühlen überwältigt werden, verlieren wir einfach die Muskelspannung im Unterkiefer. Beim Liebeswerben fällt das Herabsinken des Kiefers nicht ganz so extrem aus, steht aber eindeutig für sexuelles Begehren. Geöffnete Lippen sind in Liebesszenen oft zu sehen, wenn die Partner ihre Gesichter zueinander bringen in Erwartung des ersten Kusses. Eine heruntergefallene Kinnlade als Reaktion auf sich kreuzende Blicke bedeutet: »Ich bin völlig überwältigt von dir.«

So stellen Sie Blickkontakt her

Kreuzt ein Fremder Ihre Blicke, zeigt er damit seine Bereitschaft, Blickkontakt herzustellen, ohne Sie direkt ansehen zu müssen. Jemandem als Erster in die Augen zu schauen, kann gefährlich sein, denn vielleicht will unser Gegenüber partout nichts davon wissen. Wird nicht zurückgeschaut, befinden wir uns in einer äußerst unangenehmen Situation, denn das wäre eine klare Zurückweisung. Da ein einseitiges Suchen nach Blickkontakt durchaus nach hinten losgehen kann, wahren wir unser Gesicht, indem wir die Blicke des anderen erst vorsichtig kreuzen, um herauszufinden, ob dieser bereit für einen echten Blickkontakt ist. Wenn sich unsere Blicke dann schließlich treffen, lässt sich nur noch schwer sagen, wer den Anfang gemacht hat.

Das Ganze läuft beispielsweise so ab: Eine Frau schaut von ihrer Zeitung auf und blickt kurz nach links in eine unbestimmte Ferne. Dann geht ihr Blick nach rechts, kreuzt den eines Mannes, um wieder irgendetwas in der Ferne zu fixieren, und kehrt dann zu ihrer Zeitung zurück. Dabei kreuzt sie mehrfach seinen Blick. Die Frau lässt ihren Blick nicht auf ihm ruhen, aber das braucht sie auch gar nicht: Ihr Umherschauen erregt seine Aufmerksamkeit und macht ihn neugierig.

Das Ergebnis ist vorhersehbar: Der Mann interpretiert ihre Körpersprache als unausgesprochenen Wunsch nach Aufmerksamkeit. Ihre nicht zu übersehenden Kopfbewegungen geben ihm die Möglichkeit, kurz nach links und dann nach rechts zu schauen und ihrem Blick zu begegnen. Die Blicke der beiden kreuzen sich wie Suchscheinwerfer am Himmel und münden geradewegs in einen direkten Blickkontakt. Da die beiden ihre Absichten bereits im Vorfeld richtig interpretiert haben, können sie einen längeren Blickkontakt herstellen, ohne vom anderen zurückgewiesen zu werden.

Was, wenn ich übersehen werde?

Das entmutigendste Signal beim Liebeswerben ist gar kein Signal. Wer auf einer Party einfach übersehen wird – wie wir andere in Warteschlagen, Wartezimmern und Liften übersehen –, kann sich ebenso eingeschüchtert fühlen wie nach einer offenen Ablehnung. Denn das ist es im Grunde auch: Wer auf einer Party jemanden anlächelt, ihm zunickt und ihn ein, zwei Sekunden lang anschaut, erwartet als Reaktion mehr als nur ein ausdrucksloses Gesicht und einen gelangweilten Blick.

Wer keine Reaktion bekommt, ist entmutigt, weil das bedeutet: »Ich bin nicht interessiert.« Männer und Frauen reagieren sehr unterschiedlich darauf, wenn sie beim Liebeswerben übersehen werden. Eine neutrale Reaktion bringt eine Frau dazu, ihr Glück woanders zu versuchen. Wie das Wasser fließt sie weise in die Richtung, die ihr den geringsten Widerstand bietet. Männer dagegen neigen dazu, ein solches Signal falsch auszulegen. Da sie mit der Körpersprache in der Regel weniger vertraut sind, glauben sie alles sei bestens, solange die Frau ihre Anwesenheit gerade noch toleriert. Aus lauter Begeisterung über ihr Gesicht und ihre Figur achten sie nicht weiter auf ihr Verhalten.

Dieses Merkmal männlicher Psyche ist auch unter dem Namen *Pygmalionismus* bekannt – dem sich Verlieben in eine Statue. In der griechischen Mythologie schuf Pygmalion eine Statue, in die er sich unsterblich verliebte. Aphrodite, die Göttin der Liebe und Schönheit, verwandelte die Statue in eine wirkliche Frau namens Galatea. Im echten Leben gab es den

Fall eines Russen, der verhaftet wurde, weil er jede Nacht eine Nymphenstatue besuchte sowie den eines Pariser Gärtners, der sein Herz an eine Venusstatue verlor. Manche Männer machen einer Frau den Hof – egal, ob sie sich nun für sie interessiert oder nicht. Dabei übersehen sie völlig jene Frauen, die ihnen durchaus aufgeschlossen wären. Das sind dieselben Männer, die jammern, dass sie ständig einen Korb bekommen.

Da eine Nichtreaktion derart unfreundlich wirkt, kann sie eine Beziehung beenden, bevor sie überhaupt begonnen hat. Trotzdem sollte Sie eine anfängliche Gleichgültigkeit nicht davon abhalten, es noch einmal zu versuchen und einen weiteren Annäherungsversuch zu wagen. Nur so können Sie feststellen, ob derjenige, den Sie bemerkenswert finden, Sie auch bemerkenswert findet. In vielen Fällen ist es bloß Schüchternheit, die für das Ausbleiben einer Reaktion verantwortlich ist. Studien zeigen, dass 50 Prozent aller Erwachsenen schüchtern sind.

Negative Signale
In Phase zwei können Sie folgende negative Signale empfangen:
- **Keine Reaktion:** Wenn Ihr Annäherungsversuch vollständig ignoriert wird, haben Sie ein besonders entmutigendes Signal empfangen.
- **Erstarren:** Ein erstarrter Körper wirkt vielleicht wie keine Reaktion, steht aber eher für Schüchternheit als für Gleichgültigkeit. Ihre spröde Körpersprache

lässt schüchterne Menschen wesentlich unzugänglicher wirken, als sie es eigentlich sind.
- **Die kalte Schulter:** Ein ablehnendes Abwenden des Oberkörpers bedeutet: »Lass mich in Ruhe.«
- **Ein verkniffener Mund:** lässt vermuten, dass sich die betreffende Person nicht zu Ihnen hingezogen fühlt.

Hilfe, der andere ist wie gelähmt!

Unbeweglichkeit oder ein Erstarren wird leicht mit keiner Reaktion verwechselt. Doch es ist Schüchternheit und nicht Gleichgültigkeit, die Menschen wie gelähmt wirken lässt. Regungslosigkeit ist ein typisches Säugetierverhalten, nämlich das Sich-tot-Stellen. Tiere erstarren, damit ihre Verfolger das Interesse an ihnen verlieren und den Angriff abbrechen. Beim Liebeswerben erstarren schüchterne Menschen neben Partnern, die sie mögen. Eine Frau verkrampft die Hände in ihrem Schoß, ein Mann zieht die Ellbogen eng an den Körper. Beide wirken wie zur Salzsäule erstarrt, bis einer von ihnen geht. Was wie Desinteresse wirkt, ist in Wahrheit Angst.

Schüchternheit ist die am weitesten verbreitete soziale Angststörung. Sie betrifft Männer genauso wie Frauen. Schüchternheit ist auf einen übertriebenen Fluchttrieb zurückzuführen. Sie zeigt sich in ausweichenden Blicken, einem trockenen Mund, einer leisen Stimme, zusammengebissenen Lippen, starkem Schwitzen, reduzierten Gesten, Berührungen des eigenen Körpers, verschränkten Armen, sowie in eng an den Körper gezogen Oberarmen. Diese Verhaltensweisen, von denen sich einige auch bei anderen Primaten wiederfinden, werden vom *Mandelkern* bzw. der *Amygdala* kontrolliert.

Aufgrund ihrer unbeholfenen Körpersprache wirken schüchterne Menschen unfreundlich, dabei ist eigentlich das Gegenteil der Fall. Ängstliche Menschen legen viel zu viel Wert darauf, was andere von ihnen denken könnten. Sie würden nur zu gern freundlich wirken, wenn sie sich bloß endlich entspannen könnten. Ihre Freunde sagen ihnen oft, »Als wir uns kennen gelernt haben, dachte ich erst, du magst mich nicht.«

Schüchterne Erwachsene fühlen sich paradoxerweise häufig gerade von extrovertierten Menschen angezogen, deren lebhafte Körpersprache sie sehr attraktiv finden. Da sie es selbst nicht schaffen, Herzlichkeit auszustrahlen, mögen sie Menschen, denen genau das gelingt. Beim Liebeswerben sollten Sie eine erstarrte Mimik also nie von vornherein als Ablehnung begreifen. Verhalten Sie sich stattdessen so, wie es Psychologen empfehlen:

1. Nähern Sie sich der betreffenden Person körperlich.
2. Stellen Sie Blickkontakt her.
3. Sagen Sie: »Hallo!«
4. Unterhalten Sie sich mit ihr fünf Minuten lang.

Das Verhalten des schüchternen Menschen wird sich ändern, je vertrauter Sie miteinander werden. Langsam werden Sie ein Neigen und Nicken des Kopfes sowie offene Handflächen wahrnehmen.

Die berüchtigte kalte Schulter

Wenn einem jemand »die kalte Schulter zeigt«, wendet er den Oberkörper ab, um seine Missachtung auszudrücken. Gilt diese Geste Ihnen, ist das ein klares Signal, dass Sie sich entfernen sollten.

Die kalte Schulter ist eine universelle Geste, die sich auf eine uns angeborene Schutzreaktion im frühesten Kindheitsalter zurückführen lässt. Babys wenden sich ganz instinktiv von Fremden ab, als ob sie wüssten, dass von ihnen nichts Gutes zu erwarten ist. Sie weichen vor ihnen zurück, ohne je schlechte Erfahrungen mit Fremden gemacht zu haben.

Auf der Straße zeigen Fußgänger dem Bettler die kalte Schulter: »Bleib mir vom Leib!« Wenn Ihnen die Person auf dem Barhocker neben Ihnen die kalte Schulter zeigt, bedeutet das genau dasselbe. Ein solches Signal sollten Sie beim Liebeswerben durchaus ernst nehmen. Warten Sie lieber, bis der- oder diejenige die nonverbale Deckung verlässt, bevor Sie ihn oder sie ansprechen. Am besten ist es jedoch, Sie setzen sich neben jemanden mit einladenderen Schultern!

Ein verkniffener Mund sagt alles

Gefühle lassen sich oft von den Lippen ablesen, ohne dass dazu ein Wort fallen muss. Schon die geringste emotionale Anspannung sorgt für ein sichtbares Zusammenkneifen der Lippenmuskulatur. Ein verkniffener Mund ist meist ein negatives Signal, vor allem wenn beide Lippen so fest aufeinan-

Ein verkniffener Mund sagt alles

der gepresst werden, dass der Mund nur noch ein schmaler Strich ist. Verkniffene oder verspannte Lippen können aber auch ein Zeichen für Schüchternheit sein – dafür, dass Sie jemandem zu schnell zu nah gekommen sind.

Für einen verkniffenen Mund ist ein auf Gefühlsregungen äußerst sensibel reagierender Muskel namens *Musculus orbicularis ori* verantwortlich. Dieser kreisförmige Muskel umgibt die gesamte Mundöffnung. Auf Befehl des emotionalen Gehirns, zieht er sich zusammen, wie um alles andere auszuschließen. Schimpansen, Gorillas und Orang-Utans pressen ihre Lippen als Zeichen von Aggression aufeinander. Männer der Ureinwohner Neuguineas kneifen ihre Lippen aus Wut genauso zusammen wie schlecht gelaunte Singles in New York. Die beste Strategie beim Flirten besteht deshalb darin, jemanden erst dann anzusprechen, wenn seine Lippen entspannt sind.

In Phase zwei geben nonverbale Signale Auskunft darüber, ob man noch einen Schritt näher kommen darf oder lieber einen Schritt zurücktreten sollte. Wenn Sie schon im Vorfeld positive Signale empfangen, tun Sie sich wesentlich leichter, ein Gespräch zu beginnen. Dann wissen Sie, dass Ihr Gegenüber eine Unterhaltung wünscht, bevor Sie überhaupt das Wort an ihn oder sie gerichtet haben.

4. Phase drei: Konversation

> »*Worte führen zu Taten.*«
> (Unbekannt)

Nachdem Sie die Körpersprache des potenziellen Partners entschlüsselt und herausgefunden haben, dass er Ihnen näher kommen möchte, haben Sie Phase drei, die Konversationsphase, erreicht. Einen völlig Fremden anzusprechen ist ein großer Schritt auf dem Weg zu mehr Intimität. Wie Sie gleich lesen werden, gelangen manche Paare nie über die nonverbale Phase hinaus. Man könnte meinen, sie seien unfähig, auch nur ein Wort zu äußern. Doch die meisten beschreiten den Pfad des Liebeswerbens weiter und treten in die Konversationsphase ein.

Bevor Sie das Wort an jemanden richten, wenden Sie ihm das Gesicht zu und sehen ihm in die Augen. Das Gespräch versetzt Sie in eine Art Minibiotop, eine ökologische Nische, die nur von Ihnen beiden bewohnt wird. Sie konzentrieren sich ausschließlich auf Ihr Gegenüber. Als umeinander werbendes Paar hängen Sie an Ihren jeweiligen Augen und Lippen und halten nach ermutigenden Signalen Ausschau. Hochgezogene Brauen, gerötete Wangen, geöffnete Lippen sowie häufiger Blickkontakt sind im Allgemeinen positiv zu bewerten.

Phase drei: Konversation

Laut der Kommunikationswissenschaftlerin Judee Burgoon sprechen Kopfnicken, Umgänglichkeit und ein entspanntes Lachen für ein hohes Maß an gegenseitiger Anziehung, Sympathie, Vertrauen, Zuneigung, Tiefe, Ähnlichkeit sowie für ein harmonisches Verhältnis« (Burgoon, 1994).

Folgende Frage wird mir besonders häufig gestellt: »Wie lange soll ich jemandem in die Augen sehen?« Untersuchungen der Hirnströme mit Elektroenzephalogramm (EEG) und Forschungen zur Leitfähigkeit der Haut (galvanische Hautreaktion oder GSR) zeigen, dass ein zu intensiver Blickkontakt während einer Unterhaltung Unbehagen oder peinliches Berührtsein verursachen kann. Ein direkter Blickkontakt lässt unsere ohnehin schon sehr reduzierte persönliche Zone von einem halben bis zu einem Meter noch kleiner wirken. In Phase drei besteht die optimale Strategie folglich darin, den Blick im Gespräch mit Fremden alle drei bis fünf Sekunden hin- und wieder abzuwenden. Ein solches Blickmuster signalisiert Interesse, ohne aufdringlich zu wirken.

> »Ich stehe nun schon seit fast zwei Jahren in einem interessanten, nonverbalen Kontakt. Ich lernte eine ziemlich einflussreiche politische Persönlichkeit kennen, die mich bei unserem ersten Treffen in einen sehr intensiven Blickkontakt verwickelte. Ich nahm geöffnete Lippen, offene Handflächen, eine breitbeiniges Dastehen, das Berühren des eigenen Kopfes und Gesichts wahr – und am Ende unseres Treffens sogar ein kleines Zwinkern. Ich ermutigte dieses Verhalten durch ein unbewusstes Neigen des Kopfes, verstohlene Blicke usw. Meiner Meinung nach war unser Verhalten durch-

aus viel sagend. Ich treffe ihn öfter kurz wieder und bin schier überwältigt von seiner visuellen Aufmerksamkeit. Er versucht, einen Blickkontakt herzustellen, der mehrere Sekunden lang dauert, und ich reagiere darauf, indem ich wegschaue, blinzele und Grimassen schneide. Ich würde gern ein eindeutigeres Signal aussenden, kann die Situation aber nicht richtig einschätzen. Diese Art von Beziehung beunruhigt mich und ich wüsste gern, was da eigentlich los ist.«
(Kathy)

Um einem solch intensiven Blickkontakt auszuweichen, können Sie die Halsmuskulatur anspannen und den Kopf abwenden. Oder aber er bleibt, wo er ist, und Sie lassen die Augen schweifen. Bei einem Unbekannten ist Letzteres zu empfehlen. Senken Sie den Blick, ohne Ihr Gesicht abzuwenden. Auf diese Weise entziehen Sie sich dem Stress, angestarrt zu werden, ohne durch ein Abwenden des Kopfes ein Nachlassen Ihrer Aufmerksamkeit zu signalisieren. Mit einem gesenkten Blick wenden Sie Ihrem Gesprächspartner immer noch das Gesicht zu.

Kein Versteck in Sicht
Betrachten Sie Phase drei des Liebeswerbens wie eine Art mündliche Prüfung, in der Sie die emotionale Intelligenz Ihres Partners auf die Probe stellen. Weil Worte immer auch von Gesten begleitet werden, verraten Letztere unausgesprochene Gefühle. Ihr Gesicht zeigt Freude oder Trauer. Die Bewegungen Ihres Körpers signalisie-

> ren eine eher überschwängliche oder eine gedämpfte Stimmung.
>
> Mit der Konversationsphase beginnt ein intensives Nachforschen. Sie stellen Fragen und interpretieren die sichtbaren Reaktionen darauf. Der Neurologe Richard Restak schreibt: »Gedanken und Gefühle sind untrennbar miteinander verbunden: Jeder Gedanke, so banal er auch sein mag, beinhaltet fast immer einen emotionalen Unterton und sei er noch so schwach.« (Restak, 1995). Solche Untertöne schlagen sich in der Stimme, im Gesichtsausdruck und in den Gesten nieder. Wenn Sie sich während der Unterhaltung direkt gegenüberstehen, bleiben Ihnen die Körpersprache Ihres Gesprächspartners und die damit verbundenen Gefühle nicht verborgen. Phase drei ist für Sie beide eine große Herausforderung. Allein schon die körperliche Nähe, bei der so eine Unterhaltung stattfindet, lässt Ihnen keine Gelegenheit, sich zu verstecken.

In der Konversationsphase kommt es weniger darauf an, *worüber,* sondern *wie* man sich unterhält. Der Biologe Desmond Morris fand heraus, dass vieles, was sich Paare sagen, nur sehr wenig Bedeutung transportiert. »Hey«, »Wie läuft's?« oder »Wie geht's?« sind Beispiele für das, was Morris *Putzsprechen* oder *Grooming Talk* nennt. So wie sich Affen als Zeichen ihrer Zuneigung gegenseitig lausen, zeigen wir unsere freundlichen Absichten, indem wir Floskeln austauschen, die kaum mehr bedeuten als: »Ich habe dich bemerkt.«

Phase drei: Konversation

Das stumme Liebespaar

Die Konversationsphase zu erreichen, ist alles andere als selbstverständlich. Nehmen wir nur mal den Fall der beiden Alleinerziehenden Tom und Megan. Megan wandte sich Rat suchend an mich, weil sie gern mit Tom ins Gespräch kommen wollte, aber nicht wusste, wie sie das anstellen sollte. Jeden Sonntag, so gestand sie mir, tauschte das Paar positive Signale aus, wenn es nach der Kirche mit den anderen Gottesdienstbesuchern zusammenstand. Ohne jemals miteinander zu sprechen, wechselten die beiden Blicke, neigten den Kopf und lächelten, während ihre Zehen nach innen zeigten. Dabei wahrten sie stets eine Distanz von ungefähr sechs Metern. Megan interpretierte Toms Signale als Flirtversuch. Ihr fiel auch auf, dass sie und Tom den Blickkontakt häufig gleichzeitig unterbrachen und zu Boden sahen. Trotz eindeutiger »Komm-her«-Signale, die sich bereits seit einem halben Jahr fortsetzten, kamen sich die beiden nie näher als sechs Meter. Tom und Megan steckten gewissermaßen in der so genannten *öffentlichen Zone* fest, wie sie der Anthropologe Edward Hall nennt.

Megan hatte großes Interesse an Tom. Da ihre Töchter mit seinen Söhnen zur Schule gingen, kannte sie seinen Namen. Ich pflichtete ihr bei, dass Toms jungenhaftes Verhalten auf ein gesteigertes Interesse an ihr schließen ließ. Aber warum schaffte es dieses eindeutig verliebte Paar dann nicht, in die Konversationsphase einzutreten?

Phase drei: Konversation

»Ich weiß einfach nie, was ich sagen soll«, meinte Megan, »und wahrscheinlich geht es ihm ganz genauso. Wir stehen einfach nur dumm rum und fahren dann nach Hause. Mir ist das fast schon peinlich, und ich nehme an, dass er das ähnlich empfindet.«

Was Megan, Tom und all die anderen sprachlosen Paare wissen sollten ist, dass Worte wichtiger sind als Inhalte. Es ist ganz egal, was Megan zu Tom sagt. Es muss weder geistreich, charmant noch klug sein. Tom würde dann einfach nur wahrnehmen, dass sie überhaupt das Wort an ihn gerichtet hat – eine freundliche Geste, die es ihm erlaubt, ebenfalls etwas zu sagen. Ein einfaches »Hallo!« würde bereits genügen. Beim Liebeswerben sind die ersten Worte im Grunde nicht mehr als eine stimmliche Geste, die besagt: »Du bist mir wichtig.«

Wiederholte Experimente haben gezeigt, dass eine schlagfertige, hintersinnige Gesprächseröffnung längst nicht so gut ankommt, wie eine einfache, eindeutige Aussage. Frauen reagieren auf den verzweifelten Versuch, witzig zu sein, deutlich intoleranter als Männer.

Laut einer Umfrage der Illustrierten *Parade* haben Männer mit einem simplen »Hallo« in 71 Prozent der Fälle Erfolg. Frauen haben mit dieser Gesprächseröffnung sogar eine Erfolgsquote von 100 Prozent.

Sprechen Sie über das Nächstliegende

Die besten Gesprächseröffnungen funktionieren nach dem *Gemeinsamkeitsprinzip.* In einem Museum könnte sich ein Paar, das sich gerade erst näher kommt und vor einem Bild von Picasso steht, beispielsweise über das Gemälde unterhalten. Indem sich die beiden auf etwas beziehen, das nichts mit ihnen selbst zu tun hat, wirkt eine solche Unterhaltung nie aufdringlich oder zu intim. Am Anfang einer Beziehung ist es besser, auf etwas Neutrales zu verweisen, das Sie beide sehen, hören, riechen oder fühlen können, als gleich zu persönlich zu werden. »Wer ist Ihr Lieblingsmaler?« ist bei einem völlig Fremden keine besonders geschickte Gesprächseröffnung.

Quiz: Wie komme ich am besten ins Gespräch?
Stellen Sie sich vor, Sie nippen in Ihrem Lieblingscafé an einem Milchkaffee. Ganz in Ihrer Nähe sitzt eine attraktive Person, die an ihrem Laptop arbeitet. Sie lächeln, das Lächeln wird erwidert. Wie fangen Sie am besten ein Gespräch an?

A) »Wohnen Sie hier in der Nähe?«
B) »Habe ich Sie hier nicht schon mal gesehen?«
C) »Was für ein Laptop ist das?«

Da sich die erste Frage direkt auf die andere Person bezieht, ist sie viel zu persönlich und als Gesprächseröffnung ungeeignet. Die zweite Frage ist zu abgedroschen

Phase drei: Konversation

> und aufdringlich. Die dritte dagegen ist genau richtig: Sie bezieht sich auf einen neutralen Gegenstand, den Sie beide vor sich haben. Indem Sie weder Ihr Gegenüber noch sich selbst in den Mittelpunkt rücken, liegen Sie mit Frage C goldrichtig.

Doch selbst die besten Gesprächseröffnungen sind nicht unbedingt von Erfolg gekrönt. Ein erfolgreiches Anbandeln setzt nämlich voraus, dass in Phase zwei bereits ein nonverbaler Dialog stattgefunden hat. Hat er mir nachgeschaut, als ich vorbeigegangen bin? Hat sie ihre Schultern hochgezogen, als ich kurz einen Blick in ihre Richtung geworfen habe? Wurden seine Augen größer, als er mich angesehen hat? »Kalte« Begrüßungen, also eine Gesprächseröffnung, der kein Augengruß oder ein einladendes Schulterzucken vorausging, können ebenso kühl abgeschmettert werden. Dann runzelt der andere kritisch die Brauen, zeigt uns die kalte Schulter oder gibt uns eine knappe, unfreundliche Antwort. Ermutigende Signale im Vorfeld lassen hingegen darauf schließen, dass sich Ihr Gegenüber gern in ein Gespräch verwickeln lässt. Doch auch wenn Ihre Gesprächseröffnung in eine echte Unterhaltung mündet, hat die Prüfung gerade erst begonnen. In Phase drei spielt die Körpersprache nämlich ebenfalls eine ganz besonders große Rolle.

Gestikulieren Sie

Um mehr Erfolg in der Konversationsphase zu haben, sollten Sie gestikulieren. Wie die berühmten Emoticons, die beim Chatten Verwendung finden, laden Gesten Ihre Worte mit Emotionen auf. Gesten zeigen, dass Sie überzeugt sind, von dem, was Sie sagen, beziehen Ihr Gegenüber mit ein und geben Ihren Worten Glaubwürdigkeit. Eine Hand, die zum Körper Ihres Gesprächspartners hingestikuliert, schafft Nähe. Studien haben ergeben, dass Worte ohne Gesten nicht nur wesentlich weniger interessant sind, sondern auch schwerer verständlich.

> *»Wir reagieren extrem stark auf Gesten und gehorchen damit einem raffinierten Code, der nirgendwo nachzulesen ist und den niemand kennt, der aber von allen verstanden wird.«*
>
> (Edward Sapir)

Die attraktivste Geste ist das Zeigen der Handfläche. Wenn Sie Ihre Handfläche zeigen, werden Sie für Ihren Gesprächspartner nicht nur interessanter, sondern wirken auch freundlicher. Die Geste scheint zu sagen: »Hier, mein Wort darauf.« Eine sichtbare Handfläche wie beim Händeschütteln zeigt freundliche Absichten und lädt den anderen ein, näher zu kommen.

Unansehnliche Hände und Fingernägel wirken sich negativ auf die Gestik aus. Schmutzige oder schlecht gepflegte Hände lenken von der eigentlichen Geste ab. Untersuchungen zur Sprache der Hände haben ergeben, dass die Gesprächspartner von schmutzigen Fingernägeln, dreckigen Händen, trockener, rissiger Haut, aufgeschlagenen Knöcheln, dicken Schwielen, Altersflecken, Narben oder ähnlich negativen Merkmalen derart abgelenkt werden, dass sie die Gesten nicht mehr richtig entschlüsseln können. Damit Ihre Konversationsphase erfolgreich verläuft, sollten Sie sich und Ihre Hände stets von der besten Seite zeigen.

> **Fallbeispiel: Ein Tête-à-Tête in zwölftausend Metern Höhe**
> »Samstagnachmittag, 23. November, an Bord des Southwest-Airlines-Fluges 358 von Oakland nach San Diego« steht da in meinem Notizbuch. Damals saß ich hinter einem vierzigjährigen Mann in einer Pilotenuniform (»Bill«) und seiner fünfundzwanzigjährigen Sitznachbarin (»Jen«) mit langen, glatten, seidig schimmernden blonden Haaren. Der Sitz 11-F war aus ihrer Reihe entfernt worden, damit der Notausgang besser zu erreichen war, sodass ich ihr rechtes Körperprofil auf Platz 11-E sehr gut und seines auf 11-D teilweise erkennen konnte. Ich sah weder ihre Gesichter noch ihre Augen, als sie sich anschnallten. Doch anhand ihrer Kopfbewegungen, ihres lebhaften Gesprächs und ihres Gelächters erkannte ich sofort, dass hier ein Liebeswerben im Gange war, das gerade Phase drei erreicht hatte.
>
> »Und was machen Sie beruflich?«, fragte Bill mit einem Kopfnicken. Ich sah, wie seine Ohrmuscheln rot wurden. Davor hatte sich der Pilot so hingedreht, dass er ihr Schultern und Gesicht zuwandte, um sich an ihr aus-

zurichten. (Jen saß zu seiner Rechten.) Während er die Frage stellte, neigte sich Bill zu ihr hinüber und brachte sein Gesicht bis auf knapp zwei Meter an ihres heran.

»Ich arbeite im Maklergeschäft«, entgegnete Jen mit einem kecken Kopfnicken. Dabei neigte sie sich nach rechts, bis ihre Gesichter wieder knapp zwei Meter voneinander entfernt waren. Sie glich seinen vorwärts geneigten Oberkörper also durch eine zurückgelehnte Haltung aus. Das Gesicht des Piloten hatte eine unsichtbare Grenze überschritten, sodass sie sich zurückzog, wenn auch nicht ganz. Während sich Jen wegneigte, drehte sie ihren Oberkörper, bis er parallel zu seinem zeigte. Die Linksdrehung ihrer Wirbelsäule über den übereinander geschlagenen, nach rechts zeigenden Beinen, schuf eine ambivalente »Brezel«-Haltung, die sowohl einen Wunsch nach Nähe, als auch eine Abfuhr signalisierte. Sie ermutigte ihn mit ihrer Rumpfhaltung, schuf jedoch mit ihren Beinen Distanz.

Bill reagierte auf Jens Zurückweichen, indem er seinen Kopf wieder in seine ursprüngliche Position zurückzog. Er sah sie nach wie vor an, aber ohne sich zu ihr hinzuneigen, und die Unterhaltung wurde ungehindert fortgeführt. Jen, die weitersprach, wandte sich noch mehr ab, indem sie ihren Po fest gegen die rechte Armlehne presste, die jetzt hinter ihr lag. Während der nächsten fünf Minuten behielt sie diese Position bei. Ihr Kopf befand sich etwa eine Armeslänge von seinem entfernt, während Bill ihr nach wie vor seine ungeteilte

Phase drei: Konversation

Aufmerksamkeit schenkte. Er erwiderte ihren Blick, zog gleichzeitig mit ihr die Brauen hoch und nickte mit dem Kopf. Daraufhin lud ihn Jen mit Hilfe von zahlreichen positiven Signalen, die wir bereits in Phase zwei kennen gelernt haben, zum Näherkommen ein.

Sie spielte mehrmals mit ihren Haaren, griff sich mit der rechten Hand ans linke Ohr, um sich eine Strähne aus dem Gesicht zu streichen, und warf den Kopf in Richtung von Bill zurück. Jens Spiel mit den Haaren und ihre ruckartigen Kopfbewegungen machten ihm unmissverständlich klar: »Sieh mich an!« Während Bill sprach, zog sie die Schultern hoch, um ihm zu signalisieren: »Komm näher!« Als sie eine seiner Fragen mit »Wenn ich einmal heiraten sollte, dann nur ...« beantwortete, zeigte Jen ihre rechte Handfläche, wie um zu sagen: »Ich bin noch zu haben.«

Der Flug verlief ruhig, und es wurden Getränke serviert. Jen spielte erneut mit den Haaren, machte ruckartige Kopfbewegungen, zog die Schultern hoch und präsentierte ihre Handflächen. Daraufhin neigte sich Bill noch einmal zu ihr. Jens Körper sprach eine deutliche Sprache, auf die Bill in gleichem Maße einging. Schließlich wechselte Jen die Sitzposition und brachte ihre linke Schulter näher an Bills rechten Arm heran. Sie neigte den Kopf nach links und zu ihm hin. Als wir zum Landeanflug ansetzten, saßen Bill und Jen Schulter an Schulter da, ihre Köpfe waren nur noch einen halben Meter voneinander entfernt. Die Unterhaltung wurde mit lei-

> serer, gedehnter Stimme fortgesetzt. Die Röte wich aus Bills Ohrmuscheln. Nach nur knapp anderthalb Stunden hatten Jen und Bill die Konversationsphase hinter sich gelassen und traten in die Berührungsphase ein, als sie sich nach dem Flug auf der Gangway umarmten.

Auf das Timing kommt es an

In der Konversationsphase erzeugen Paare während des Sprechens eine wichtige Synchronie, die letztendlich sogar dazu führen kann, dass sie Sex haben und eine feste Beziehung eingehen. Wissenschaftler auf diesem Gebiet sehen sie als Anzeichen für Intimität. Wer seine Hände synchron zu denen seines Partners bewegt, mit ihm im Gleichtakt mit dem Kopf nickt und dafür sorgt, dass beide ausreichend zu Wort kommen, ohne dass peinliche Pausen entstehen, hat es geschafft, die Beziehung auf ein ganz neues Niveau zu bringen.

Beim Liebeswerben kommt es auf mehr an als nur auf das Gesicht, die Figur und eine geschickte Gesprächseröffnung. Ganz besonders wichtig ist das richtige Timing. Und das spielt nirgendwo eine größere Rolle als beim Aufeinanderabstimmen von Rede- und Zuhörzeiten. Damit ein Sprecherwechsel stattfindet, wendet der Sprecher normalerweise den Blick vom Zuhörer ab, um ihn gleich darauf wieder anzusehen. Das Lauterwerden am Satzende erteilt dem Zuhörer die Erlaubnis, seinerseits zu sprechen. Wenn dieser dann seine Hände nach dem Gestikulieren sinken lässt, ist der andere erneut dran. Sichtbare und hörbare Signale sagen uns, wann wir sprechen und wann wir zuhören sollen. Wer zum falschen Zeitpunkt spricht, übersieht die nonverbalen Signale. Und das kann, wie beim Tanzen, dazu führen, dass man dem Partner empfindlich auf die Zehen tritt.

In der westlichen Welt gelten längere Gesprächspausen als unangenehm. Studien haben gezeigt, dass Paare unsicher werden, wenn während einer Unterhaltung plötzlich Schweigen auftritt (Cappella, 1983). Schweigen bringt das Gespräch aus dem Rhythmus und wirkt sich negativ auf eine Beziehung aus. Doch es gibt auch kulturelle Unterschiede: Ein chinesischer oder japanischer Gesprächspartner empfindet solche Gesprächspausen längst nicht so unangenehm. Asiatische Kulturen reagieren wesentlich toleranter auf solche Schweigeminuten während einer Unterhaltung.

Tiere können zwar nicht sprechen, synchronisieren ihre Körpersprache während des Liebeswerbens jedoch genauso wie wir. Nicht nur der Mensch, sondern auch Reptilien, Säugetiere und Vögel führen synchrone Bewegungen aus, um zu zeigen, dass sie auf einer Wellenlänge liegen, bevor sie sich paaren. Stockenten strecken die Köpfe hoch, um sie ruckartig wieder nach unten zu nehmen. Mit diesen pumpenden Kopfbewegungen macht meist das Weibchen den Anfang. Der Erpel sieht die Ente an und stimmt dann in ihren Rhythmus mit ein.

Wie die Vögel legten auch Bill und Jen auf ihrem Flug nach San Diego einen Balztanz hin, indem sie synchron mit dem Kopf nickten. Einen Reptilienexperten hätten ihre Kopfbewegungen an die eines Anolis erinnert. Das Anolisweibchen führt dem Männchen dieselben ruckartigen Kopfbewegungen vor, die sie auch von ihm erwartet. Irgendwann fällt er in ihren Rhythmus mit ein, und sie wippen gemeinsam mit dem Kopf. Obwohl die intellektuelle Kluft zwischen Reptil und Menschen immens ist, spielt sie beim Liebeswerben keine Rolle.

Eine Methode, um für Synchronie am Arbeitsplatz zu sorgen, lautet: *Walk & Talk!* Da Angestellte feste Arbeits- und Pausenzeiten haben, dürfte es Ihnen nicht weiter schwer fallen, einen Kollegen auf dem Weg in die Kantine abzupassen. Der gemeinsame Weg macht Sie auch psychologisch zu Weggefährten. Sie gehen in dieselbe Richtung, nehmen den gleichen Flur und teilen dieselbe Perspektive, nehmen dieselben Geräusche wahr. Dabei synchronisieren Sie nicht nur Ihre Bewegungen, sondern auch Ihre Geisteshaltung. Da sie von denselben Wirbelsäulenschaltkreisen kontrolliert werden, die einst die vorderen Gliedmaßen von Vierbeinern bewegten, schwingen Ihre Arme rhythmisch im Gleichtakt, wenn Sie nebeneinander hergehen. Wer gemeinsam ein Stück Weg zurücklegt und sich dabei unterhält, findet sich leicht zu einer Art Paartanz zusammen.

Den größten Erfolg haben Sie, wenn Sie links von Ihrem Partner gehen und in sein linkes Ohr sprechen. Das linke Ohr steht mehr mit den Gefühlen in Verbindung als das logikorientierte rechte, das analytischer ist. Das linke Ohr nimmt auch die leisen Untertöne und musikalischen Schwingungen des Satzrhythmus wahr. Das rechte Ohr dagegen verarbeitet zwar die wortwörtliche Bedeutung des Gesagten, überhört aber die darin mitschwingenden Gefühle.

Indem Sie nebeneinander hergehen, entspannen Sie sich und bauen eine Beziehung auf, ohne dem Stress eines Blickkontakts ausgesetzt zu sein. Sie sehen sich nicht ins Gesicht, sondern geradeaus. Wenn Sie sich während des Laufens unterhalten, werden Sie zu dem, was man in der Philosophie einen *Peripathetiker* nennt. Die Anhänger von Aristoteles sind auch als Peripathetiker bekannt, da sie ihre Gedanken nicht sitzend auf irgendwelchen Versammlungen, sondern auf Spaziergängen austauschten. Der Laufrhythmus förderte das Entstehen von Freundschaften, erhöhte die Kreativität und sorgte für einen klaren Kopf. Auch beim Liebeswerben empfinden peripathetische Paare eine größere Verbundenheit, wenn sie sich beim Wandern im Gebirge, beim Flanieren durch die Stadt oder auf einem Gartenspaziergang unterhalten. Wer denselben Weg hat, bereitet auch einem tiefer gehenden gegenseitigen Verständnis den Weg.

Wenn sich Primaten tief in die Augen sehen ...

Simon Le Vay, Neurobiologe und Autor des Buches *Keimzellen der Lust* schreibt, dass der Augenkontakt während des Liebeswerbens bei Primaten eine besonders wichtige Rolle spielt. Wir Menschen sind ebenfalls Primaten, und Blickkontakt ist für uns enorm wichtig. Studien legen nahe, dass man den Attraktivitätsquotienten ganz einfach dadurch erhöhen kann, indem man dem anderen die Augen sieht. Egal, ob Sie gut oder eher durchschnittlich aussehen – ein direkter Augenkontakt, gepaart mit einem Lächeln, hochgezogenen Brauen und einem spontanen Wesen, kann Sie deutlich besser aussehen lassen, weil dadurch Ihr Niveau der »wahrgenommenen Attraktivität« erhöht wird (Burgoon, 1994).

Bei Menschen und Affen werden Blickkontakt und Mimik in speziellen Sehzentren in den Schläfenlappen verarbeitet. Von dort aus werden die Sinneseindrücke in den Hypothalamus weitergeleitet, eine etwa daumengroße Hirnstruktur, die eine Schlüsselrolle beim Sexualverhalten spielt.

Wie LeVay feststellt, sind es neben dem Menschen die Seidenäffchen, die während des Liebeswerbens die meisten Blicke tauschen. Anfangs starrt das weibliche Seidenäffchen ein Männchen an. Wenn das Männchen ihren Blick mehrere Sekunden lang erwidert – aber auch nur dann! – , unternimmt sie den nächsten Schritt in Sachen Liebeswerben, indem sie ihm in kurzen Abständen mehrfach die Zunge zeigt. Wiederholt er das Zungenspiel, kann die Paarung beginnen (LeVay, 1993).

In der Konversationsphase führt Blickkontakt bei uns Menschen nicht so schnell zum Sex wie bei den Seidenäffchen. Trotzdem kann der Augenkontakt eine Art Voraussetzung dafür sein. Die Sehzentren unseres Gehirns sowie unser Hypothalamus sind im Grunde identisch mit denen anderer Primaten. Beim Menschen kann die Verbindung zwischen einem intensiven Augenkontakt und sexueller Erregung so stark sein, dass es zur »Liebe auf den ersten Blick« kommt.

Studien belegen, dass Frauen Männern generell länger in die Augen schauen als umgekehrt. Ein Mann darf also nicht automatisch annehmen, dass ein längerer Blickkontakt mehr als nur ein Akt simpler Höflichkeit ist. Nur weil sie während einer Unterhaltung seinen Blick sucht, bedeutet das noch lange nicht dasselbe wie bei den Seidenäffchen, auch wenn er sich das noch so sehr wünscht. Außerdem darf ein Mann nicht selbstverständlich davon ausgehen, dass eine Frau, die in seiner Nähe steht, ein ausgeprägtes Interesse an ihm hat. Die Forschung hat nämlich gezeigt, dass Frauen grundsätzlich eine wesentlich geringere Distanz zu ihrem Gesprächspartner einnehmen als Männer. Solche Geschlechterunterschiede können manchmal ganz schön verwirrend sein.

Um das Interesse eines Mannes während der Konversationsphase richtig einzuschätzen, können Sie seinen Blickkontakt während des Sprechens mit dem während des Zuhörens vergleichen. Studien belegen, dass Männer im Vergleich zu Frauen »visuell dominanter« sind. Das heißt, dass Männer während des Sprechens mehr Augenkontakt suchen als während des Zuhörens. Männer dominieren ihre Zuhörer mit den Augen, wenden den Blick aber ab, wenn sie selbst zuhören. Das ändert sich aber beim Liebeswerben. Männer suchen dann begierig Blickkontakt zu Frauen, die sie mögen – auch, wenn sie nur zuhören. Wie Bill, der Pilot und sein tierischer Verwandter, das Seidenäffchen, schafft es ein verliebter Mann einfach nicht, den Blick von ihr zu lassen.

Eine grundlegende Erkenntnis über Blicke in Beziehungen ist die, dass jeder Blick weitere Blicke nach sich zieht. Was das für unser Liebeswerben bedeutet, ist klar: Sieh hin oder werde übersehen!

Verräterische Augenbewegungen

Während einer Unterhaltung bewegen sich die Augen wie von selbst. Die sechs Muskeln, die zusammenspielen, damit sich unsere Augäpfel bewegen, sind entwicklungsgeschichtlich sehr alt und bei allen Wirbeltieren vorhanden. Da die Nerven, die jene sechs Muskeln kontrollieren, sowohl mit dem Unterbewusstsein als auch mit den denkenden Teilen des menschlichen Gehirns verbunden sind, können Augen Erwartungen und Stimmungen verraten, die uns ansonsten verborgen bleiben würden.

Um unterschwellige Gefühle zu entschlüsseln, sollten Sie auf so genannte CLEMS achten. CLEM, die Abkürzung für *conjugate lateral eye movement,* also für eine gepaarte laterale Augenbewegung, ist eine nonverbale Reaktion auf eine verbal geäußerte Frage. Während Ihr Gesprächspartner antwortet, wird er eine viel sagende Augenbewegung nach rechts oder links machen. Ein CLEM ist ein unbewusstes Zur-Seite-Gucken. Beide Augen wandern gemeinsam nach rechts oder links. Die Pupillen verharren ein, zwei Sekunden in den Augenwinkeln, bevor sie wieder in die Mitte zurückkehren, und signalisieren auf diese Weise, dass gerade Informationen verarbeitet werden, aber auch Unentschlossenheit und Zweifel.

Neurologisch gesehen weisen CLEMs auf eine Aktivität der Gehirnhälften hin. Sie zeigen, dass etwas vor sich geht, das nicht in Worte gefasst wurde – und vielleicht nie in Worte gefasst werden wird. Ihre Begleitung kann anderer Meinung sein, ohne es Ihnen zu sagen. Psychologen gehen davon aus, dass drei von vier Leuten den Blick ausschließlich nach rechts oder links wenden, während eine Minderheit mal in die eine und mal in die andere Richtung schaut (Richmond et al., 1991).

Beim Liebeswerben signalisieren CLEMs sehr häufig Zweifel. Wenn Sie jemanden fragen: »Möchten Sie heute Abend mit mir essen gehen?«, und daraufhin bei dem Betreffenden ein kurzes Abschweifen des Blickes wahrnehmen, könnte Ihre Einladung als problematisch empfunden werden. Also sollten Sie nachhaken: »Würde es Ihnen morgen besser passen?« Ein weiterer CLEM bedeutet, dass es für ein romantisches Abendessen zu zweit vielleicht noch zu früh ist. Ein unverfängliches Mittagessen wäre passender.

Wer attraktiv wirken will, sollte einmal den Muskel ins Auge fassen, der das Oberlid hebt. Dieser Lidheber oder *Musculus levator palpebrae superioris* verläuft über dem *superior rectus*, einem von sechs Muskeln, die für die Rotation der Augäpfel verantwortlich sind. Da beide Muskeln über Bindegewebe miteinander verbunden sind, heben Sie automatisch das Augenlid, wenn Sie nach oben schauen. In einer Unterhaltung wirken hochgezogene Lider attraktiv und signalisieren Aufmerksamkeit. Wenn Sie den Kopf leicht nach unten neigen und zu Ihrem Partner aufschauen, sind ihre Augen weiter geöffnet und Ihre Wimpern kommen besser zur Geltung.

Lesen Sie von den Lippen

Um herauszufinden, in welcher Stimmung sich Ihr Partner befindet, beobachten Sie seine Mundwinkel. Eine Verstimmung zeigt sich in heruntergezogenen Mundwinkeln. Herunterhängende Mundwinkel können bedeuten, dass Sie etwas Falsches gesagt haben. Oder aber Ihrem Gegenüber ist gerade etwas Unangenehmes durch den Kopf gegangen, was vielleicht gar nichts mit Ihnen zu tun hat. Tief hängende Mundwinkel signalisieren immer ein Stimmungstief.

Bei plötzlicher Traurigkeit zieht ein Muskel namens *Musculus depressor anguli oris* die Mundwinkel nach unten. Das führt zu keiner Trauermiene, sondern man macht nur ein leicht bekümmertes Gesicht. Eine solche Mimik wird leicht übersehen, trotzdem sollte man die sich dahinter verbergenden Gefühle nicht vernachlässigen. Wenn Sie Mundwinkel sehen, die länger als ein par Sekunden nach unten zeigen, sollten Sie herausfinden, ob dieser Gesichtsausdruck wirklich Ihnen gilt. Lesen Sie Ihrem Gegenüber von den Lippen, damit Sie wissen, ob er in der richtigen Stimmung für die Berührungsphase ist.

Frauen können besser von den Lippen lesen als Männer. Seit Jahrzehnten ergeben Studien immer wieder aufs Neue, dass sich Frauen verbal geringfügig besser ausdrücken können, aber deutlich besser nonverbal kommunizieren können als Männer. Frauen sind besser darin, die Körpersprache und die damit einhergehenden Gefühle zu entschlüsseln (Manstead, 1998). Da eine Frau die Motive eines Mannes früher erkennt als er die ihren, ist es sehr wahrscheinlich, dass eine Frau eine unbefriedigende Unterhaltung zuerst abbrechen wird – oder aber als Erste die Berührungsphase einläutet. Da die Frau dem Mann in der Konversationsphase überlegen ist, bestimmt sie, was passiert und was nicht.

In einer Unterhaltung lächeln Frauen öfter als Männer. Sie

zeigen mehr Mimik und sprechen gefühlsbetonter (Burgoon, 1994). Frauen lächeln auch häufig mit Absicht, um einen Unbekannten kennen zu lernen (LaFrance und Hecht, 2000).

Der richtige Tonfall

Untersuchungen haben gezeigt, dass Sie ein Zuhörer auch körperlich attraktiver findet, wenn Sie in einem angenehmen Tonfall sprechen (Gross und Crofton, 1977). Bei Rechtshändern konzentriert sich die linke Gehirnhälfte auf das Gesagte und die rechte auf die Satzmelodie. In Phase drei des Flirtens klingt Ihre Stimme sanfter, musikalischer und weicher als bei einer normalen Unterhaltung mit Freunden.

Die Muskeln von Hals, Kehlkopf und Schlund werden von speziellen Viszeralnerven kontrolliert, die auch mit der Gesichtsmuskulatur verbunden sind. Die Stimmlage spiegelt Gefühle also genauso exakt und verlässlich wider wie Lippen, Brauen und Augen. Angst wird beispielsweise dadurch hörbar, dass sich die Halsmuskeln zusammenziehen und eine gepresste, raue Stimme hervorbringen. Die Muskeln verhärten sich, schnüren bei vermeintlicher Gefahr die Kehle zu, um die Speiseröhre vor Verletzungen zu schützen.

Eine monotone Stimme ohne Hebungen und Senkungen klingt wenig begeistert und ziemlich gelangweilt. Eine laute Stimme wirkt dominant und aufdringlich. Eine gereizte Stimme klingt frustriert, wütend und unhöflich. Beim Liebeswerben signalisiert eine sanftere, höhere Stimme, wie sie Erwachsene auch gegenüber Kindern und Haustieren benutzen, dass man sich liebevoll um den anderen kümmert. So eine Stimme klingt fröhlich und zugleich beruhigend und wird überall auf der Welt als freundlich empfunden.

Stimmlagen sind beim Liebeswerben regelrecht »ansteckend«. Ihre sollte man sich gern einfangen.

Geeignete Treffpunkte

Wenn Sie jemanden kennen lernen, ist ein großzügiger Raum als Treffpunkt besser geeignet als ein kleines Zimmer. Aus Experimenten wissen Psychologen, dass uns in Gegenwart von Fremden kleinere Räume mehr Angst machen als große (Cappella, 1983). Ein weitläufiger Raum fühlt sich einfach besser an – wahrscheinlich, weil er uns im Notfall mehr Fluchtmöglichkeiten bietet.

In einem Raum voller Menschen hebt sich die Stimme einer Frau besser ab, wenn im Hintergrund Männergemurmel zu hören ist. Damit die Stimme eines Mannes besser verstanden wird, gilt genau das Gegenteil. Forschungen haben gezeigt, dass sich ähnlich klingende Stimmen gegenseitig auslöschen. Eine strategisch geschickte Frau sucht sich deshalb einen Treffpunkt, der von vielen Männern frequentiert wird, damit ihre hellere Stimme vor dem tieferen, männlichen Stimmengewirr besser zu hören ist (Kantowitz und Sorkin, 1983).

Die für eine Unterhaltung am besten geeigneten Treffpunkte bieten außerdem leicht konsumierbare Nahrung an. Drinks und Appetithäppchen machen auch Appetit auf Geselligkeit und Gespräche. Insofern sind Tapas, Cracker und anderes »Fingerfood« äußerst beziehungsfördernd. Bereiche in den Stirnlappen, die unsere Fingerbewegungen kontrollieren, grenzen an die Hirnareale für die Sprache. Die manuelle Geschicklichkeit, die erforderlich ist, einen Cracker einzudippen, stimuliert gleichzeitig Artikulationsschaltkreise, die für eine Unterhaltung notwendig sind. Neurologisch gesehen gehen Essen und Reden also Hand in Hand. Da sich eine gemeinsame Mahlzeit äußerst belebend auf das Gespräch auswirkt, sind Cafés oder Restaurants für eine Verabredung besonders geeignet.

Attraktive Themen

In Unterhaltungen fühlen wir uns meist zu Menschen hingezogen, die derselben Meinung sind wie wir. Wie die Forschung gezeigt hat, findet eine Frau einen Mann auch sexuell attraktiver, wenn er nach ihrer Meinung fragt, verständnisvoll auf sie eingeht, eine gewisse Wärme ausstrahlt und ein angenehmes Wesen hat. Auch Männer bevorzugen liebenswürdige Frauen.

Was Frauen anbelangt, haben kulturübergreifende Studien ergeben, dass sie die Männer am attraktivsten finden, die darüber reden, wie ehrgeizig, fleißig und vermögend sie sind. Das erinnert an ein Verhalten, das auch beim Liebeswerben der Tiere zum Tragen kommt und als *Brutfürsorge* bezeichnet wird. Männchen, die glaubhaft machen können, dass sie einem Weibchen Schutz und Nahrung bieten können, erringen deren Zuneigung leichter.

Was unser eigenes Liebeswerben anbelangt, glaubt der Biologe David Buss, dass Frauen in den Millionen Jahren der Evolution darauf programmiert wurden, Männchen zu bevorzugen, die in der Lage sind, sie mit Nahrung, Schutz und anderen wichtigen Dingen zu versorgen. Mit einer an insgesamt 10 047 Menschen aus 37 Kulturen und allen sechs Kontinenten durchgeführten Studie, konnte Buss nachweisen, dass Frauen großen Wert auf den Ehrgeiz und Bildungsgrad eines Mannes legen (Buss, 1998). Und so besteht bei Männern eine bewährte Anbandelmethode darin, in teuren Restaurants über ihre Karriereziele zu reden. Indem sie anschließend die Rechnung bezahlen, beweisen sie, dass sie geeignete Versorger sind.

Die weibliche Stimme aktiviert den linken Schläfenlappen des Mannes. Die männliche Stimme dagegen aktiviert den rechten *und* den linken Schläfenlappen der Frau. Sie hört ihm mit beiden Gehirnhälften zu, er ihr nur mit einer.

»Manchmal ist es das Beste, gar nichts zu tun«, schrieb einst der Historiker Will Durant. »Und fast immer ist es das Beste, nichts zu sagen.« Aber beim Liebeswerben muss man etwas sagen, denn sonst wird sich der Partner abwenden. Ein gemeinsames Gespräch sorgt für Synchronie und fördert die Beziehung. Wenn dann noch der Tonfall stimmt, wirken Sie liebevoll, mitfühlend und attraktiv.

Während der Konversationsphase kommunizieren Sie sowohl verbal als auch nonverbal. Die nonverbalen Signale überwiegen dabei deutlich. Die Körpersprache kann in der Tat zwölfmal aussagekräftiger sein als die gesprochene Sprache. Wenn Sie bei einem Gesprächspartner ambivalente Signale wahrnehmen, achten Sie auf die Körpersprache, um die Wahrheit herauszufinden. Um selbst glaubwürdig aufzutreten, muss das, was Sie sagen, mit dem übereinstimmen, wie Sie es sagen. Nur dann können Sie eventuell auch die nächste Stufe des Liebeswerbens erklimmen und in die Berührungsphase eintreten.

5. Phase vier: Die Sprache der Berührungen

*»Nicht nur Geometrie und Physik,
sondern unsere gesamte Wahrnehmung
dessen, was außerhalb von uns existiert,
beruht auf unserem Tastsinn.«*
(Bertrand Russell)

Paare, die es in der Konversationsphase schaffen, eine romantische Übereinstimung zu erzeugen – sich lange anschauen, gemeinsam lachen, synchron nicken, gleichzeitig mit den Haaren spielen und sich ihre Handflächen zeigen –, sind dazu bestimmt, sich zu berühren. In Phase vier lassen wir die Sprachlogik hinter uns und kommunizieren auf eine sehr überzeugende, taktile Weise. Berührungssignale, die Millionen von Jahren älter sind als Worte, stehen für ein ganz ursprüngliches Gefühl von Nähe. Liebevolles Streicheln, spielerisches Knabbern, Umarmungen, Kitzeln, Kuscheln und Küsse bereiten den Weg für die intensivste taktile Erfahrung überhaupt: die körperliche Liebe.

Die Haut ist unser größtes Sinnesorgan. Sie macht 15 Prozent unseres Körpergewichts aus, wiegt etwa 11 Kilogramm und nimmt eine Fläche von 21 Quadratmetern ein. Der Tastsinn ist das zweitälteste Sinnesorgan nach dem Geruchssinn.

Phase vier: Die Sprache der Berührungen

Was wir anfassen, ist konkreter, als das, was wir sehen oder hören. Als aktiver, zum Erforschen unserer Umwelt am besten geeigneter Sinn überzeugt der Tastsinn unser Gehirn unmissverständlich davon, dass etwas wirklich *real* ist.

Beim Liebeswerben kann nur die uralte Sprache der Berührungen dazu führen, dass wir mit der ultimativen Nähe, dem Geschlechtsverkehr, einverstanden sind. Doch bevor wir Sex haben, berühren wir uns sanft, um herauszufinden, ob wir das wirklich wollen.

Doch nicht jede Art von Berührung ist dazu geeignet. Die besten taktilen Signale wie Kuss, Liebkosung und Händchenhalten sind der engen Mutter-Kind-Bindung entlehnt. Wie Babyäffchen sind auch wir auf die zärtlichen Berührungen einer Mutter angewiesen, um uns zu gesunden Erwachsenen zu entwickeln. Dass wir unseren Partner ganz sanft berühren wie eine Mutter ihr Baby, dafür gibt es aus evolutionsgeschichtlicher Sicht gute Gründe. So wie verliebte Elefanten ihre Rüssel miteinander verschränken und sich Wale beim Liebeswerben aneinanderschmiegen, berühren auch wir uns, um eine Art Brutpflegeinstinkt auszulösen und die Harmlosigkeit eines Säuglings auszustrahlen. Über den taktilen Kommunikationskanal werden wir zum Baby des jeweils anderen.

Mütterliche Berührungen kennzeichnen das Liebeswerben von Mensch und Tier. Elefanten liebkosen einander. Schimpansen umarmen, küssen und tätscheln sich. Paviane und Schakale betreiben gegenseitige Fellpflege. Opossums und Löwen lecken sich. Das sich Berühren und Lecken zähmt das Wildtier und bringt das harmlose Junge wieder zum Vorschein.

Beim menschlichen Liebeswerben haben Berührungen

Phase vier: Die Sprache der Berührungen

eine wesentlich tiefere Bedeutung als die gesprochene Sprache. Sobald jemand Ihren empfindlichen, beinahe haarlosen Körper berührt, bekommt er Ihre ungeteilte Aufmerksamkeit. Berührungen sind ein begrenzter, exklusiver Kommunikationskanal, und die Bedeutung eines taktilen Signals ist emotional deutlich stärker aufgeladen. Ein sanftes Streicheln des Nackens umgeht die denkenden Teile des Gehirns und spricht unmittelbar unsere Gefühle an. Auf diese Weise weiß der Liebkoste sofort, ob er die Berührung als angenehm empfindet oder nicht. Jede Berührung löst eine eindeutige »Ja-oder-Nein«-Reaktion aus.

Um den Zauber der Berührung zu begreifen, wollen wir zunächst die Sprache der Hände entschlüsseln. Hände sind Fühler, die wir ausstrecken, um die stoffliche Welt zu untersuchen und in ihren verschiedenen Erscheinungsformen abzutasten. Die zwanzig verschiedenen Nervenfasern in jeder Hand feuern fast alle gleichzeitig, schicken Befehle zu den Muskeln und Drüsen oder nehmen mit Hilfe der Sinnesorgane in Sehnen, Muskeln und Haut Bewegungen und Anordnungen im Raum wahr (Amato, 1992). Unsere Finger signalisieren Gefühle, malen Figuren in die Luft und zeigen auf Schmetterlinge. Sie lesen Braille-Schrift, sprechen die Zeichensprache und schreiben Gedichte. Um die unausgesprochenen Gedanken, Gefühle und Stimmungen während des Liebeswerbens zu erkunden, gibt es kein besseres Organ als die Hand.

Mit der ersten Berührung beschleunigt sich das Liebeswerben. Manchen Paaren geht es jetzt fast zu schnell voran. Die Sprache der Berührungen drängt nach Vollendung. Der Übergang von Sehen und Hören zum Fühlen führt dazu, dass sich das Liebeswerben von nun an in den ursprünglichen Schaltkreisen des Groß- und Stammhirns abspielt. Die Kontrolle verlagert sich in die tiefer gelegenen, primitiven Nervenzentren und wird dort zu einer stummen Autorität, die fast schon etwas Diktatorisches hat. Werden erst einmal die Hände zur Hilfe genommen, droht uns das Liebeswerben zu entgleiten. Das Herz gewinnt die Oberhand über den Verstand.

»Neulich habe ich zufällig eine alte Freundin aus Uni-Zeiten getroffen. Während unseres zehnminütigen Gesprächs, in dem wir uns über unser bisheriges Leben austauschten, berührte sie drei- bis viermal meinen Ellbogen. Als ich noch am selben Abend einem Freund davon erzählte, sagte der wortwörtlich: ›Was hast du dann hier zu suchen? Du könntest in diesem Moment Sex mit ihr haben!‹
Und zwar, weil ein ›zufälliger‹ Körperkontakt angeblich ein Hinweis auf eine sexuelle Anziehung sein soll. Interessant finde ich, dass es manchmal wie eine absichtliche und manchmal wie eine unabsichtliche Berührung wirkt. Faszinierend, dass wir uns trauen, mit Hilfe der Körpersprache Dinge zu sagen, die wir nie offen aussprechen würden.«

(Matt)

Zärtliche Signale

Die besten Berührungen beim Liebeswerben sind sanft, wie wenn man mit einem Wattebausch oder einer Feder über die Handfläche streicht. Eine sanfte Liebkosung wird von

Nerven namens C-Fasern registriert, die angenehme Hautempfindungen wahrnehmen. C-Fasern sind »emotionaler« als die schnellleitenden A-Fasern, die Druck, Rauigkeit und Trockenheit spüren.

Wir finden es angenehm, die zarten Schultern unseres Partners zu berühren. Zartheit stimuliert sanfte Berührungen. Manchmal reicht schon der Anblick einer nackten Schulter, um eine taktile Reaktion auszulösen. Die angenehme Empfindung einer sanften Berührung wird über entwicklungsgeschichtlich uralte Bahnen an die Gefühlszentren unseres emotionalen Gehirns weitergeleitet, zu dem auch der *Gyrus cinguli* sowie der *frontale Kortex* gehören.

Eine zarte Berührung des Gesichts wirkt erregend. Taktile Signale laufen durch die Trigeminusnerven, die Reize von der besonders empfindlichen Haut der Wangen, Lippen und Stirn direkt ins Gehirn leiten. Zu fühlen, wie jemand einem sanft das Haar aus dem Gesicht streicht, ist etwas sehr Sinnliches. Ein Kuss auf die Oberlippe stimuliert spezielle Härchen namens *Vibrissae*. Die beim Mann dicker ausgeprägten Härchen reagieren extrem empfindlich auf Berührungen, da sie sich einst aus den Tasthaaren von Säugetieren entwickelt haben. Darin befindliche Nervenenden führen dazu, dass ein Kuss kitzeln oder prickeln kann.

Der gesamte *Perioralbereich,* der Lippen, Nase und die sie umgebende Haut umfasst, reagiert sehr empfindlich auf taktile Reize. Dem tragen die typischen Berührungen des Liebeswerbens Rechnung, wie das Nasenreiben der Eskimos, das in Neuguinea verbreitete Knabbern an der Unterlippe und der weltweit etablierte Kuss auf den Mund. Auch ein sanftes Pus-

Phase vier: Die Sprache der Berührungen

ten in das Ohr des Partners kann durchaus erregend wirken, da dabei alle drei Kranialnerven – der *Nervus facialis, glossopharyngeus* und *vagus* – gleichzeitig stimuliert werden.

Taktile Signale, die mit Hilfe der Fingerspitzen an unbehaarte Hautareale wie Handflächen oder Fußsohlen weitergeleitet werden, sind ähnlich erregend. Die Hauptschaltzentrale im Gehirn, der *Thalamus,* leitet die Empfindungen direkt an die Lustzentren des Säugetiergehirns weiter. Da Zehen und Geschlechtsorgane in den Scheitellappen des Gehirns direkt nebeneinander liegen, kann das Massieren der Füße sehr lustfördernd sein. Magnetresonanztomographie-Studien haben gezeigt, dass sanfte Berührungen der Hand den für Emotionen zuständigen *orbifrontalen Kortex* aktivieren. Stärkere Berührungen dagegen stimulieren den *sensorischen Kortex,* wo Gefühle eine weniger große Rolle spielen. Um eine angenehme Wirkung beim Partner zu erzielen, sollten Ihre Berührungen ausgesprochen sanft sein. Wenn Sie die Unterarminnenseite Ihres Partners streicheln, leiten die C-Fasern die taktilen Reize weiter und rufen eine Art Kitzeln und sexuelle Gefühle hervor.

Bei Rechtshändern empfiehlt es sich, die linke Körperhälfte zu streicheln, da diese mit der rechten Gehirnhälfte in Verbindung steht. Überlegenere Faserverbindungen in der rechten Gehirnhälfte stellen dann sofort einen Kontakt zu Gefühlen, Sinneseindrücken und Erinnerungen her. Sie sind auch dafür verantwortlich, dass die linke Körperhälfte über weit reichendere, nonverbale Fähigkeiten verfügt.

Eine weitere Form der sanften Berührung ist das Kitzeln. Kitzeln, mit dem Eltern und Kinder sich überall auf der Welt spielerisch ihrer Zuneigung versichern, ist auch beim Liebeswerben weit verbreitet. Das Wort Kitzeln heißt auf English *tickle*. Das stammt vom Mittelenglischen *tikelen* und bedeutet »sanft berühren«. Kitzeln bringt das Kind in uns hervor, das den Körper auf eine unschuldige, freche Art berühren darf.

Man unterscheidet zwei Arten von Kitzeln: *Knismesis,* ein leichtes Kitzeln, das nicht zwingend zum Lachen führen muss, und *Gargalesis,* ein heftiges Kitzeln, das unweigerlich Gelächter auslöst. Lachen führt zur Ausschüttung der Euphorie verursachenden Hirnchemikalien Endorphin, Enkephalin und Dopamin. Gegenseitiges Kitzeln und gemeinsames Lachen verstärken die emotionale Bindung. Indem wir unseren Partner im Nacken, unter den Achseln und seitlich des Rumpfes kitzeln, rufen wir außerdem sexuelle Gefühle in ihm wach.

Handgelenk, Arm, Schulter und Ohr der linken Körperhälfte reagieren intensiver auf eine Berührung als die entsprechenden Körperteile auf der rechten Seite. Sie sollten also stets die linke Körperhälfte berühren – außer Ihr Partner ist Linkshänder, denn dann ist es genau umgekehrt.

Die erste Berührung

Die erste Berührung ist ein emotionaler Meilenstein. Wahrscheinlich wird sie eher zufällig wirken: Eine Frau greift über die Schulter des Mannes nach ihrem Mantel, beugt sich ein Stück zu weit vor und hält sich an seiner Schulter fest, um

Phase vier: Die Sprache der Berührungen

nicht das Gleichgewicht zu verlieren. Eine Handfläche berührt einen so neutralen Körperteil wie einen Unterarm oder ein Handgelenk, woraufhin der Körperkontakt entweder akzeptiert oder abgelehnt wird.

Die hochempfindlichen Fingerkuppen spüren schon das geringste Zurückzucken oder Verspannen. Aus der ersten Berührung können Sie sehr viel lernen, da Sie auf diese Weise direkt zu unausgesprochenen Dingen auf der Gefühlsebene vorstoßen. Wer einen anderen Körper berührt, bekommt ungeteilte Aufmerksamkeit und erfährt, wie der Partner wirklich denkt.

Doch wie kommt es bei Paaren zur ersten Berührung? In der Öffentlichkeit eines Theaters, Restaurants oder einer Bar vermeiden manche Männer und Frauen direkte Berührungen und fassen stattdessen eine *Körperextension* an. Eine solche *Körperextension,* wie sie der Anthropologe Edward Hall nannte, kann eine Handtasche, ein Handschuh oder ein Aktenkoffer sein – also alles, was eine Person in den Händen hält oder am Leib trägt und was ihren Körper erweitert.

Laut Hall sind solche Körperextensionen genauso aufschlussreich wie Hände, Arme und andere Körperteile. Denn unsere Persönlichkeit schlägt sich immer auch in unseren Besitztümern nieder. Wer mit der Handtasche oder dem Füller einer Frau spielt, stellt einen persönlichen Kontakt her, ohne ihre Haut zu berühren. Und wer das Notebook oder Handy eines Mannes anfasst, wird höchstwahrscheinlich bald seine Hand berühren. Beim Liebeswerben ist das Anfassen von Körperextensionen eine Art versteckte Berührung, da ihr Besitzer den Kontakt nur indirekt wahrnehmen kann. Trotzdem reagiert er so, als ob Sie ihn direkt angefasst hätten. Je nachdem, wie er dieses Verhalten aufnimmt – mit Interesse oder eher mit Ablehnung – wird er höchstwahrscheinlich auch auf eine echte Berührung reagieren.

Ein Weg, einen direkten Körperkontakt zu provozieren, ist das Berühren von Schmuck. Ein Mann kommuniziert seinen unausgesprochenen Wunsch nach Körperkontakt, indem er vorgibt, sich für das Armband oder die Uhr seiner Begleiterin zu interessieren. Vielleicht hat sie das auffällige Schmuckstück ja sogar absichtlich angelegt, um eine Berührung zu provozieren. Er umschließt ihre Armbanduhr mit Daumen und Zeigefinger und kommentiert das Design. Beim Liebeswerben bedeutet das Anfassen von Ring, Kette, Anhänger oder Brosche immer dasselbe: Es ist im Grunde nichts anderes, als eine versteckte erste Berührung. Berühren Sie irgendein Accessoire und warten Sie die Reaktion ab. Beugt sie sich vor, oder weicht sie zurück? Lächelt sie, oder presst sie die Lippen zusammen?

Sehr ansprechend wirkt auch das Aussenden einer sichtbaren Botschaft, nämlich jemandem die Handfläche entgegenzustrecken. Das war auch die Lieblingsgeste von Ray Birdwhistell, dem Anthropologen, der die Kinesik, die wissenschaftliche Erforschung der Körpersprache, begründete. In Experimenten drehte er beide Handflächen nach oben und streckte sie Fremden bei einer mündlichen Begrüßung entgegen. Er war begeistert, dass so gut wie alle identisch darauf reagierten: Die meisten begriffen die Geste als Einladung, ihn zu berühren, und legten ihre Handflächen auf seine.

Das Zeigen der Handflächen ist derart attraktiv, dass es sogar bei nichtmenschlichen Primaten funktioniert. Ein klassisches Beispiel dafür ist »Peanuts«, der Berggorilla, der die Hand der Primatenforscherin Dian Fossey sanft mit der seinen berührte. Im Jahr 1970 streckte Dian in einem entlegenen Regenwald mitten in Afrika Peanuts zögernd ihre Handflächen entgegen. Er reagierte darauf und wurde damit zum ersten wild lebenden Gorilla, der mit einem Menschen »Händchen hielt«.

> **Eindeutige Gesten im *Crocodile Café***
> Ein Mann kann seinen Wunsch nach Berührung ganz einfach dadurch kundtun, dass er seine Arme in Richtung einer Frau ausstreckt. Biologen nennen solch unbewusste, nicht vollendete Bewegungen *Intentionsbewegungen.* Im *Crocodile Café* von Seattle, einem Generation-X-Treffpunkt mit Cocktails und lauter Musik, konnte ich eine derartige Geste höchstpersönlich beobachten. Amy und ihr Freund Rick, beide in den Zwanzigern, saßen an einem runden Tisch von etwa 1,20 Meter Durchmesser, genossen die Musik und nippten an ihren Manhattans. Ihre Nasen waren etwa 45 Zentimeter auseinander.
>
> Irgendwann kam Amys Freund Ben vorbei und setzte sich dem Paar gegenüber. Nach anfänglichem Smalltalk entschuldigte sich Rick, weil er draußen eine Zigarette rauchen wollte, und ließ Ben und Amy allein. Plötzlich wurde die Unterhaltung äußerst angeregt. Die beiden nickten synchron mit dem Kopf, sahen sich tief in die Augen und lachten. Irgendwann beugte sich Ben vor, bis

Die erste Berührung

> seine Brust die Tischkante berührte, und streckte seine Arme in Richtung Amy aus. Sie reagierte darauf und beugte sich ebenfalls vor, stützte die Ellbogen auf und das Kinn in die Handfläche. Ihre Nasen waren nur noch 30 Zentimeter auseinander.
>
> Von meinem Beobachtungsposten im *Crocodile Café* konnte ich zwar nicht hören, was gesprochen wurde, aber ihre Körpersprache war mehr als eindeutig. Bens Körperhaltung war unterwürfig. Sein Rumpf war Amy zugeneigt. Damit signalisierte er, dass er sich sehr von ihr angezogen fühlte, ohne sie unter Druck zu setzen oder irgendwelche Grenzen zu überschreiten.
>
> Ben ließ beide Arme gestreckt auf dem Tisch liegen. Er gestikulierte mit der Rechten, sodass man seine offene Handfläche sah. Amy berührte Bens linken Handrücken, den sie leicht mit den Fingerspitzen tätschelte. Sie war seiner Einladung zur Berührung mit eigenen Berührungen gefolgt. Nachdem Rick aus seiner Zigarettenpause zurückgekehrt war, saß das Trio wieder genauso stocksteif da wie am Anfang. Das fünfminütige Liebeswerben war fürs Erste vorbei. Doch am Ende des Abends verließ Amy das Café mit Ben.

Beim Liebeswerben ist die erste Berührung so etwas wie ein Test. Wie ein Stethoskop, mit dem man das Herz abhören kann, gibt der Hautkontakt sehr genau Auskunft darüber, in welcher Stimmung der andere ist. Überall auf der Welt reagie-

Phase vier: Die Sprache der Berührungen

ren Menschen erfreut auf eine kurze Berührung eines sexuell neutralen Körperteils. Ein Tätscheln auf Handrücken, Handgelenk oder Unterarm erzeugt eine Bindung und erlaubt es außerdem, den Puls Ihres Begleiters wahrzunehmen. Wird ein Körperteil weiter zu Ihnen hingestreckt, nachdem Sie ihn berührt haben, ist das positiver zu bewerten, als wenn er zurückgezogen wird.

Vermeiden Sie es anfangs, den Kopf Ihres Partners zu berühren. Der Mensch zuckt instinktiv zurück, wenn Finger nach seinem Gesicht oder seinen Augen ausgestreckt werden. Das reflexartige Zurückziehen gehört zu den primitivsten aller Schutzreflexe. Ungebetener Kontakt mit Stirn, Ohr, Wange oder Hals verursacht ein Zurückweichen und somit eine negative Reaktion. Genauso unpassend sind Berührungen von Brust, Hüften, Schenkeln und Po. Sie sind in allen Kulturen sexuell aufgeladen. Wangen, Hüften und Schenkel kommen erst an die Reihe, wenn das Liebeswerben weiter fortgeschritten ist.

Für einen Mann ist der mittlere Rücken einer Frau, also der Bereich zwischen den Schulterblättern und Taille, gut für eine vorsichtige Berührung geeignet. »Geleiten« Sie Ihre Begleiterin fürsorglich durch eine Tür oder einen überfüllten Raum. Die Geste signalisiert Selbstbewusstsein und hat einen dezenten sinnlichen Unterton. Die Zeitschrift *Cosmopolitan* hat diese Geste als eines der »100 verführerischsten sexuellen Signale« bewertet.

Eine Frau, die ihren eigenen Körper berührt, lädt einen Mann ein, dasselbe zu tun. Auch hier kommt das Prinzip des Isopraxismus wieder zum Tragen. Wenn Sie Ihren Hand-

Die erste Berührung

rücken, Ihr Handgelenk, Ihren Unterarm oder, noch besser, Ihre Schulter massieren, machen Sie deutlich, dass er Sie ebenfalls gern berühren darf. Die Körpersprache einer Frau ist sinnlicher als die eines Mannes. Derartige Selbstmanipulationen wirken beinahe ansteckend und fördern die Intimität. Wer sich selbst berührt, signalisiert, dass er auch für andere berührbar ist.

Selbstberührungen, wie die an die Wange gelehnte Hand und der den Ellbogen berührende Daumen, signalisieren: »Ich bin berührbar.«

Der Mensch ist ein hochimitativer Primat. Es ist eine biologische Tatsache, dass wir durch Zusehen lernen. So wie Schimpansen eine Fellpflegerunde einläuten, indem sie sich zunächst selbst pflegen, massieren wir unseren Körper, um auszudrücken, dass wir gerne berührt werden möchten. Der Drang, andere zu imitieren, kommt aus dem *Gyrus cinguli* im Primatengehirn. Dieser Bereich der Hirnrinde ist mit einer Motivationssoftware programmiert, die Eltern dazu bringt, das Fell ihrer Jungtiere zu pflegen.

Phase vier: Die Sprache der Berührungen

Die beste Stelle, jemanden als Erstes zu berühren, ist der Handrücken oder die Unterarmoberseite. Da die Handfläche hochsensibel auf Druck, Schwingungen und sanfte Berührungen reagiert, ist die Haut dort »zu persönlich«. Und weil die Unterarminnenseite sehr empfindlich auf Körperwärme anspricht, ist eine Berührung dieser Stelle zu »intim«. Auch die Schultern werden von sehr empfindlichen Gefühlsnerven kontrolliert und sind damit zu leicht »erregbar«, um für eine erste Berührung infrage zu kommen. Entscheiden Sie sich lieber für weniger empfindliche Hautpartien wie Handrücken, Handgelenk oder die Unterarmoberseite, um Ihren Partner nicht zu verschrecken.

Oft beginnt das Liebeswerben ganz einfach mit einem Handschlag. Das weit verbreitete Begrüßungsritual ist eine kulturell akzeptierte Gelegenheit, die Handfläche eines anderen Menschen zu berühren. Auch wenn ein Begrüßungshändeschütteln nicht automatisch zu weiteren Berührungen führt, kann es diese trotzdem einleiten. Beginnen Sie das Händeschütteln, indem Sie nicht allzu fest zudrücken (nicht so fest, wie bei einer geschäftlichen Begrüßung). Lockern Sie anschließend Ihren Griff, um die weiche und warme Haut Ihres Partners zu spüren. Für ein emotionaleres Händeschütteln können Sie die Handfläche ein wenig nach oben und nach rechts drehen. Diese demütige Geste gibt Ihrem Partner im wahrsten Sinne des Wortes die Oberhand und erlaubt Ihnen, seine Hand noch etwas länger zu halten.

Das taktile Signal einer kalten oder feuchten Hand, die auf Fremdenangst zurückzuführen ist, ist nicht so peinlich, wie Sie vielleicht denken. Fehlende Wärme wird nicht automatisch als negatives Signal interpretiert. Kühle Hände sind ein Hinweis auf Schüchternheit, und in der Anfangsphase einer Beziehung gilt Schüchternheit sogar als sympathisch. Biologen haben festgestellt, dass auch viele Tiere beim Liebeswerben zunächst einen Widerwillen gegen Körperkontakt haben. Egal, ob Wolf, Affe oder Katze – all diese Tiere senden Angstsignale aus, bevor sie einen Partner berühren. Ihre Schüchternheit beweist, dass sie keine aggressiven Absichten verfolgen. Beim Menschen signalisieren kühle Handflächen eine Art natürliche Reserviertheit, die besser ankommt als ein übertriebenes Selbstbewusstsein.

Männer grapschen, Frauen fühlen
Männer und Frauen haben völlig unterschiedliche Einstellungen, wenn es um Berührungen geht. In dieser Hinsicht scheinen sie beinahe unterschiedlichen Spezies anzugehören.

In der Anfangsphase einer Beziehung haben Männer eher den Wunsch nach Berührungen als Frauen. Wie Studien belegen, wissen Frauen Berührungen erst zu einem späteren Zeitpunkt zu schätzen (Canary und Emmers-Sommer, 1997). Die Berührung eines Mannes hat häufig etwas Besitzergreifendes und signalisiert vor allem sexuelles Interesse. Zumindest lässt das sein fester Griff um ihre Taille oder Schulter vermuten.

Ein Mann interpretiert die erste Berührung stets als sexuelles Signal. »Sie hat mich angefasst, also will sie

Phase vier: Die Sprache der Berührungen

> mich« ist eine typisch männliche Schlussfolgerung. Doch leider ist sie falsch, denn die erste Berührung von Seiten einer Frau ist nicht so eindeutig sexuell zu verstehen wie die eines Mannes. Sie ist eher ein Ausdruck von Nähe und Geborgenheit. Eine Frau kann die körperliche Berührung um ihrer selbst willen genießen und betrachtet sie nicht bloß als Vorstufe zur körperlichen Liebe. Ihr freundlicheres, sanfteres Streicheln signalisiert Mitgefühl, Trost und Verbundenheit.
>
> Als Frau fragen Sie sich vielleicht: »Woher soll ich wissen, ob er wirklich an mir interessiert ist oder einfach nur mit mir befreundet sein will?« Die Antwort liegt in der Anzahl seiner Berührungen. Studien haben nachgewiesen, dass Frauen in einer Beziehung mehr Berührungen und Körperkontakt suchen als Männer. Doch beim Liebeswerben ist es genau umgekehrt – da sind es die Männer, die häufiger Berührungen herbeiführen. Wenn eine Frau von einem Freund auffällig oft getätschelt, gestreichelt oder gekitzelt wird, will er mehr sein als einfach nur ein guter Freund.

Ein Mann sollte wissen, dass eine Berührung seiner Hand, seines Handgelenks oder seiner Unterarme durch eine Frau nichts mit Sex zu tun hat. Und eine Frau sollte wissen, dass das sexuell motivierte Berühren ihrer Taille, ihres Halses oder ihrer Schultern noch lange nichts über die wahren Gefühle eines Mannes verrät oder beweist, dass er es ernst meint.

Die erste Umarmung

Der nächste Schritt in der Berührungsphase ist die Umarmung. Umarmung heißt auf Englisch *hug,* was wiederum vom skandinavischen *hugga* abgeleitet ist und »trösten« bedeutet. Die biologischen Wurzeln des Umarmens liegen in der Tat im Trösten und Versorgen. Primatenbabys sind von Geburt an darauf gepolt, zu klammern. Auch Menschenbabys zeigen bis zum Alter von vier Monaten diesen so genannten »Moro-Reflex«. Sobald Gefahr droht, klammern sich junge Affen instinktiv an das Fell ihrer Mutter. Sogar Neugeborene – egal, ob Affe, Menschenaffe oder Mensch – haben einen derart festen Klammergriff, dass sie sich ohne fremde Hilfe mit Händen oder Füßen an einem Ast oder einer Wäscheleine festhalten können.

Das In-den-Arm-Nehmen ist der natürliche Reflex auf das kindliche Klammern. Klammern, als Zeichen für das Bedürfnis, bemuttert zu werden, wird mit einer Umarmung beantwortet – eine bei allen Müttern dieser Welt übliche Reaktion.

Verliebte Paare berühren sich, als wären sie jeweils das Baby des anderen.

Phase vier: Die Sprache der Berührungen

Die Umarmung ist evolutionsgeschichtlich die einzig richtige Art und Weise, »Ich liebe dich« und »Ich brauche dich« zu sagen. Bei einer Umarmung wiegen wir uns sanft hin und her. Diese Schaukelbewegung stimuliert Lustzentren im Gehirn, die mit den Gleichgewichtsorganen im Innenohr verbunden sind. Wenn wir während des Werbens zum Baby des jeweils anderen werden, setzt dieses Wiegen Liebesgefühle frei.

Diese von allen Primaten verwendete Umarmung benutzen wir kaum abgewandelt als Liebessignal. Eine Umarmung steht für elterliche Zuneigung und gibt der umarmten Person Sicherheit. Für viele Menschen sind Umarmungen genauso wichtig wie Sex, wenn nicht sogar wichtiger. In den Arm genommen zu werden gibt uns ein Gefühl von Sicherheit, Geborgenheit und Trost. Wie Studien belegen, sehnen sich deutlich mehr Frauen als Männer danach, umarmt zu werden. Das Bedürfnis der Frau, zu umarmen und umarmt zu werden, erklärt auch den merkwürdigen Sex-Appeal von eher kräftig gebauten Männern mit »Teddybärfigur«. Ein Mann muss nicht unbedingt schlank oder athletisch sein, aber er muss Umarmungen mögen.

Die erste Umarmung kann schon bald nach der ersten Berührung erfolgen. Ein spielerisches Tätscheln des Rückens kann in eine *seitliche Umarmung* übergehen, wenn man behutsam den Arm um Taille oder Schulter des Partners legt und dieser die Geste erwidert. Steht man dann Seite an Seite da, sodass sich die Hüften beinahe berühren, drückt man sich zwei- bis dreimal sanft, um noch mehr Nähe zu erzeugen.

Solche Umarmungen haben einen eher spielerischen Charakter und sind noch nicht so eindeutig. Bis zum jetzigen

Zeitpunkt des Liebeswerbens fällt auf, dass jedes Signal immer noch etwas Neckisches, Leichtfertiges hat. Die spielerische Qualität der ersten Berührungen beweist, dass noch keine wirklich ernsthaften Absichten vorliegen oder gezeigt werden. Noch kann man sich mit Herumgealbere und Gelächter elegant aus der Affäre ziehen. Man berührt sich zwar, aber nicht wirklich ernsthaft – noch nicht.

Doch nun folgt etwas, das man eigentlich nur als viel sagendes Schweigen bezeichnen kann. Es kommt zur ersten *frontalen Umarmung,* wodurch sich das Liebeswerben noch mal beschleunigt. Wenn Sie die Arme umeinander legen, Ihre Handflächen auf dem Rücken des Partners ruhen lassen und Rumpf und Hüften gegeneinander pressen, sind Sie der körperlichen Liebe schon gefährlich nahe gekommen.

Eine frontale Umarmung signalisiert Zuneigung und Wärme, schenkt uns aber außerdem noch die erste, erregende Erfahrung eines Ganzkörperkontakts. Frontale Umarmungen finden meist hinter verschlossenen Türen oder im Flur statt – seltener mitten im Partygetümmel. Ganz plötzlich legen wir einen anderen Gang ein: Je weiter sich das Liebeswerben beschleunigt, desto mehr verlangsamen sich unsere Körperbewegungen.

Unser Lächeln verebbt und die Lippen öffnen sich. Die Augenlider senken sich und erzeugen den berühmten *Schlafzimmerblick.* In manchen Fällen heben und senken wir dabei die Brauen. Charles Darwin hat dieses paradoxe Stirnsignal einmal als *Kummerblick* bezeichnet. Wenn die gegenseitige Anziehung unerträglich zu werden droht, verzerren wir fast schon schmerzlich das Gesicht.

Der erste Kuss

Wenn es zu einer echten Umarmung kommt, befinden Sie sich schon näher an Phase fünf, der der körperlichen Liebe, als Sie glauben. Weil Sie spüren, dass es langsam ernst wird, sondern Sie sich von anderen Menschen ab. In so einer Situation wollen Paare überall auf der Welt ungestört sein. Wenn kein Schlafzimmer oder Auto zur Verfügung steht, gibt es immer noch die Möglichkeit »in die Büsche zu gehen«. In primitiven Kulturen wie bei den Gahuku Gama in Neuguinea gehen die Partner ins Gebüsch, um sich zu umarmen, zu küssen und sich körperlich zu vereinigen.

Zunächst liebkosen unsere die Lippen die Wangen des Partners. Ein beidseitiges Einverständnis vorausgesetzt, kommt es dann zu einer Seitwärtsbewegung des Kopfes, bis sich die Lippen finden. Diese Kopfbewegung nach rechts oder links erinnert an das instinktive Suchen eines Babys nach der Brustwarze seiner Mutter. Der erste Kuss auf den Mund sagt uns verlässlich, ob wir wirklich miteinander harmonieren und jene wichtige Übereinstimmung herstellen können, die für die körperliche Liebe notwendig ist.

In der frontalen Umarmung, bei der Sie sich hin und her wiegen, um sich zu vergewissern, dass alles in Ordnung ist, kommen sich Ihre Gesichter langsam näher. Augen zu Augen und Nase zu Nase, bis Ihre Köpfe nur noch 15 Zentimeter voneinander entfernt sind. Sie schauen sich tief in die Augen, was überall auf der Welt bedeutet: »Ich liebe dich.« Die nur noch wenige Zentimeter voneinander entfernten Augenpaare scheinen beinahe miteinander zu verschmelzen. In diesem Moment haben Sie die Außenwelt komplett ausgeblendet – Sie und Ihr Partner sind alles, was auf dieser Welt noch existiert. »Nur du und ich« ist mehr als ein Klischee, sondern eine erfahrbare Tatsache.

Wie in Zeitlupe kommen sich Ihre Köpfe näher. Wenn die Entfernung nur noch sechs Zentimeter beträgt, werden die Gesichter gleichzeitig ein paar Grad nach rechts bzw. links geneigt, damit die Nasen nicht mehr im Weg sind. Dann beginnen sich Ihre Lippen vorsichtig zu berühren und verschmelzen im ersten Kuss.

> **Küsse besiegeln die Liebe**
> Die wissenschaftliche Definition eines Kusses ist laut Dr. Henry Gibbons, »das anatomische Aufeinanderpressen zweier *Orbicularis-oris*-Muskeln in einem angespannten Zustand«. Natürlich ist ein Kuss mehr als das. Beim Liebeswerben ist das Küssen ein äußerst wirkungsvolles Kommunikationsmedium. Man presst die Lippen aufeinander und spürt die Reaktion des anderen ganz unmittelbar. Das Gefühl geküsst zu werden, ruft neurochemische Gefühle von Euphorie hervor, die man automatisch mit seinem Gegenüber assoziiert.
>
> Manche empfinden das Küssen intimer als den Geschlechtsverkehr. Obwohl sie die intimsten Körperregionen berühren, verweigern Prostituierte den Kuss auf den Mund. In vielerlei Hinsicht ist das Küssen wesentlich komplizierter als der Geschlechtsverkehr. Gute Küsser

Phase vier: Die Sprache der Berührungen

wissen genau, wie sie den Rhythmus und das Tempo ihrer Lippen kontrollieren müssen, während sie gleichzeitig auf die des anderen eingehen. Sie wissen, wann sie ihre Lippen fest und wann nur ganz sanft aufpressen müssen, wann sie die Zunge ins Spiel bringen dürfen und wann sie den Mund öffnen oder schließen müssen. Sie wissen, wann es eine Pause einzulegen und zu atmen gilt und auch wie man den Speichelfluss kontrolliert. Gute Küsser genießen den Kuss, während sie gleichzeitig alle technischen Aspekte des Küssens sehr wohl beherrschen.

Es hat gefunkt!
Der erste Kuss eines Liebeswerbens ist unvergesslich. Shannon weiß noch genau, wie es damals »gefunkt« hat. Shannon und Eric sahen sich an und lächelten, als sie plötzlich die Augen schlossen. »Ich bin quasi auf ihn zugetrieben«, sagt sie. »Er näherte sein Gesicht dem meinen. Ich wurde richtig nervös und bekam Schmetterlinge im Bauch. Eric legte die Arme um meinen Hals. Mein Atem ging schneller, und meine Lippen wurden ganz heiß. Unsere Lippen hatten sich kaum berührt, da begannen meine auch schon wie elektrisiert zu prickeln. Es fühlte sich irgendwie kitzelig an und verschlug mir beinahe den Atem.«

Am Anfang eines Kusses berühren sich die Lippen, aber nicht die Zungen, und auch der Speichel wird nicht vermischt. Der erste Kuss ist ganz sanft, um die C-Fasern der Nerven in Schwingung zu versetzen. Anders als auf der Kinoleinwand bleiben die heftigen, leidenschaftlichen Küsse zwar auch in Erinnerung, stimulieren die Lustzentren im Gehirn jedoch längst nicht so intensiv.

Dann werden die Lippen *vorgestülpt* wie bei einem Baby, das Muttermilch saugt. Vorgestülpte Lippen signalisieren durch ihr kindliches Pulsieren Leidenschaft. Der ideale erste Kuss ist sanft, leicht forschend und dauert drei bis fünf Sekunden. Schließen Sie die Augen, um die Berührung zu genießen!

Eine Studie des Anthropologen Adam Kendon, die sich mit gefilmten Küssen in Zeitlupe beschäftigte, belegte, wie sehr die Frau ihren Partner mit Hilfe der von ihr ausgesendeten Signale kontrolliert: Um seinen Kuss abzuwehren wendet sie den Kopf, lächelt breit und zeigt die Zähne. Ein solches Zähnezeigen signalisiert laut Kendon, dass Küsse unerwünscht sind. Kommt ihr der Mann erneut näher und sieht ein Lächeln mit geschlossenem Mund, beugt er sich vor und küsst sie.

Um den Kuss zu beenden, zieht sie ihren Kopf zurück, zeigt ein kleines Stück ihrer Zunge und dreht das Gesicht wieder zur Seite, um irgendetwas hinter seiner Schulter zu fixieren. Parallel dazu werden noch viele andere Signale ausgesendet, die über Erfolg oder Niederlage entscheiden. Wenn ein Mann versucht, eine breit lächelnde Frau zu überrumpeln, empfindet sie ihn als aufdringlich und wird sich abwenden.

Doch der Mann hat auch ein paar Möglichkeiten: So kann

er zum Beispiel seine Nase an der ihren reiben, um einen verträumten Gesichtsausdruck bei ihr auszulösen. Wenn er dann sieht, wie sie ihre Brauen hochzieht und die Lippen öffnet, ohne ihre Zähne zu zeigen, beugt er sich vor und küsst sie. Indem er auf den richtigen Knopf drückt – nämlich ihre Nase – zeigt sie ihm nicht mehr die Zähne und er darf sie küssen.

Taktile Signale während des Liebeswerbens bedeuten, dass es wirklich ernst wird. Wenn sehen glauben heißt, dann bedeutet fühlen wissen. In der Berührungsphase überwinden Sie den Widerwillen Ihres Partners gegen Körperkontakt mit beruhigenden taktilen Signalen. Sie einigen sich auf einen richtigen Zeitpunkt und Rhythmus und finden zu der Übereinstimmung, die Sie später in der letzten Phase des Liebeswerbens, dem Sex, brauchen werden. Die taktilen Signale, die Sie jetzt austauschen, bereiten Sie auf die vor Ihnen liegende vollkommene Intimität vor.

6. Phase fünf: Sex

> »*Sex und Liebe sind genauso unzertrennlich wie Leben und Bewusstsein.*«
> (D. H. Lawrence)
>
> »*Bei Männern führt Sex manchmal zu Intimität; bei Frauen führt Intimität manchmal zu Sex.*«
> (Donald Symons)

Die letzte und meist auch kürzeste Phase des Liebeswerbens ist der Sex. Um Sex zu haben, kommunizieren wir mit den empfindlichen Stellen des Partners, die auch *erogene Zonen* genannt werden, wie Lippen, Lider, Ohren, Hals und die Schenkelinnenseiten. Danach stimulieren wir Berührungsrezeptoren, die direkt in die Sexualorgane eingebettet sind. Die nonverbalen Signale, die in dieser höchst intimen Phase ausgetauscht werden, suggerieren Frauen die Möglichkeit einer festen Beziehung, während sie Männern hauptsächlich Sex in Aussicht stellen.

Wie das Essen und Atmen wird auch der Sex von Teilen unseres ältesten Gehirns, insbesondere jedoch vom Hypothalamus, der Hirnanhangdrüse sowie den Lustzentren des Mittelhirns kontrolliert. In einem vielseitigen sinnlichen Dialog, bei dem taktile, visuelle, auditive, olfaktorische und geschmackliche Reize ausgetauscht werden, durchbrechen Paare die letzte Grenze, die sie noch von der vollständigen Intimität trennt.

Der nonverbale Akt der Vereinigung zweier Lebewesen schlägt sich auch in unserer gesprochenen Sprache nieder. In seiner Studie über Liebesmetaphern in der Alltagssprache definiert der Linguist Zoltan Kovecses das Ideal der Liebe als die Einheit zweier sich ergänzender Teile. Redewendungen wie »Wir werden eins« oder »Sie ist meine bessere Hälfte« spiegeln die weit verbreitete Auffassung von Liebe als einer freiwilligen Verbindung zweier Hälften. So wie Platon, der diese Überzeugung vor über zweitausend Jahren zum ersten Mal in seinem *Symposion* festhielt, fühlen wir uns in der westlichen Welt so lange unvollständig, bis wir von einem anderen geliebt werden.

Liebe ohne Worte

Das Wesen der Liebe ist älter als die Worte, die sie beschreiben. Die Liebe artikuliert sich nonverbal, indem wir eine innige emotionale Bindung und ein primitives sexuelles Verlangen empfinden. Auch wenn sich die seelische Verbundenheit und das körperliche Verlangen auf ganz verschiedenen Bahnen entwickelt haben, muss beides zusammenkommen, um zu ernst gemeintem Sex zu führen.

Die seelische Bindung äußerst sich in dem Wunsch, dem anderen nahe zu sein, Körperkontakt mit ihm zu haben und ihn zu umsorgen. Biologen haben die Bindungspsychologie des Menschen und der ihm verwandten Primaten untersucht. Beim Menschen fanden sie heraus, dass Liebende dieselben nonverbalen Signale benutzen wie Mutter und Säugling, um ihre besondere Bindung zu erhalten. Lächeln, Weinen, der Austausch inniger Blicke und das Sich-aneinander-Festklammern dienen einzig und allein dem biologischen Zweck, zwei Partner – seien es nun Mutter und Kind oder Mann und Frau – körperlich und räumlich zusammenzuhalten.

Bei der sexuellen Kommunikation sprechen Frauen vor allem auf die nonverbalen Signale des Umsorgtwerdens an. Wenn man sie bittet, »die beste sexuelle Erfahrung zu beschreiben, die sie je hatten«, vernachlässigen Frauen anatomische Details, die den Männern hingegen im Gedächtnis bleiben. Eine Frau erinnert sich eher an die romantische Stimmung und das Ambiente, in dem der Liebesakt stattgefunden hat, sowie an das Gefühl, verwöhnt zu werden. Männer dagegen erinnern sich hauptsächlich an die Konturen des weiblichen Körpers sowie an ihre weiche, warme Haut.

Wann ist der richtige Zeitpunkt?

Beide Geschlechter stellen sich immer wieder die Frage, wann eigentlich der richtige Zeitpunkt für den Sex gekommen ist. Überall auf der Welt wollen Männer schneller Sex als Frauen. Männer gehen auf die sexuellen Avancen jeder Frau ein, egal, ob sie es ernst meint oder nicht. Dass die meisten Frauen mit dem Sex eher warten, liegt daran, dass ihnen die sexuellen Avancen eines Mannes nicht genügen. Sie wollen nicht nur sein Verlangen spüren, sondern wünschen sich auch, dass er sie wirklich liebt.

> **Sex oder wahre Liebe?**
> Sie sind mehr als nur ein Lustobjekt, wenn Ihr Partner …
> - Ihre Hand hält.
> - Ihren Kragen ordnet, Ihre Kleidung pflegt oder mit Ihrem Haar spielt.
> - auch dann nicht das Interesse an Ihnen verliert, wenn Sie sich bereits ein paar Mal getroffen haben, ohne dass es zu Sex kam.
> - Sie am Tag nach der Liebesnacht anruft.
> - während einer Verabredung nur Augen für Sie hat.
> - sich um Sie kümmert, ohne übertrieben aufmerksam zu sein.
> - Ihren Arm, Ihre Schulter oder Ihren Rücken berührt – aber nicht bei jeder sich bietenden Gelegenheit.
> - Sie nicht gleich bei der ersten Verabredung ins Bett kriegen will.

Sex als Ausdruck von Liebe ist umso wahrscheinlicher, je mehr Liebessignale ein Paar austauscht, die beweisen, dass es auch füreinander sorgt. Die Sexforscher William Masters und

Virginia Johnson führen den typischen Fall eines sechsundzwanzigjährigen Mannes an, der anfangs nur One-Night-Stands wollte, um keine Verantwortung übernehmen zu müssen. Doch irgendwann merkte er, dass ihm etwas fehlte: »Das Gefühl, einen Menschen wirklich zu lieben und für ihn da zu sein« (Masters, Johnson und Kolodny, 1986).

Der *Redbook Report on Female Sexuality* berichtet, dass Frauen in festen Beziehungen dreimal so oft zum Orgasmus kommen wie Frauen, die mehrere One-Night-Stands hintereinander haben.

Vorehelicher Sex und One-Night-Stands sind in vielen Kulturen Teil des sexuellen Experimentierens. Überall auf der Welt gehen Paare zeitlich begrenzte Beziehungen ein, um sexuelle Erfahrungen zu sammeln. Anthropologen zufolge ist vorehelicher Sex in den traditionellen Kulturen der Pazifikinseln am meisten und in der arabischen und muslimischen Welt am wenigsten verbreitet. In den meisten Kulturen gibt es so gut wie kein Verbot von vorehelichem Sex. Bei dem Volk der Nuer im Sudan wird laut dem Anthropologen Edward Evans-Pritchard von fünfzehn- bis sechzehnjährigen Mädchen sogar erwartet, dass sie mindestens einen Liebhaber aus ihrem eigenen Dorf und weitere Liebhaber aus den Nachbardörfern haben.

In der westlichen Welt scheint Dänemark die liberalste Gesellschaft in dieser Hinsicht zu sein. Im Vergleich dazu herrschen im mittleren Westen der Vereinigten Staaten wesentlich strengere Einstellungen gegenüber vorehelichem Sex. Insgesamt gesehen haben in den Vereinigten Staaten 80 Prozent der Jungen aber nur 63 Prozent der Mädchen auf dem College vorehelichen Sex (Ingoldsby, 1995).

Die Zeichen stehen auf Sex

In Phase fünf finden zwei unterschiedliche Arten von Kommunikation statt: *Vorspiel* und *Koitus*. Als Vorspiel bezeichnet man die sexuelle Stimulation, die vor dem Geschlechtsverkehr gegeben und empfangen wird. Koitus oder Geschlechtsverkehr dagegen ist das Eindringen des männlichen Glieds in die Vagina der Frau. »Koitus« kommt vom lateinischen *coire*, »zusammenkommen«, und »kopulieren« stammt vom lateinischen *copulare*, »verbinden« ab.

Männer und Frauen haben ganz unterschiedliche Vorstellungen in puncto Vorspiel und Koitus. Wenn es um Sex geht, werden die Gegensätze zwischen den Geschlechtern noch deutlicher als in der Berührungsphase. Und wenn zwei Welten aufeinander prallen, fällt der Sex meist enttäuschender aus, als er eigentlich sein sollte.

> **Was Frauen und Männer über Sex denken**
> Frauen und Männer betrachten Sex aus einer völlig unterschiedlichen Perspektive:
> - Männer hätten im Lauf ihres Lebens gern 18 Sexualpartner; Frauen dagegen vier oder fünf (Buss, 1998).
> - Frauen verbinden Sex mit emotionalem Engagement; Männer mit körperlichem (Canary und Emmers-Sommer, 1997).
> - Die sexuellen Fantasien von Frauen enthalten Berührungen und Gefühle; Männer stellen sich lieber den Koitus an sich vor (Rodgers, 2001).

- Frauen kaufen Liebesromane, Männer den *Playboy*.
- Männer empfinden sexuelle Untreue bedrohlicher als emotionale Untreue, für Frauen gilt genau das Gegenteil (Buss, 1998).
- Bei Frauen geht bei Sex eine rote Warnlampe an, Männer sehen nur grünes Licht (Canary und Emmers-Sommer, 1997).
- Wenn der Partner beim Sex schweigt, glauben Männer, dass alles in Ordnung ist, während Frauen davon ausgehen, dass da etwas nicht stimmt (Fincham et al., 1993).
- 90 Prozent der Männer und 40 Prozent der Frauen geben an, dass sie beim Geschlechtsverkehr fast immer zum Orgasmus kommen.

Auf dem Höhepunkt

Mit dem Orgasmus will unser Gehirn ausdrücken: »Sex ist wunderbar.« Der Orgasmus ist ein Trick der Natur, uns regelrecht süchtig nach Liebe zu machen. Warum sollte sich ein Paar sonst zum merkwürdigen Akt des Koitus zusammenfinden? Ein Orgasmus ist eigentlich gar nicht so viel anders als die Erregung, die wir beim Abwärtssausen in der Achterbahn empfinden. Die plötzliche Lust »im Schritt« entsteht, wenn das Gehirn eine Neurochemikalie namens Dopamin sowie das Hormon Oxytocin ausschüttet.

Das Wort Orgasmus kommt vom Griechischen *orgasmos*,

was »Schwellung« oder »Erregung« bedeutet. Beim Orgasmus spüren Sie ein heftiges, angenehmes Kribbeln in den Genitalien, das sich im ganzen Schambereich ausbreitet. Es kann auch zu einem Prickeln bis in die Finger- und Zehenspitzen kommen, zu einer Entspannung des ganzen Körpers sowie zu einer freudig-ekstatischen Erschöpfung.

Der Psychologe John Money beschreibt diese Erfahrung als »lustvolle, rauschhafte Ekstase«, die gleichzeitig im Gehirn und den Sexualorganen stattfindet. Ihm zufolge ist dafür eine wechselseitige Kommunikation der Nervennetzwerke oberhalb und unterhalb der Taille verantwortlich. Ein Orgasmus kann sowohl körperlich durch Vorspiel und/oder Koitus, als auch mental durch erotische Gedanken und Fantasien ausgelöst werden. Bei manchen Menschen reicht schon die Musik Mozarts, ein Dutzend Rosen oder ein einziger Kuss, um diese Reaktion auszulösen.

Nonverbale Symptome eines Orgasmus beinhalten das Erröten von Gesicht und Hals, einen unbewusst geöffneten Mund oder ein Herabfallen des Kiefers, ein sich Aufbäumen sowie das Strecken von Händen und Füßen, eine schnellere Atmung, eine intensive Muskelanspannung, einen durchgebogenen Rücken und ein spastisches Zucken des ganzen Körpers. Zu den akustischen Signalen zählen Stöhnen, Seufzen, Lachen, Weinen und Schreien. Taktile Signale sind Muskelkontraktionen im äußeren Drittel der Vaginawand, ein Versteifen der Bauchmuskulatur, ein rhythmisches Zusammenziehen der Muskeln unterhalb von Penis und Vagina sowie der Muskeln im unteren Beckenbereich.

In dieser körperlichsten Phase des Liebeswerbens gibt es

gewaltige Missverständnisse, was die Körpersprache von Männern und Frauen betrifft. Wie sagt die Gynäkologin Elizabeth Stewart noch so schön? Leider »reicht es den meisten Frauen nicht, einen Penis in der Vagina zu haben, um einen Orgasmus zu bekommen« (Stewart, 2002). Das *Kinsey Institute* fand heraus, dass bis zu 70 Prozent der Frauen allein durch den Geschlechtsverkehr nicht zum Orgasmus gelangen. Ein Mann dagegen kommt leicht zum Höhepunkt, da die Fortpflanzung von seinem Orgasmus abhängig ist, der dafür sorgt, dass seine Spermien zu ihrem bereits wartenden Ei wandern können.

Tipps fürs Vorspiel

Die Körpersprache des Vorspiels ist überall auf der Welt erstaunlich gleich: Streicheln, Liebkosungen mit den Fingerspitzen, Küssen, Berührungen mit der Zunge und zärtliches »Liebesgeflüster«. Weltweit sprechen Paare während des Vorspiels mit besonders sanfter Stimme, um den *Kochlearnerv* im Innenohr zu reizen, der sich bei den frühen Wirbeltieren aus dem Tastsinn entwickelt hat. Dieses Liebesgeflüster kann genauso erregend wirken wie Berührungen des Körpers.

Eine Frau reagiert unter Umständen leidenschaftlicher auf die Berührungen und das Liebesgeflüster während des Vorspiels als auf die Bewegungen des Mannes während des Koitus. Sie kann allein dadurch, dass er sie liebkost, einen oder mehrere Orgasmen bekommen. Doch leider nehmen sich viele Männer nicht so viel Zeit für Liebkosungen. Sie sind ge-

Phase fünf: Sex

netisch darauf programmiert, das Vorspiel so bald wie möglich hinter sich zu lassen. Ihr körperliches Lustempfinden, das sich fast ausschließlich auf den Penis beschränkt, lässt sie nach dem Koitus streben. Für eine bessere Kommunikation in Phase fünf sollte der Mann zuerst ihre Signale abwarten. Durch eine bestimmte Bewegung oder eine einladende Änderung ihrer Position zeigt ihm die Frau, wann sie soweit ist.

Beim Vorspiel ist die Brust bei beiden Geschlechtern sehr empfänglich für Berührungen. Dort verlaufen die hochsensiblen *Interkostalnerven*. Vor allem die Brustwarzen, die voller freier Nervenenden und Tastrezeptoren namens *Meissnerkörperchen* und *Merkelscheiben* sind, reagieren hochempfindlich auf die kleinste Berührung. Auch Klitoris, Penis, Stirn, Fußsohlen, Handflächen und Fingerkuppen enthalten eine dichte Konzentration dieser hochspezialisierten Nervenenden und sind deshalb für das Vorspiel sehr geeignet.

Bei der Brust als erogene Zone gibt es große Unterschiede: Manche Frauen erregt es überhaupt nicht, wenn ihre Brüste berührt werden, während andere bereits zum Orgasmus kommen, wenn man ihre Brustwarze oder den dazugehörigen Hof sanft stimuliert. Viele Frauen und Männer empfinden die Brustwarze als erotischsten Teil der Brust. Studien belegen, dass größere Brüste weniger empfindlich auf Berührungen reagieren als kleinere (Berman und Berman, 2001). Bei beiden Geschlechtern kann ein Liebkosen von Schläfen, Stirn oder Wangen zum sichtbaren Versteifen der Brustwarzen führen. Eine erigierte Brustwarze beweist, dass Sie die richtigen Signale ausgesendet haben.

Eine vernachlässigte erogene Zone ist das *Perineum* oder der Damm – jener unbehaarte Bereich zwischen Geschlechtsorganen und Anus. Bei Primaten ist dieses Hautareal sehr sensibel, weshalb es von vielen Männern und Frauen als Lustquelle empfunden wird (Berman und Berman, 2001). Da eine Frau in Phase fünf unbeständiger ist als ein Mann, sollten Sie als Mann auf Signale achten, die zeigen, wie sie sich fühlt. Das kann eine entspannte Muskulatur sein, was positiv zu werten ist, oder ein negatives Zurückzucken. Solche Signale zeigen Ihnen, wie weit Sie gehen dürfen oder auch nicht.

Weitere erogene Zonen sind die Oberschenkelinnen- und -außenseiten sowie die Pobacken. Werden sie berührt, reizt das den Pudendalnerv, der Penis und Klitoris direkt aktiviert. Gleichzeitig mit dem Pudendalnerv können auch Ausläufer des *Nervus posterior femoralis cutaneus* stimuliert werden, um den Geschlechtsverkehr vorzubereiten. Sie sind auf den Schenkelinnen- und Schenkelrückseiten, sowie am Po reichlich vorhanden.

Sanfte Berührungen dieser Stellen werden über eine entwicklungsgeschichtlich uralte Nervenbahn, die *Vorderstrangbahn des Rückenmarks,* in die Lustzentren weitergeleitet. Empfängt der Körper Ihres Partners die richtigen Signale wie einen Kuss, eine Liebkosung oder eine leichte Massage, wird er in einen Zustand der parasympathetischen Entspannung versetzt. Dieser ist notwendig, damit das erogene Gewebe befeuchtet und vergrößert wird. Langsame, kreisende Bewegungen von Handflächen und Fingerspitzen über Schultern, Rücken und Hüften können entspannend und gleichzeitig erregend wirken. Eine solche parasympathetische Reaktion überwindet die »Kampf-oder-Flucht«-Symptome, die wir vorher gespürt haben, als wir uns noch nicht so gut kannten. Kalte Hände werden wärmer und die Magen-Darm-Muskulatur entspannt sich. Wir fühlen uns rundum wohl.

Im Vergleich zur Frau ist die sexuelle Anatomie des Mannes wesentlich schlichter, gleichförmiger und direkter: Bei ihm dreht sich alles um den Penis. Trotz der exotischen Ratschläge in Frauenzeitschriften, wie man ihn am besten »antörnt«, ist sein Geschlechtsorgan nicht sehr geheimnisvoll, da es sich leicht stimulieren und befriedigen lässt. Und wenn das Glied auf 12 bis 13 Zentimeter anschwillt, lässt es sich auch nur noch schwer übersehen.

Im Gegensatz dazu ist die sexuelle Anatomie der Frau zu einem Großteil versteckt. Sie ist diskret auf mehrere Zonen aufgeteilt und befindet sich zur Hälfte in ihrem Körperinneren. Die weibliche sexuelle Anatomie funktioniert nicht auf Knopfdruck, ist komplizierter und bei weitem geheimnisvoller. Ohne mit ihr vertraut zu sein, kann ein Mann da allerhand falsch machen.

Bei Missverständnissen, falsch interpretierten Signalen und vorgetäuschten Orgasmen wird das Liebeswerben nicht von Erfolg gekrönt. Sollte der Mann nicht richtig mit dem Körper der Frau kommunizieren, kann ihm die Frau mit Worten erklären, was sie gerne möchte oder seine Hand führen. Die Langlebigkeit einer Beziehung beruht auf verbaler und nonverbaler Ehrlichkeit.

In seinem Buch *Emotionale Intelligenz* stellt Daniel Goleman die Hypothese auf, dass körperliche Nähe, gegenseitiges Begehren, gleich gerichtete Ziele und synchrone Körperbewegungen während des Geschlechtsverkehrs bei Paaren zu derselben tiefen Bindung führen, wie sie zwischen einer Mutter und ihrem Baby herrscht.

Der Liebesschwur

Nach dem Geschlechtsverkehr schwören sich viele Paare mündlich ewige Liebe. Auch mit Hilfe der Körpersprache geben und empfangen Liebende in dieser Phase mehr Bindungssignale als in jeder davor. Es gehen so viele Botschaften hin und her, dass sich beide einander näher fühlen, als sie das je für möglich gehalten hätten. Dabei spielt der chemische Botenstoff Oxytocin eine große Rolle.

Dank der Ausschüttung von Oxytocin bemühen sich Paare, einander treu zu bleiben, und fühlen sich betrogen, wenn einer der Partner untreu wird. Nonverbale Signale verstärken die Ausschließlichkeit der neu eingegangenen Bindung. Der Ganzkörperkontakt mit der dazugehörigen Wärme bleibt uns noch lange nach dem Sex im Gedächtnis. Die moschusartigen Ausdünstungen der Haut werden in den Gefühlszentren des Säugetiergehirns gespeichert. Und auch die Körperhaltung, bei der sich Gesicht, Augen und Brust genau gegenüberliegen, trägt dazu bei, die Paare auch auf einer seelischen Ebene zu vereinen.

Nach dem Vorspiel und dem eigentlichen Geschlechtsverkehr findet in Phase fünf noch eine weitere sexuelle Kommunikation statt. Biologen nennen das *postkopulatorisches Verhalten*. Viele Tiere gehen nach der Paarung wieder auseinander, doch manche intensivieren die Paarbindung durch zusätzliche Signale. Zebras z. B. pflegen sich nach der Paarung gegenseitig das Fell. Antilopen lecken ihre Partner, damit Oxytocin ausgeschüttet wird. Männliche Säbelschnäbler, eine langbeinige Küstenvogelart, strecken einen Flügel über den Rücken des Weibchens, während sie mit ineinander verschränkten Schnäbeln geradeaus laufen.

Auch wir tauschen solche »Danach«-Signale aus. Obwohl es lange Zeit gar nicht richtig wahrgenommen wurde, kann das postkopulatorische Verhalten für den Menschen wichtiger sein als das während des Geschlechtsakts selbst. Um das postkopulatorische Verhalten zu untersuchen, werteten wir Tagebucheinträge aus dem Internet aus. Eine Online-Recherche nach dem Satz »nachdem wir Sex hatten« ergab, dass es danach entweder zu einem Verhalten kommt, das signalisierte »Bleib bei mir« oder »Lass mich allein«.

Nach dem Sex

Bleib bei mir.
»*Nachdem wir zum ersten Mal Sex hatten,* hielten wir uns in den Armen und weinten.« – »*Nachdem wir Sex hatten,* lagen wir nebeneinander, sodass sich unsere Körper berührten, hielten Händchen, nippten an unseren Weingläsern und schliefen dann ein.« – »Ungefähr eine halbe Stunde, *nachdem wir Sex hatten,* kam ein kühler Wind auf, und er nahm mich ganz fest in die Arme.« Es sind die Ganzkörperbotschaften nach dem Sex, die den Unterschied zwischen bloßem Sex

und Liebe ausmachen. »*Nachdem wir Sex hatten*«, sagte er, »passten wir perfekt zusammen.« – »*Nachdem wir Sex hatten*, bewunderte mein neuer Freund meine Beine.« – »Bevor wir heirateten, zog sie jedes Mal meine gelben Turnschuhe an, *nachdem wir Sex hatten*.« – »*Nachdem wir Sex hatten* fragte ich sie, ob ich ihre Haare bürsten darf.« – »Der Kuss auf meine Stirn, *nachdem wir Sex hatten*, war das Süßeste, was du tun konntest.« – »*Nachdem wir Sex hatten*, gingen wir immer barfuß nach draußen und setzten uns auf die Stufen der Hintertreppe.« – »Das erste Mal, *nachdem wir Sex hatten*, kuschelte er sich von hinten an mich, sodass wir wie Löffelchen lagen.« – »Zu diesem perfekten Kuss kam es, *nachdem wir Sex hatten* und du meine Hand ganz fest in die deine nahmst.«

Lass mich allein.
Die Kabarettistin Joan Rivers scherzte einmal, ihr Mann habe einmal nach dem Sex einen weißen Kreideumriss um ihren Körper gezogen.« – »*Nachdem wir Sex hatten*, hast du dich umgedreht und bloß an dich gedacht.« – »Du hättest mich nie so wegschubsen dürfen, *nachdem wir Sex hatten*.« – »*Nachdem wir Sex hatten*, bat sie mich das Schlafzimmer zu verlassen.« – »*Nachdem wir Sex hatten* und noch im Bett lagen, streichelte er das beige Karibufell über seinem Bett.« – »*Nachdem wir Sex hatten*, wurde ihr schlecht.« – »*Nachdem wir Sex hatten*, verließ sie unser gemeinsames Bett.« – »*Nachdem wir am Nachmittag Sex gehabt hatten*, war er irgendwie unruhig.« – »*Nachdem wir Sex hatten*, beichtete sie mir, dass sie nach New York ziehen würde.« – ›Ich bin verheiratet‹, sagte ich ihr, *nachdem wir Sex gehabt hatten*.« – »*Nachdem*

wir Sex hatten, sagte er, er glaube nicht, dass unsere Beziehung einen Sinn hätte.« – »*Nachdem wir Sex hatten,* sagte er: ›Ich muss morgen früh raus‹, und ging.« – »Er hasste es, als ich *nach dem Sex* sofort unter die Dusche ging, um mir seinen Geruch abzuwaschen. Du hättest mit mir reden sollen, *nachdem wir Sex hatten.*«

Was mit dem Aufmerksamkeitssignal »Ich bin hier« beginnt, endet mit dem Gefühl »Wir sind eins.« Wo es vorher nur ein Individuum gab, haben jetzt zwei zusammengefunden. Das ist noch nicht das Ende des Liebeswerbens, sondern erst der Beginn eines Prozesses, der das Paar gefühlsmäßig zusammenhalten und für körperliche Nähe sorgen soll. In Kapitel zwölf werden wir noch näher auf die nonverbale Kommunikation in langjährigen Liebesbeziehungen eingehen. Doch vorher wollen wir uns noch mit Ihrem attraktivsten Körperteil überhaupt beschäftigen – Ihrem Gesicht.

7. Ein Gesicht spricht Bände

»*Das Gesicht ist ein Abbild der Seele*«
(Cicero)

Ihr attraktivster Körperteil ist Ihr Gesicht. Um einen Partner auf Sie aufmerksam zu machen, rücken Sie Ihre Gesichtsmerkmale, Ihre Haut und Ihre Zähne ins rechte Licht, um besonders anziehend zu wirken. Kinn, Lippen, Wangen, Wangenknochen, Nase, Brauenbögen, Augen- und Schläfenhöhlen treten sichtbar hervor oder zurück, und Sie betonen ihre Signalwirkung mit Hilfe von Mimik, Frisur und Make-up.

Um ihre Weiblichkeit zu betonen, verwendet die Frau Lippenstift und akzentuiert den sinnlichen Schwung ihrer Lippen. Der Mann dagegen betont seine Männlichkeit, indem er seine Koteletten rasiert, die sein Gesicht seitlich markanteckig umrahmen. Das Gesicht ist beim Liebeswerben so etwas wie Projektionsfläche und Anzeigetafel in einem.

Um bei anderen Interesse zu wecken, setzen Sie Ihr bestes Gesicht auf. Sie betonen seine Stärken und versuchen seine Schwächen zu kaschieren, da Sie sexuell attraktiv wirken wollen. So trägt zum Beispiel die weit verbreitete Angewohnheit von Frauen, Augen, Wangenknochen und Lippen mit Schminke zu betonen auch dazu bei, das Kinn kleiner erscheinen zu lassen. Überall auf der Welt gilt ein kleines Kinn als positives, weibliches Merkmal. Der Anthropologe Donald Symons glaubt, dass ein kleines, spitzes Kinn und eine zierliche untere Gesichtshälfte für einen höheren Östrogenspiel stehen. In jeder Gesellschaft bedeutet ein herzförmiges Gesicht genau das Gleiche, nämlich: »Ich bin weiblich.« (Symons, 1979).

Die weibliche Stirn ist sanfter, runder und vertikaler als die eines Mannes. Seine Stirn weist deutlichere Wülste über den Augen auf (insbesondere über der Nasenwurzel), ist nicht so rund und nach hinten abgeflachter als die der Frau. Die Lippen einer Frau sind kleiner, aber deutlich voller als die des Mannes, und ihr Unterkiefer ist im Verhältnis zur Kopflänge kleiner.

Um seine maskuline Präsenz zu betonen, kann sich ein Mann mit einem kleinen Kinn einen Bart stehen lassen. Durch den Bart wirkt sein Kiefer größer. Frauen hinterfragen das genauso wenig, wie die dünnen Brauenbögen ihrer Freundin: Was das Gesicht anbelangt, verlassen sich die Augen von Primaten auf das, was sie sehen. Für uns gilt dasselbe wie für das Orang-Utan-Männchen, dessen dicke Wülste an den Wangen keinem anderen Zweck dienen, als sein Gesicht zu vergrößern: Was zählt, ist einzig und allein der optische Eindruck. Männern mit einem großen Kinn steht beides: ein glatt rasiertes Kinn oder ein Bart.

Ein Gesicht spricht Bände

Punkt, Punkt, Komma, Strich ...
Aus emotionaler Sicht ist Ihr Gesicht der ausdrucksstärkste Teil Ihrer Anatomie. Es enthält 28 wichtige Merkmale, die beim Liebeswerben alle zum Kommunizieren eingesetzt werden:

1. Haut
2. Ohren
3. Ohrläppchen
4. Augenbrauen
5. Stirn
6. Schläfen
7. Augen
8. Oberlider
9. Unterlider
10. Wimpern
11. Nase
12. Nasenlöcher
13. Nasenflügel
14. Wangenknochen
15. Wangen
16. Oberlippenrinne
17. Unterlippe
18. Oberlippe
19. Hängebacken
20. Gesichtsbehaarung
21. Falten
22. Muttermale (»Schönheitsflecken«)
23. Schweißdrüsen
24. Talgdrüsen
25. Oberkiefer
26. Unterkiefer inklusive Kinn
27. Zähne

Trotz unserer Fähigkeit, uns tausende von Gesichtern zu merken und diese wiederzuerkennen, haben wir große Schwierigkeiten, sie mit Worten zu beschreiben. Formblätter für Personenbeschreibungen, wie sie beispielsweise von der Polizei verwendet werden, enthalten nur sehr allgemeine Formulierungen, wie:
- eine hohe, niedrige, breite oder schmale Stirn

- eine glatte, verknitterte oder faltige Haut
- eine lange, breite, platte Nase, Adler- oder Boxernase
- breite, schmale oder sich verbreiternde Nasenflügel
- eingefallene, pausbäckige, trockene, fettige oder faltige Wangen
- hervorstehende, hohe, niedrige, breite oder fleischige Wangenknochen
- hochgezogene, gerade oder herabhängende Mundwinkel
- dünne, normale oder volle Ober- bzw. Unterlippen (beide können unterschiedlich voll sein)
- ein rundes, ovales, spitzes, eckiges oder kleines Kinn
- ein Doppelkinn, ein hervorstehender Adamsapfel, Hängebacken

Die Mimik einer Person ist noch schwerer in Worte zu fassen. Man kann sagen, dass das menschliche Gesicht im Lauf der Evolution immer kindlicher, weniger Angst einflößend und freundlicher geworden ist. Der breitere Kiefer und der größere Zahnbogen unseres zwei Millionen Jahre alten Vorfahren *Homo habilis* gehörte zu einem Furcht einjagenden Gesicht mit großer Beißkraft. Heute treten die kleineren und schmäleren Merkmale unserer unteren Gesichtshälfte beinahe hinter der großen Stirn zurück, die uns ein eher kindliches Aussehen verleiht. In den Augen des Menschen steht eine hohe Stirn für Jugend und Unschuld.

Ein Gesicht spricht Bände

Beim Liebeswerben zählen nicht nur die Gesichtsmerkmale, sondern auch die dazugehörige Mimik. Ein Gesicht muss nicht schön sein, um anziehend zu wirken. Jedes Gesicht hat seine eigenen Besonderheiten, Proportionen und somit seinen ganz eigenen Reiz. Über hunderttausende von Jahren hat die menschliche Evolution während eines Prozesses, den die Biologen als *sexuelle Auslese* bezeichnen, gut aussehende weibliche und männliche Merkmale gefördert. Schließlich müssen unsere Vorfahren gut genug ausgesehen haben, um einen Partner zu finden. Im Gegensatz zu seinen tierischen Verwandten verlässt sich der Mensch beim Liebeswerben hauptsächlich auf die Merkmale und Signale eines Gesichts. Ein strahlendes Lächeln, ausdrucksvolle Augenbrauen und ein viel sagender Blick sind dabei unverzichtbar.

Klassische Hingucker
Studien über die Attraktivität von Gesichtern belegen, dass uns in erster Linie solche Gesichter im Gedächtnis bleiben, die entweder besonders hässlich oder besonders schön sind. Um gut auszusehen, betonen internationale Filmstars ihre Wangenknochen. Sie haben eher weit auseinander stehende Augen, volle Lippen und einen perfekten Teint. Denken Sie nur einmal an die strahlenden Augen von Madonna oder an den jungenhaften Charme eines Tom Cruise.

Was klassische Gesichter so bemerkenswert macht, sind ganz bestimmte Merkmale, die wir als schön emp-

> finden. Das gilt beispielsweise für das Lächeln von Tom Cruise oder die römische Nase von Madonna. Im letzten Jahrhundert bewunderte man das Gesicht von Greta Garbo für seine perfekte Symmetrie. Oder die volle Unterlippe von James Dean, die seinem Gesicht etwas rebellisch-androgynes verlieh. Und wenn Marilyn Monroe lächelte, sorgten ihre hängenden Augenlider für einen verführerischen Schlafzimmerblick. Elvis Presley dagegen verlieh seine asymmetrisch verzogene Oberlippe das Flair eines verruchten Draufgängers. Und wenn Sophia Loren ihr Gesicht den Scheinwerfern präsentierte, warf ihre nicht gerade unauffällige Nase einen markanten Schatten auf ihre Wangenknochen. Noch heute sind die charakteristischen Merkmale dieser Berühmtheiten genauso unvergesslich wie ihr gutes Aussehen.

Was macht ein Gesicht attraktiv?

Obwohl das Gesicht weniger als fünf Prozent unserer gesamten Körperoberfläche ausmacht, prägt es unsere gesamte Persönlichkeit. Seit Mitte der 1960er-Jahre gibt es wissenschaftliche Studien über körperliche Attraktivität, die belegen, dass unser Gesicht der anziehendste Körperteil ist (Patzer, 1985). Mit seinen zahlreichen Merkmalen übermittelt kein anderer Teil unserer Anatomie so viele attraktive Signale wie unser Gesicht. Hinzu kommt, dass kein anderer Körperteil über so viele Sinnesorgane wie Augen, Nase, Lippen, Zunge und

Was macht ein Gesicht attraktiv?

Haut verfügt, die ankommende Signale empfangen können. Anders als bei den meisten Tierarten konzentriert sich das menschliche Liebeswerben stark aufs Gesicht.

Anthropologen haben herausgefunden, dass das Idealgesicht in jeder Kultur über die schmale Kieferlinie eines jungen, etwa 16- bis 20-jährigen Erwachsenen verfügt. Die Haut ist weich, prall, faltenlos und ohne Makel. Die Zähne sind regelmäßig und ragen weder nach außen noch nach innen. Die Kiefer stehen so, dass es keinen Unter- oder Überbiss gibt. Das Kinn ist weder zu kurz noch zu lang. Die Nase sollte die anderen Gesichtsmerkmale nicht dominieren. Überall auf der Welt sind attraktive Gesichter symmetrisch und ausgewogen, sodass die linke Gesichtshälfte die rechte widerspiegelt.

Bei Männern aktiviert weibliche Schönheit dieselben Lustzentren im Gehirn, die auch beim Genuss von Schokolade, Rotwein und Kokain aktiviert werden.

Die Forschung hat gezeigt, dass die Attraktivität eines Gesichts im Alter zwischen 25 und 35 deutlich abnimmt (Korthase und Trenholme, 1982). In den 1930er-Jahren konnten Biologen bestimmte Merkmale eines unbewegten Gesichts isolieren, die von Menschen überall auf der Welt bevorzugt werden. Jugendliche Merkmale und Proportionen wie weit auseinander stehende Augen, volle Lippen und eine glatte, makellose Haut gelten bei Männern und Frauen weltweit als attraktiv. In allen Kulturen werden hohe Wangenknochen, große Augen und ein kurzer Abstand zwischen Mund und Kinn bevorzugt, und das bei Männern und Frauen (Perett, Max und Yoshikawa, 1994).

Ein Gesicht spricht Bände

Das absolute Schönheitsideal entspricht dem so genannten *Kindchenschema*. Im Jahr 1939 wurde dieses Ideal von dem Biologen Konrad Lorenz bei Säugetieren, zu denen auch der *Homo sapiens* gehört, festgestellt. Lorenz entdeckte, dass wir uns von den Merkmalen eines Babygesichts automatisch angezogen fühlen. Die gewölbte Stirn, die großen Augen, die winzige Nase, die makellose Haut und der kleiner Kiefer lösen eine Art Kümmerinstinkt in uns aus. Doch wenn wir älter werden, nimmt das Gesicht immer erwachsenere Merkmale an: Die Wangenknochen werden breiter, die Wülste über den Augenbrauen sowie die Kiefer ebenfalls. Doch das Gesicht eines Kindes verliert für uns nichts von seinem Reiz.

Genau diese jugendlichen Merkmale wollen sich Frauen und eine wachsende Anzahl von Männern mit Hilfe von Make-up, Gesichtscremes, plastischer Chirurgie und Botox bewahren. Falten oder Hautunreinheiten, die dem Kindchenschema zuwiderlaufen, werden kaschiert, versteckt und, wenn möglich, sogar entfernt. Nasen können mit Hilfe von Make-up optisch verkleinert, Augen durch Eyeliner vergrößert und Lippen mit einem Perlmuttlippenstift voller gemacht werden, um näher an das Idealbild heranzukommen.

Frauen finden vor allem die Augen eines Mannes attraktiv. Sie lösen bei ihnen denselben Kümmerinstinkt aus wie der unschuldige Blick eines Babys. Da Frauen stark auf Augen reagieren, sollte ein Mann regelmäßig seine Brauen trimmen, damit sie seinen Augen nicht die Schau stehlen. Männer über 35 können sich diesbezüglich ein Beispiel an Fernsehnachrichtensprechern nehmen. Im Fernsehstudio kaschiert ein Hauch von Make-up Fältchen und Augenringe, um ein erschöpftes, übermüdetes oder trauriges Aussehen zu verhindern. Ein winziger Hauch von Make-up genügt, um Fältchen zu verbergen, ohne dass man den Trick bemerkt. Noch einmal: Die Augen von Primaten verlassen sich auf das, was sie sehen.

Die Forschung zeigt, dass durchschnittliche Gesichter, mit denen man nie Filmstar oder Model werden könnte, trotzdem als sehr attraktiv gelten. In einer klassischen Studie veränderten die Psychologinnen Judith Langlois und Lori Roggman von der University of Texas die Gesichter von Männern und Frauen digital am Computer, um ein weibliches bzw. männliches Durchschnittsgesicht zu kreieren. Testpersonen empfanden die bearbeiteten Gesichter attraktiver als die echten Fotos, die den Montagen zugrunde lagen (Langlois und Roggman, 1990).

Selbst schlichte Gesichter ohne betonte Kiefer, Wangenknochen, Wimpern und andere klassische Schönheitsmerkmale kommen beim Liebeswerben gut an. Aufgrund des Zaubers von Lorenz' Kindchenschema besitzen selbst Durchschnittsgesichter eine mehr als nur durchschnittliche Attraktivität.

Stimmen Mimik und Gesicht überein?

Ein Gesicht wird noch attraktiver, sobald es sich bewegt. Mimik wird nämlich genauso positiv bewertet wie die Gesichtsmerkmale selbst. Expressive Bewegungen von Lippen, Lidern und Brauen erwecken nichts sagende Gesichter ebenso zum Leben wie hübsche. Forschungen auf dem Gebiet der Sozialpsychologie zeigen, dass Männer ausdrucksstarke Gesichter sogar attraktiver finden als schöne.

Sie können den Kopf nach rechts oder links neigen, um Mitgefühl zu zeigen, den Pony aus dem Gesicht schütteln, um die Aufmerksamkeit auf Ihre Augen zu lenken, die Brauen hochziehen, um Verständnis zu signalisieren, und lächeln, um noch strahlender zu wirken. Eine lebhafte Mimik drückt Ansprechbarkeit und Unmittelbarkeit aus und ist einfach einprägsamer. Da wir Primaten mit hochentwickelten Schläfenlappenmodulen für die Gesichtserkennung sind, ziehen das Gesicht und seine Merkmale so viel Aufmerksamkeit auf sich wie kein anderes Körperteil.

Den Lippen schenken wir besonders viel Aufmerksamkeit. Bildgebende PET-Scan-Studien des Gehirns zeigen, dass wir dem Sprecher beim Zuhören immer auch unbewusst von den Lippen lesen, um die gesprochenen Worte besser zu begreifen. Allein die Lippenbewegungen ohne den Ton aktivieren das *Wernicke-Areal,* das wichtigste Sprachverständniszentrum im Gehirn. Da wir die Lippen genau beobachten, sollten sie während des Liebeswerbens gut gepflegt sein. Die schönsten Augen können nicht über lippenstiftverschmierte oder aufgesprungene Lippen hinwegtäuschen.

Medizinische EMG (elektromyographische)-Studien belegen eine deutlich höhere Muskelaktivität in den Gesichtern von Frauen als in den von Männern. Das zeigt sich beispielsweise bei ihren Augenbrauen, die emotionaler und leichter lesbar sind als seine. Eine winzige Brauenbewegung nach unten, die nur eine achtel bis zu einer fünfzehntel Sekunde dauert, kann eine Missstimmung, Trauer oder Zweifel signalisieren. Die Runzelmuskeln, die die Brauen zusammen- und über der Nasenwurzel herunterziehen, zeigen bei Frauen eine deutlich höhere EMG-Reaktion (Manstead, 1998).

Männer dagegen weisen ein höheres EMG-Niveau in den Kaumuskeln auf. Das sind die Muskeln, die die Kiefer beim Beißen schließen und die bei Ärger unbewusst angespannt werden. Eine kurzfristige Anspannung der Kaumuskeln, die sich in Knötchen in den Wangen unterhalb der Koteletten zeigt, kann Missbilligung, Unwillen oder Antipathie signalisieren. Studien haben gezeigt, dass Männer ihren Ärger in einer Unterhaltung eher zeigen als Frauen.

Das Kinn spricht bei beiden Geschlechtern Bände. EMG-Auswertungen zeigen ein hohes Aktivitätsniveau im Kinnmuskel. Wenn sich dieser Muskel zusammenzieht, erscheinen kleine, kraterartige Vertiefungen in der Haut. Gefühle, die sich sonst nirgendwo im Körper niederschlagen, treten am Kinn sichtbar zutage.

Aus unbekannten Gründen reagiert das Kinn während des Liebeswerbens äußerst emotional. Ein zitterndes Kinn ist das erste Anzeichen dafür, dass sich ein Partner betrogen, verletzt oder traurig fühlt bzw. gleich anfängt zu weinen.

Über dem Kinn ist aber auch eines der mächtigsten Liebessignale überhaupt zu sehen: das Lächeln. Bei einem echten *zygomatischen* Lächeln zeigen die Mundwinkel nach oben, und in den Augenwinkeln bilden sich Lachfältchen. Obwohl wir gelernt haben, ein *höfliches Lächeln* zu zeigen, tun wir uns schwer, auf Kommando ein echt empfundenes Lachen zu imitieren. Das höfliche Lächeln lässt sich mit Hilfe bewusster Areale der Hirnrinde mühelos aufs Gesicht zaubern. Da es sich so leicht imitieren lässt, kann man sich auf ein solches Signal nicht verlassen. Das echte Lächeln wird vom *Gyrus cinguli* vermittelt, einem Teil des Gehirns, der nur sehr geringfügig der bewussten Kontrolle unterliegt. Er sorgt für ein ehrliches Lächeln, das unsere wahren Gefühle widerspiegelt (Damasio, 1995).

Um Erfolg beim Liebeswerben zu haben, sollten Sie lernen, ein echtes Lächeln von seinem manipulativen höflichen Lächeln zu unterscheiden. Wer das höfliche Lächeln als Zeichen von Zuneigung missinterpretiert, kann schwer enttäuscht werden, wenn der Partner, der einen beim Abendessen doch die ganze Zeit so nett angelächelt hat, die Einladung zu einer Verabredung ausschlägt.

Beim echten Lächeln zeigen die Mundwinkel aufgrund des zusammengezogenen kleinen Jochbeinmuskels nach oben. Viel sagende Lachfältchen erscheinen, sobald sich der kleine Jochbeinmuskel gemeinsam mit den Muskeln um die Lidspalte zusammenzieht. Beim absichtlichen, manchmal auch »falschen« Lächeln zeigen die Mundwinkel eher zur Seite, wofür die weniger emotionalen Lachmuskeln verantwortlich sind. Wenn die Mundwinkel weder nach oben zeigen, noch Lachfältchen erkennbar sind, ist Ihr Partner (noch) nicht bereit, zum Abendessen oder ins Kino eingeladen zu werden.

Flirtfaktor Augenbrauen

Spezielle Rezeptoren im Primatengehirn schärfen den menschlichen Blick für Grenzen, Rahmen und sich überschneidende Linien. Da die Brauen die Stirn in einer waagrechten Linie deutlich markieren, spielen sie beim Liebeswerben eine ganz besondere Rolle. Denken Sie nur an den Augengruß, ein überall auf der Welt als freundlich empfundenes Signal, bei dem die Brauen zum wortlosen Gruß hochgezogen werden. Biologen haben herausgefunden, dass der Augengruß auch ein weltweit verbreitetes Flirtsignal ist, das bedeutet: »Du gefällst mir.« Um einen gut aussehenden Partner zu begrüßen, ziehen wir unbewusst den *Hinterhauptmuskel* zusammen, um beide Brauen zu heben. Dieser Muskel ist unglaublich emotional, da er von speziellen Viszeralnerven kontrolliert wird.

Aus einer Studie mit 255 gehobenen Brauen in drei Kulturen haben Verhaltensbiologen herausgefunden, dass die Brauen meist beim »Ja«-Sagen gehoben werden (Grammer et al., 1988). In Verbindung mit einem Lächeln senden hochgezogene Brauen beim Flirten eine positive Botschaft, die Bestätigung, Interesse, Mitgefühl und Verständnis vermittelt. Außerdem lassen sie jedes Lächeln noch strahlender erscheinen. Frauen ziehen die Augenbrauen nach und zupfen sie in Form, damit sie wie hochgezogen wirken, die Brauenlinie nach oben verlagern und somit den Eindruck eines freundlicheren Gesichts erzeugen.

Die richtige Brille für Ihr Gesicht

Nicht nur die Brauen, sondern auch Brillen stechen beim Liebeswerben ins Auge. Da eine Brille so auffällig ist, sollten Sie Ihr Gestell sehr sorgfältig aussuchen. Obwohl Studien herausgefunden haben, dass sich eine Brille eher nachteilig auf die Attraktivität eines Gesichts auswirkt (Patzer, 1985), kann ein geschickt gewähltes Design die positiven Merkmale Ihres Gesichts betonen.

Für die auf Linien höchst empfindlich reagierenden Primatenaugen ist eine Brille genauso auffällig wie die Augen, die sie umrahmt. Die Fassung intensiviert den Blick und verleiht den Augen etwas Durchdringendes.

Wenn Sie ein rundes Gesicht haben, sollten Sie es mit einem eher geometrischen Brillengestell ausbalancieren. Eine Fassung mit runden Gläsern würde dieses Gesichtsmerkmal weiter verstärken, was unvorteilhaft wäre. Umgekehrt stehen Menschen mit eckigem Gesicht runde Fassungen besser, die das Kantige abschwächen.

Verfeinern Sie ein eher grobes Gesicht, indem Sie ein Gestell wählen, dass deutlich breiter ist als Ihre Schläfen. Und verbreitern Sie ein schmales oder rechteckiges Gesicht, indem Sie ein Gestell wählen, das nicht über ihre Schläfen herausreicht. Lassen Sie eine hohe Stirn optisch kleiner wirken, indem Sie sich für dreieckige Gläser entscheiden, deren Spitze nach oben weist. Augen mit hängenden Lidern profitieren von einem Modell, dessen Gläser sich nach oben und zur Seite wölben. Mit solchen Tricks kann man ein »reales« Bild kreieren, das die Sehzentren unseres Gehirns überlistet.

Eine Brille sollte die emotionalen Botschaften, die Augen, Wimpern und Brauen aussenden, nie erschlagen. Achten Sie darauf, dass der obere Brillenrand mit Ihren Brauen abschließt, damit Signale für Glück, Wiedererkennen und Mitgefühl nicht überdeckt werden, wenn Sie die Brauen hochziehen. Außerdem sollte die Brille die Wangenknochen nicht verdecken, da sie überall auf der Welt als besonders attraktiv empfunden werden. Entscheiden Sie sich für ein Gestell, das nicht zu schwer auf den Wangen ruht und sie müde wirken lässt. Die richtige Brille kann Ihr Gesicht harmonisch ausgleichen.

Der Schönheitsfleck

Vieles spricht dafür, dass ein symmetrisches Gesicht grundsätzlich attraktiv gefunden wird. Doch das bedeutet nicht, dass eine vollkommene Symmetrie ideal wäre. Asymmetrien im Gesicht können positiv auffallen und seine Schönheit unterstreichen.

Ein gutes Beispiel dafür ist das Supermodel Cindy Crawford. Ihr Gesicht hat mehr Titelseiten geschmückt als jedes andere. Crawfords Gesicht ist nicht streng symmetrisch, denn ihr linkes Auge ist ein wenig weiter geöffnet und ihre linke Augenbraue verläuft etwas höher als die rechte. Das Asymmetrischste daran ist jedoch ihr kleines Muttermal über dem linken Mundwinkel.

Sie wundern sich vielleicht, warum so eine kleine Unvollkommenheit so attraktiv wirkt. Bei Cindy Crawford liegt das daran, dass ihr Schönheitsfleck die Aufmerksamkeit erst recht auf ihr ansonsten völlig harmonisches Gesicht lenkt. Auf einer psychologischen Ebene beweist das, dass selbst sie nicht perfekt ist. Das macht sie menschlicher und damit sympathischer. Der kleine Makel gibt uns unterschwellig die Erlaubnis, näher zu kommen.

In der westlichen Welt gelten Muttermale als »Schönheitsflecken«. Einst war es in Europa sogar Mode, dass sich die Frauen ein kleines schwarzes Pflaster auf der Wange klebten. Auch in der Filmgeschichte haben Muttermale zahlreiche Hauptrollen gespielt: Die Schönheitsflecken von Hollywoodstars wie Marilyn Monroe, Elizabeth Taylor und Liza Minelli lenken den Blick geradezu magisch auf das Gesicht, während sie selbst übersehen werden. Heute unterziehen sich manche Frauen einer so genannten *Dermapigmentation* und lassen sich künstliche Muttermale auf die Wange tätowieren, um aufzufallen. Dieses Signal sendet die Botschaft: »Schau mich an!«, und führt dazu, dass sich die Männer noch schwerer tun, ihren Blick wieder abzuwenden.

Wenn Blicke sich begegnen ...

Obwohl es schon mehr als fünfhundert Millionen Jahre alt ist, steht unser horizontal angeordnetes Augenpaar noch heute im Mittelpunkt der Aufmerksamkeit. Die Augen betonen die horizontalen Merkmale des menschlichen Gesichts, und setzen der Vertikalität der hervorstehenden Nase etwas entgegen. Wenn wir jemandem begegnen, sehen wir ihm fast immer zuerst in die Augen.

Der Sozialpsychologe Arthur Aron hat gezeigt, welch wichtige Rolle Blickkontakte in Beziehungen spielen. Nach einer 90-minütigen Unterhaltung, in der sich völlig Fremde über sehr persönliche Dinge und Gefühle austauschten, bat man die Teilnehmer, sich schweigend vier Minuten lang tief in die

Augen zu sehen. Viele gaben an, währenddessen eine starke Anziehungskraft gespürt zu haben – manche Testpaare heirateten am Ende sogar! Was Aron mit seinem Experiment untersuchte, geschieht in der Konversationsphase des Liebeswerbens ganz automatisch. Mit dem Unterschied, dass wir Stunden dafür benötigen, um das hervorzurufen, was seinen Testpersonen in nur vier Minuten gelang: ein Gefühl von Verliebtheit.

In seiner entspannten Ruheposition berührt das Unterlid des geöffneten Auges den unteren Rand der Iris nur ganz leicht. Das Oberlid dagegen bedeckt fast ihre ganze obere Hälfte. Ist Ihr Partner aufgrund Ihrer Gegenwart erregt, weiten sich seine Augen, sodass mehr von der Iris zu sehen ist. Fühlt er sich sehr stark von Ihnen angezogen, kann es auch vorkommen, dass sich seine Oberlider leicht senken. Hängende Lider erzeugen den so genannten *Schlafzimmerblick* und signalisieren, dass die Verarbeitungsphase begonnen hat und das Viszeralhirn auf Empfang umgestellt hat.

Den intensivsten Augenkontakt nennt man auch »Liebe auf den ersten Blick«. Was die Franzosen »Blitzschlag« *(le coup de foudre)* und die Spanier »Pfeil« *(el flechazo)* nennen, stellt eine genauso starke visuelle Verbindung her wie der intensive Blick zwischen Mutter und Kind. Im Alter von sechs Wochen lächeln Babys schwarze, geometrische Punkte an, weil sie sie als »Augen« wahrnehmen.

Wenn sich die Blicke zweier Erwachsener begegnen, prallen sie normalerweise voneinander ab wie zwei zusammenstoßende Billardkugeln. Doch bei der Liebe auf den ersten Blick fällt dieser Augenkontakt länger aus. Lange, tiefe Blicke werden immer dann getauscht, wenn zwei Menschen ineinander verliebt sind. Dauert ein Blick also länger als die üblichen ein, zwei Sekunden, kann in der Tat »der Blitz einschlagen«.

Es gibt keine kontrollierten Studien über Liebe auf den ersten Blick. Trotzdem haben viele Paare genau diese Erfahrung gemacht. Die verfügbaren Ergebnisse legen nahe, dass sich Männer schneller verlieben als Frauen (Canary und Emmers-Sommer, 1997). Bei Männern aktiviert der Blickkontakt mit einer hübschen Frau das *ventrale Striatum,* ein reptilisches Lustzentrum, das eventuell eine Rolle bei der Liebe auf den ersten Blick spielt.

Liebe auf den ersten Blick
Justin sah Caitlin vom Autofenster aus und fühlte sich auf Anhieb von ihr angezogen. Caitlin stand vor der Haustür und wartete schon auf ihn. Freunde hatten ein Blind Date arrangiert, einen Ausflug zum Jahrmarkt in Puyallup bei Seattle. Justin hatte noch nie Caitlins Stimme gehört, die Berührung ihrer Hand gespürt oder ihr Parfüm gerochen. Allein zu sehen, wie sie so dastand und ruhig seinen Blick erwiderte, hatte genügt, um bei ihm eine große Sehnsucht nach ihr auszulösen.

Er weiß noch genau, dass es sich dabei um kein sexuelles Gefühl unterhalb der Gürtellinie handelte, sondern um den übermächtigen Wunsch, ihr einfach nur nahe zu sein. »Ich fühlte mich, als wäre die Welt plötzlich stehen geblieben«, sagte er. »Ich wusste einfach, dass wir füreinander bestimmt waren.« Anfangs wussten die beiden nicht recht, worüber sie sich unterhalten sollten. Aber nachdem sie ein wenig über den Jahrmarkt gebummelt waren, unterhielten sie sich schon bald wie uralte Freunde. Sie ließ ihn von ihrem Hamburger abbeißen, und nach einem Liebeswerben über eine gehörige Entfernung hinweg (Justin lebte in San Diego) heirateten sie.

Auch Caitlin war von Justins Anblick auf Anhieb angetan gewesen. Bevor sie auch nur seine Schulter berührt oder ihn sprechen gehört hatte, gefiel ihr die Art, wie er ihren Blick erwiderte. Sie bemerkte die Lachfältchen in seinen Augenwinkeln. »Ich habe solche Augen schon immer gemocht«, sagt sie.

Liebe auf den ersten Blick ist nichts anderes als eine körperliche Reaktion, die bei Blickkontakt spezifische Veränderungen im Gehirn auslöst. Die körperliche Anziehung geht mit einer Art elterlicher Anziehung einher, die keinen sexuellen Ursprung hat, sondern in der Mutter-Kind-Bindung verwurzelt ist. Wir fühlen uns von der Person angezogen, die wir sehen, und spüren gleichzeitig eine emotionale Bindung zwischen ihr und uns. Laut der Anthropologin Helen Fisher von der Rutgers University, New Jersey, hat sich mit der Liebe auf den ersten Blick eine primitive und äußerst machtvolle Art der Liebe entwickelt, die noch heute in allen Kulturen der Welt vorkommt.

Welche Schaltkreise im Gehirn sind für das Sichverlieben zuständig? Der Neuropsychologe Semir Zeki vom

Ein Gesicht spricht Bände

London University College untersuchte mit Hilfe von bildgebenden Verfahren die Gehirne von Männern und Frauen, die frisch verliebt waren. Als den Testpersonen Fotos ihrer Geliebten gezeigt wurden, stellte Zeki eine erhöhte Aktivität im *anterioren Cingulus* des Vorderhirns fest, der an Glücksgefühlen und Euphorie beteiligt ist, in der ebenfalls an Gefühlen beteiligten mittleren *Insula* und in zwei Regionen der Basalganglien, dem *Putamen* und *Nucleus caudatus*.

Das sind die Hirnreale, die bei der Liebe auf den ersten Blick am wahrscheinlichsten betroffen sind. Dieser »Blitzschlag« ist so mächtig, dass er die Beteiligten völlig überwältigt und in Liebe zueinander entbrennen lässt, bevor sie überhaupt Gelegenheit dazu hatten, sich zuzuzwinkern, sich die Hand zu geben oder einfach nur Hallo zu sagen.

Geheime Frisurbotschaften

Der Mensch verbringt unglaublich viel Zeit mit dem Bemerken und Kommentieren von Frisuren. Zum Teil liegt das daran, dass wir Säugetiere sind, für die ein sorgfältig gepflegtes »Fell« einen hohen sozialen Status, gute Gesundheit und Sauberkeit bedeutet. Als biologisches Äquivalent von Schuppen, Federn und Fell hält unser Haar nicht nur den Kopf warm und trocken, sondern schützt den Schädel auch vor Hitze, Kälte und Sonne. Früher diente das Haar außerdem zur Tarnung und half unseren Vorfahren, optisch mit der Natur zu verschmelzen. Heute dagegen dient unsere Frisur eher dazu, dass wir mit unserer sozialen Umwelt verschmelzen.

Die Frisur umrahmt unser Gesicht. Stellen Sie sich ein Porträt vor, bei dem der obere Teil des Rahmens fehlt. So ein Bild wirkt unharmonisch, da die Sehzentren im Gehirn die Bildinhalte dann weniger als Einheit wahrnehmen, als wenn sie durch einen Rahmen zusammengehalten würden. Das erklärt auch, warum es viele Männer hassen, kahl zu werden – und zwar nicht nur, weil der Haarverlust ein Signal für das Älterwerden ist, sondern auch, weil ihre Gesichtsmerkmale dann ohne einen Rahmen bleiben. Ohne einen solchen Rahmen wirken die Augen nämlich im Verhältnis zur Stirn kleiner.

Seit den alten Ägyptern vor dreitausend Jahren benutzen die männlichen Exemplare unserer Spezies alle möglichen Salben und Wässerchen, um ihre Kahlköpfigkeit zu bekämpfen. Im Jahr 400 v. Chr. entwickelte Hippokrates ein Mittel aus Opium, Gewürzen, Meerrettich und Taubenkot, um dieses Problem zu bekämpfen – doch leider ohne Erfolg: Der Vater der Medizin blieb kahl. Beim Liebeswerben bekommt ein kahler Kopf jedoch etwas Kindliches, Unschuldiges, das einen Mann mit Glatze zugänglicher wirken lässt. Die nackte, glänzende, gewölbte Kopfhaut weckt bei Frauen den Wunsch, die Hand auszustrecken und die Spiegelglatze zu berühren.

Aus interkulturellen Studien wissen Anthropologen, dass kahl- oder kurzrasierte Männerköpfe Disziplin, Entsagung und Konformität signalisieren (Alford, 1996). Längere Haare stehen für Offenheit, Leidenschaft und eine gewisse Ungehemmtheit. Punkfrisuren dagegen, die an Dornen und Stacheln erinnern, wirken gewagt, ja geradezu gefährlich: »Fass mich nicht an!« Die Männerfrisur, die eine Frau bevorzugt, spiegelt ihre Persönlichkeit genauso wieder wie seine.

Die Frisur einer Frau ist ästhetisch ausdrucksvoller als die eines Mannes. Ein gut geschnittener Pony bedeckt die Stirn und lässt sie kleiner wirken, sodass die weiblichen Augen umso größer und deutlicher hervortreten. Zöpfe dagegen glänzen weich und laden zum Berühren ein. Lockiges Haar wirkt laut der New Yorker Haarspezialistin Lorraine Massey sinnlich und verspielt (Massey, 2001). Lockiges Haar sendet die provokante Botschaft aus: »Fass mich an!«

Junge Frauen mit einer glatten Stirn tragen ihr Haar oft straff zurückgebunden. Doch wenn sich mit dem Alter immer mehr Quer- und Steilfalten darauf abzeichnen, lassen sich viele Frauen einen Pony schneiden. Die meisten bevorzugen einen kurz gestuften Fransenpony oder bewusst lange Ponyfransen, wenn es darum geht, Brauen und Augen attraktiv zu umrahmen. Ein Pony rückt Lippen und Wangenknochen in den Mittelpunkt, verkleinert optisch die Nase und verdeckt Falten, die dem Kindchenschema zuwiderlaufen.

Frisuren spielen beim ersten Eindruck eine große Rolle. Ethnographische Untersuchungen zeigen, dass lange Haare bei Frauen ungezügelte Leidenschaft signalisieren (Alford, 1996). Eine Studie der Yale-Psychologin Marianne LaFrance besagt, dass kurzes, zerzaustes Haar bei Frauen für Selbstbewussstein und Extrovertiertheit steht, aber dafür weniger Sex-Appeal ausstrahlt. Mittellanges, natürlich fallendes Haar signalisiert Intelligenz und einen »guten Charakter«, während langes, glattes blondes Haar Sex und Wohlstand verheißt.

Geheime Frisurbotschaften

Bei Männern weist LaFrance zufolge mittellanges, seitlich gescheiteltes Haar auf den ersten Blick auf Intelligenz und Reichtum, aber auch auf eine gewisse »Engstirnigkeit« hin. Langes Männerhaar wird häufig mit einem hirnlosen Muskelprotz in Zusammenhang gebracht oder beschwört Lässigkeit und einen gutherzigen Charakter. Eine Männerkurzhaarfrisur, bei der der Pony frech nach oben gegelt wurde, steht für Selbstbewusstsein, Sex-Appeal und Ich-Bezogenheit. Eine zurückgekämmte Ponytolle beim Mann erinnert an das Federbüschel eines balzenden Vogelmännchens.

Die Frisur eines Mannes erregt beim Liebeswerben genauso viel Aufmerksamkeit wie Kamm oder Federbüschel eines balzenden Vogelmännchens.

Die volle bzw. kurz rasierte Haartracht unterstreicht den althergebrachten Gegensatz zwischen Männer- und Frauenhaar. Ein kurzer Militärhaarschnitt betont die männlichen Gesichtszüge, also die Knochenwülste über den Augen, die Nase und die größeren Kiefer. Langes, dickes Haar wiederum unterstreicht die femininen Augen und Lippen und lässt

Nase, Kiefer und Kinn eher in den Hintergrund treten. Mit Hilfe von Bärten suggerieren Männer noch mehr Männlichkeit, da sie die untere Gesichtshälfte breiter erscheinen lassen. Oder aber sie lassen sich einen Schnurrbart stehen, der nach unten zeigende Mundwinkel imitiert und auf diese Weise eine »kriegerische« Miene erzeugt, die nur durch ein Lächeln aufgehellt werden kann.

Ihr Gesicht ist Ihre Visitenkarte

Das Gesicht zieht mit Hilfe von Augen, Wangenknochen und den Merkmalen des Kindchenschemas alle Blicke auf sich. Beim Liebeswerben wirkt ein durchschnittliches Gesicht genauso attraktiv wie ein gut aussehendes – manchmal sogar noch attraktiver. Eine echte Model-Schönheit wirkt meist einschüchternd, sodass sich ihr viele gar nicht zu nähern wagen. Ironischerweise kann ein zu gut aussehendes Gesicht leicht unzugänglich wirken.

Ihr Gesicht ist Ihr attraktivstes Körpermerkmal. Obwohl es nur fünf Prozent der gesamten Körperfläche ausmacht, transportiert es 95 Prozent Ihrer Persönlichkeit. Der Charakter, den Ihr Gesicht widerspiegelt, ist das A und O des Liebeswerbens. Im nächsten Kapitel untersuchen wir das, was sich unter dem Gesicht befindet, nämlich den Körper. Während Ihr Gesicht verrät, wer sie sind, verrät Ihr Körper, was Sie tun.

8. Verführerische Körper

> »*Ich habe stets versucht,
> Gefühle durch das Spiel der Muskeln
> auszudrücken ...*«
> (Auguste Rodin)

Den menschlichen Körper gibt es in zwei Grundausstattungen: einer männlichen und einer weiblichen. Vor über einem Jahrhundert beschrieb Charles Darwin den weiblichen Körper als insgesamt »runder« als den des Mannes. Frauen haben eine dickere Isolationsschicht aus Fettgewebe unter der Haut, weshalb sie sich auch so angenehm weich anfühlen. Diese Fettschicht überlagert Muskelerhebungen, knochige Unebenheiten und Sehnen und schafft so ein feminines Erscheinungsbild, das von fließenderern Linien geprägt ist. Lokale Fettdepots an Oberarmen, Nacken, Schultern und über den Kapuzenmuskeln, sowie die Brüste, die Hüften über den Beckenknochen, der Venushügel im Schambereich und die gepolsterten Oberschenkelaußenseiten schaffen eine Figur, die Männer bewundern, seit unsere Spezies vor 200 000 Jahren entstanden ist.

Die Venus-Figur

Vor 2000 Jahren wurden die typischen Merkmale weiblicher Attraktivität im Abbild der Venus gefeiert, der römischen Göttin der Schönheit und Liebe. Noch heute verkörpern Statuen wie die inzwischen armlose *Venus von Milo* dieses Idealbild weiblicher Anmut. Die antiken Skulpturen haben weiche Körper, anmutige Hälse, runde Brüste, üppige Schultern, volle Hüften und schmale Taillen.

Wie Sie sicherlich bemerkt haben, ist die schmale Taille der Venus längst nicht so schlank wie die eines heutigen *Vogue*-Models. Und garantiert würde man mit der klassischen Venus-Figur heute keinen Miss-Universe-Schönheitswettbewerb gewinnen. Trotzdem funktioniert die Figur, die seit zweitausend Jahren als künstlerisches Schönheitsideal gilt, beim Liebeswerben nach wie vor bemerkenswert gut. Eine Frau muss nicht die extrem schlanke Figur eines Supermodels haben, um Aufmerksamkeit zu erregen. Ihr Körper entfaltet in seiner natürlichen Venus-Variante sein volles Sexgöttinnenpotenzial.

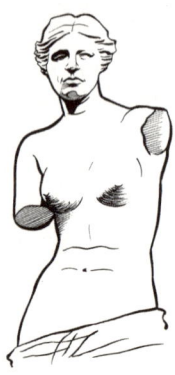

Die *Venus von Milo* verkörpert die weibliche Idealfigur.

Die David-Figur

Darwin beschrieb die Männchen unserer Spezies als größer, schwerer und kräftiger als die Weibchen und stellte fest, dass sie »eckigere Schultern und deutlich sichtbarere Muskeln« besitzen« (Darwin, 1871). In der Kunst verkörpert Michelangelos muskulöse David-Statue das männliche Schönheitsideal. Die von Michelangelo vor fünfhundert Jahren in Stein gemeißelten männlichen Idealmerkmale haben sich bis heute kaum verändert.

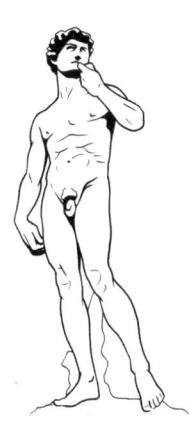

Michelangelos *David* verkörpert das männliche Schönheitsideal. (Bitte beachten Sie seine »Kontrapost« genannte Körperhaltung mit Standbein und Spielbein.)

Wenn wir uns die David-Statue ansehen, bemerken wir sofort seine sehnige, rechte Hand, die auf seinem rechten Oberschenkel ruht. Männerhände werden von Frauen sehr geschätzt, da sie Energie, Kraft und Schutz signalisieren. Michelangelo zeigt Davids Fähigkeit, als Beschützer zu fungieren, indem er seine rechte Hand überproportional groß gestaltet und durch ihre besondere Position betont.

Als Nächstes fällt uns Davids rechter Bizeps auf, der sehr männlich wirkt, ohne Ähnlichkeit mit dem übertrieben muskulösen Arm eines Bodybuilders zu haben. Seine breiten Schultern, die schmale Taille sowie seine keilförmige Figur suggerieren Kraft, ohne so einschüchternd zu wirken wie eine Herkules- oder Atlas-Statue oder wie die Comic- und Filmfigur *Hulk*. Davids Bauchmuskeln sehen genauso aus, wie sie Frauen bevorzugen, und sind längst nicht so waschbrettartig, wie man sie beispielsweise in Männermagazinen sieht. Von ihren Proportionen her ist die David-Statue eine Verkörperung der männlichen Figur schlechthin. Sie ist schlank und kräftig, aber eben auch nicht zu schlank oder zu kräftig, um nicht mehr zum Anlehnen einzuladen.

Nehmen Sie Haltung an

Genauso attraktiv wie die Venus- und David-Statue ist auch die Haltung, die beide einnehmen: der so genannte *Kontrapost*. Die Marmorstatuen haben ein Standbein, auf dem das Gewicht ruht, und ein Spielbein. Diese Pose lässt sie sehr dynamisch wirken. Die Körper scheinen eine Drehung zu beschreiben, obwohl sie im Stehen gezeigt sind. Dadurch, dass Schultern und Hüften sowie Knie und Füße einander entgegengeneigt sind, wirken Venus und David lebendig. Diese asymmetrische Anordnung der Gliedmaßen erregt Aufmerksamkeit und beflügelt die Fantasie.

Wird das Körpergewicht im Kontrapost auf den rechten Fuß verlagert, hebt sich die rechte Hüfte und tritt leicht hervor. Gleichzeitig wird die linke Schulter gesenkt. Auf der linken Seite dagegen senkt sich die Hüfte, während die Schulter gehoben ist. Durch diese gegensätzliche Anordnung von gestreckten, gebeugten und leicht gedrehten Gliedmaßen wirkt eine Statue, die ansonsten einfach nur wie erstarrt dastehen würde, gleichsam lebendig.

Die Aufmerksamkeit erregende Pose des Kontraposts ist beim Liebeswerben genauso erfolgreich wie in der Kunst. Allein durch diese Körperhaltung können Sie Ihrem Partner vermitteln, wie aktiv, kommunikativ und aufmerksam sie sind. Sie strahlen in dieser Pose eine sympathisch wirkende Direktheit oder Unmittelbarkeit aus. Eine solche vom Psychologen Albert Mehrabian definierte »Körperhaltung der Unmittelbarkeit« signalisiert denjenigen, mit denen wir kommunizieren, ein offenes, mitfühlendes Wesen (Mehrabian, 1967).

Selbst ohne ihre Arme wirkt die aus dem 2. Jh. v. Chr. stammende Venus von Milo noch anmutig und ansteckend lebendig. Während sie ihr Körpergewicht auf den rechten Fuß verlagert, wendet Venus den Kopf leicht nach links über ihre gehobene linke Schulter. Gleichzeitig beugt sie ihr linkes Bein leicht nach rechts, so als wolle sie einen Schritt nach vorn machen, und lenkt dadurch die Aufmerksamkeit auf ihr Knie. Die rechte Hüfte der Venus ist gehoben, tritt dadurch hervor und betont eindrucksvoll ihre Hüftkurve.

Durch die Körpersprache des Kontraposts ist die Venus lebensechter als jede altägyptische Statue, die in ihrer statisch-hölzernen Pose unnatürlich erstarrt und gefühllos wirkt. Die steifere Körperhaltung ägyptischer Statuen, bei denen Schultern und Hüften parallel stehen und deren beide Füße fest auf dem Boden ruhen, erinnert an die schüchterne Haltung, die viele Menschen während des Liebeswerbens annehmen. Ihre steife Reglosigkeit verrät, dass sie Angst haben.

Was den David anbelangt, drückt der Kontrapost Nachdenklichkeit und Handlungsbereitschaft, entspannte Ruhe und die in ihr schlummernde Kraft gleichzeitig aus. Michelangelo hat Davids Körpergewicht auf den rechten Fuß verlagert, während sein linker nur locker aufgesetzt ist. Aus seiner ebenso energiegeladenen wie entspannten Pose heraus scheint David im nächsten Moment einen Schritt nach links machen zu wollen. Seine linke Hüfte liegt tiefer als die rechte, da sich Davids Körper darauf vorbereitet, gleich einen Stein gegen den Riesen Goliath zu schleudern.

Beim Liebeswerben sollte ein Mann Davids Haltung annehmen, um Interesse an seiner Partnerin zu zeigen – ein Interesse, das durch eine gewisse Zurückhaltung ausgeglichen wird. Das Spielbein des Mannes lässt erahnen, dass er gern einen Schritt vorwärts machen würde, sich aber noch zurückhält, bis ihm seine Partnerin signalisiert, dass er näher kommen darf. Das Standbein zeigt Zurückhaltung, während das Spielbein sich schon einmal vorsichtig annähert.

Um dynamischer zu wirken, kann sich eine Frau am gedrehten Oberkörper der Models auf vielen Fotos orientieren und Schultern und Becken gegeneinander ausrichten. Auf diese Weise wird ihr Oberkörper Lebhaftigkeit und Spontaneität ausstrahlen. Wie das bereits der französische Bildhauer Auguste Rodin erkannte, zeigen sich unsere innersten Gefühle im Spiel der Muskeln, also in Bewegung. Nicht umsonst heißt »Emotion« im Deutschen auch Gemüts*bewegung*.

Kleine Unterschiede

Die Körper von Venus und David unterscheiden sich deutlich, wenn auch nicht so dramatisch wie die von Weibchen und Männchen bestimmter Tierarten. So extravagante sexuelle Merkmale wie leuchtende Farbflecken, riesige Federbüschel oder weit verzweigte Geweihe, die durch natürliche Auslese entstanden sind, haben sich beim menschlichen Körper nicht entwickelt – auch wenn wir das mit Hilfe von auffälligen Hüten, bunter Kleidung und modischen Schuhen locker wieder wettmachen. Unsere Körper unterscheiden sich so geringfügig, dass beim Liebeswerben sogar noch das kleinste Detail eine große Rolle spielt. Überall auf der Welt werden die kleinen Unterschiede mit Linien, Formen, Mustern und anderen Markierungen deutlich hervorgehoben:

- Das Schlüsselbein der Frau verläuft horizontal oder zur Seite hin leicht nach unten, um ihren Hals länger und schlanker erscheinen zu lassen als den des Mannes. Ein Kropfband oder eine kurze Kette kann diesen kleinen Unterschied attraktiv unterstreichen.
- Das Schlüsselbein des Mannes steigt zur Seite hin an, wodurch sein Hals kürzer und dicker wirkt als der der Frau. Wie der aufstellbare Kehllappen einer Echse kann ein hochgestellter Hemdkragen den Hals akzentuieren und verbreitern, um diesen körperlichen Unterschied zu betonen.
- Anders als beim Mann, kann der Hals einer Frau zwei bis vier Querfalten aufweisen, die auch *Venusringe* ge-

nannt werden. Ein Seidenschal, der unter dem Kehlkopf-Schildknorpel getragen wird, schmeichelt ihrem sanften und femininer wirkenden Hals.
- Laut der NASA ist die Hand einer Frau zwölf Prozent kleiner als die eines Mannes. Sie ist schmaler und läuft nach oben hin spitzer zu. Der Zeigefinger kann unter Umständen länger sein als der Ringfinger. Indem sie Nagellack auf ihre langen Fingernägel aufträgt, unterstreicht sie die schlanke, feine Form ihrer Hände.
- Das Knie eines Mannes ist kantig und knochig. Das einer Frau ist runder und schöner anzusehen. Ihre Kniescheiben sind weniger auffällig, sodass die Knie insgesamt weicher wirken. In Röcken, Kleidern und kurzen Hosen kann sie ihre attraktiven Knie zur Schau stellen.
- Die Wadenmuskeln der Frau reichen tiefer das Bein herab als die des Mannes. Ein knielanger Rock enthüllt diesen feinen Unterschied und betont ihn besonders gut mit einem Flattersaum.
- Weibliche Hand- und Fußgelenke sind dünner als männliche. Die Frau lenkt die Aufmerksamkeit auf ihre schlanken Gliedmaßen, indem sie sie mit Armbändern, Armreifen und Riemchensandalen betont.
- Die Füße einer Frau sind zehn Prozent schmaler als die eines Mannes. Dieser Unterschied ist zwar nicht groß, fällt aber doch auf. Um ihre schmalen Füße und damit ihre Weiblichkeit zu betonen, tragen Frauen dünnere, spitz zulaufende Schuhe.

Geschlechtsmerkmale

Kommt ein Kind zur Welt, lautet die erste Frage: »Junge oder Mädchen?« Das Geschlecht ist eines der ältesten Unterscheidungsmerkmale überhaupt. Ohne zu zögern, ordnen wir jeden, den wir neu kennen lernen, einem Geschlecht zu.

Um das Geschlecht eines Neugeborenen zu bestimmen, halten wir nach dem Ausschau, was Biologen *primäre Geschlechtsmerkmale* nennen. Ein Penis kennzeichnet einen Jungen, Schamlippen ein Mädchen. Bei manchen weiblichen Babys zeichnen sich auch schon leicht angeschwollene Brüste ab. Letztere sind ein *sekundäres Geschlechtsmerkmal,* das in diesem Fall vorzeitig durch die Ausschüttung des mütterlichen Hormons Östrogen in den Körper des Säuglings verursacht wurde.

Abgesehen von den primären Geschlechtsmerkmalen, sehen sich Neugeborene ansonsten ziemlich ähnlich. Im Embryo-Stadium haben Jungen und Mädchen im Grunde beide noch einen weiblichen Körper. Abgesehen von den äußerlich sichtbaren Genitalien weisen männliche und weibliche Babys eher weibliche Merkmale auf, so haben beide Geschlechter im Grunde feminine Brustwarzen.

In der Kindheit entwickeln sich erste sexuelle Unterschiede, wenn die männlichen Hormone, die Androgene, aus dem »Mädchen« buchstäblich einen Jungen machen. Zeitgleich wirken die Östrogene auf den Mädchenkörper, was zur Herausbildung immer weiblicherer Körpermerkmale führt. Sieht man von den Geschlechtsorganen oder kulturellen Hinweisen wie Kleidung oder Haarlänge ab, kann es immer noch schwer fallen, ein zehnjähriges Kind eindeutig als Junge oder Mädchen zu identifizieren.

Sobald die Kinder in die Pubertät kommen, treten die Geschlechtsunterschiede allerdings immer deutlicher hervor. Hormone tragen dazu bei, den jugendlichen Körper immer weiter zu vermännlichen oder zu verweiblichen. Sekundäre Geschlechtsmerkmale erscheinen an Rumpf und Gliedmaßen, die noch wenige Monate zuvor völlig kindlich gewirkt haben. Im Alter zwischen elf und fünfzehn reifen auch die Fortpflanzungsorgane heran, was sich auch äußerlich zeigt.

Nach dem Hormonschub in der Pubertät entwickeln sich Mann und Frau immer weiter auseinander. Männer werden zwar nicht doppelt so groß wie Frauen, so wie das bei unseren Verwandten, den Berggorillas, der Fall ist. Aber die Geschlechtsunterschiede sind doch sehr auffällig: Frauen entwickeln deutliche Kurven. Auf diese Weise bereitet sich ihr Körper auf das Kinderkriegen vor. Brüste werden größer und Hüften breiter. An Oberarmen, Po und Schenkeln entstehen Fettgewebedepots, die in der Schwangerschaft als Nahrungsreserve dienen sollen.

Die Evolution sexueller Attraktivität

Der weibliche Körper besitzt wie das weibliche Gesicht mehrere Merkmale, die dem Kindchenschema entsprechen. Auf diese Weise erweckt er den Anschein von Unreife und erregt die Aufmerksamkeit des Mannes. Das Kindchenschema zeigt sich in der zierlicheren Statur der Frau, in ihrem dünneren

Die Evolution sexueller Attraktivität

Hals, den schmaleren Schultern und der großteils unbehaarten Haut, aber auch in ihren Gliedmaßen, die im Verhältnis zum Rumpf kürzer sind als die des Mannes. Ihre kürzeren Beine und die nach oben hin breiter werdenden Oberschenkelknochen, die in das Becken übergehen, führen dazu, dass sich der Gang einer Frau deutlich von dem eines Mannes unterscheidet: Die Frau wiegt sich mehr in den Hüften und wackelt mit dem Po. Dieser Hüftschwung ist ein auffälliges Signal für Unreife, das die Aufmerksamkeit auf ihre Beine, Schenkel sowie ihren Po lenkt. Viele Männer finden kleine Frauen besonders attraktiv. Eine kleine Statur lässt den weiblichen Körper noch kindlicher wirken und verleiht ihm ein niedliches Aussehen.

Am anderen Ende des Geschlechterkontinuums hat die Evolution den Mann für das Laufen, Werfen, Jagen sowie zur Verteidigung ausgestattet. So wie das männliche Gesicht länger, breiter und grimmiger wirkt, ist auch der Körper des Mannes größer, um etwaige Rivalen einzuschüchtern. Nicht nur seine größere Nase, die betonten Augenwülste und stärkeren Kiefer signalisieren Stärke und Durchsetzungsvermögen, sondern auch seine Körpergröße, die sichtbare Muskelmasse und die kräftigere Statur.

Männer sind größer und schwerer. Sie haben größere Herzen und Lungen, mehr roten Blutfarbstoff, mehr Muskelgewebe und weniger Körperfett als Frauen. Ein Mann hat längere Beine und Unterarme, größere Füße und kräftigere Hände, die ihn in prähistorischen Zeiten zu einem geschickten Jäger, Sammler und Krieger machten – und ihm heutzutage einen Wettbewerbsvorteil bei seinen Rivalen verschaffen. Auch die

Verführerische Körper

Frauen sprechen nämlich auf seine athletischen Körpermerkmale an. Eine Studie des Psychologen David Buss mit tausenden von Frauen aus ganz unterschiedlichen Kulturen ergab, dass sich Frauen von Männern angezogen fühlen, die ihnen auch körperlich Schutz bieten können (Buss, 1998).

Die Schönheitsideale sind auf der ganzen Welt ziemlich ähnlich. In jeder Gesellschaft gilt der Körper eines gesunden 17- bis 22-jährigen Menschen als schön, dessen sekundäre Geschlechtsmerkmale deutlich zu sehen sind. Falls Sie sich bereits gefragt haben, warum die Venus- und David-Statuen so jugendlich wirken, dann liegt dass daran, dass die Geschlechtsmerkmale bei jungen Erwachsenen besonders deutlich hervortreten. Anders als bei anderen Säugetieren, die sich eher von ihrem Geruchssinn leiten lassen, spielt bei uns Primaten der Gesichtssinn die Hauptrolle beim Liebeswerben. Wir finden vor allem das attraktiv, was wir sehen können.

Ein Schönheitsideal, das von Kultur zu Kultur allerdings variiert, ist das Körpergewicht. Die Ureinwohner Hawaiis beispielsweise fanden schwergewichtige Körper besonders attraktiv. Im Gegensatz dazu bevorzugen wir heute in der gesamten westlichen Welt eher eine schlanke Figur. Doch selbst solchen geschmacklich-kulturellen Unterschieden sind enge Grenzen gesetzt, da sie den von den sekundären Geschlechtsmerkmalen ausgehenden Reizen nicht in die Quere kommen dürfen: Sobald sich Rettungsringe um die Hüften legen oder die weiblichen Kurven durch extremes Abmagern völlig zum Verschwinden gebracht werden, nimmt die Attraktivität deutlich ab.

Betonen Sie Ihre Stärken

Wir sprechen unter anderem deshalb so stark auf die keilförmige David- bzw. auf die sanduhrförmige Figur der Venus und auf den Kontrapost an, weil unsere Wahrnehmung bestimmten Harmoniegesetzen gehorcht. In diesem Fall ist mit Harmonie ein stimmiges Gesamtbild gemeint, bei dem die einzelnen Teile der Figur hinter das große Ganze zurücktreten. Und dieses Ganze ist mehr als die Summe seiner Teile. Doch obwohl wir den Gesamteindruck sehr wohl wahrnehmen, reagieren wir auch auf deutlich voneinander unterscheidbare Details wie Po, Beine, Taillen, Füße usw.

Partialismus lautet der psychiatrische Begriff dafür, dass man sich ausschließlich von einem bestimmten Körperteil angezogen fühlt – beispielsweise von Händen, Ohren oder Hals. Menschen, die an einer extremen Form von Partialismus leiden, wie zum Beispiel Fußfetischisten, können bereits durch einen einzigen Körperteil zu sexuellen Gefühlen und Fantasien stimuliert werden. Personen mit einem normal ausgeprägten Partialismus dagegen empfinden eine bestimmte Körperpartie einfach nur anziehender als andere. Männer erregt beispielsweise der Anblick von Brüsten oder Beinen, während Frauen angesichts von Schultern oder Po Lustgefühle entwickeln.

Wenn man dem Biologen Alfred Kinsey Glauben schenkt, bevorzugen Männer den unbekleideten weiblichen Körper, während Frauen die Vorderansicht eines nackten Mannes eher abstoßend finden.

Wenn Sie jene Körperpartien betonen, die Ihr Partner

besonders anziehend findet, werden Sie für ihn attraktiver. Anders als viele Männer annehmen, muss einer Frau der Anblick von übertriebenen Bizeps- oder Unterarmmuskeln mit hervortretenden Venen nicht unbedingt gefallen. Umgekehrt finden die meisten Männer die Muskeln von Frauen anziehend. Ihre Venen, die von einer Schicht weichen Fettgewebes umhüllt sind, treten nämlich deutlich weniger hervor.

Wenn Frauen nicht gerade selbst Bodybuilderinnen sind, wird sie der Waschbrettbauch eines Mannes nicht sonderlich beeindrucken. Ein flacher Bauch ist attraktiv, Muskelberge sind es nicht. Gut entwickelte gerade und schräge Bauchmuskeln formen einen so genannten Waschbrettbauch, falls sie nicht, wie so oft, von Fettgewebe überlagert sind. Nichts spricht dafür, dass Frauen einen Waschbrettbauch attraktiver finden als eine weniger stark ausgeprägte Bauchmuskulatur. Laut der Psychiaterin Katharine Phillips, Koautorin des Buches *Der Adonis-Komplex,* hat eine regelrechte Verschwörung der Werbeindustrie stattgefunden, damit die Männer in Bezug auf ihre Bauchmuskeln genauso kritisch werden wie Frauen in Bezug auf ihre Figur und ihr Gewicht (Pope, Phillips und Olivardia, 2000). Die Medien verbreiten heute Idealbilder, die sowohl für Männer als auch für Frauen völlig unerreichbar sind.

Immer mehr Jugendliche und junge Erwachsene leiden an *Dysmorphophobie* oder BDD *(Body dysmorphic disorder).* BDD ist eine zwanghafte Beschäftigung mit den eigenen körperlichen »Defekten«. »Ich hasse meinen Körper«, lautet ihre übliche Klage. Scham und ein Gefühl der Erniedrigung halten solche Menschen davon ab, sich anderen zu nähern, die sie für attraktiver halten. Wie bei vielen psychiatrischen Störungen gibt es auch bei dieser Erkrankung Abstufungen, die von einer milden bis zu einer sehr schweren Form reichen. Viele Betroffene schätzen ihr Körpergewicht oder ihre Figur falsch ein, weil sie nicht so aussehen, wie das Schönheitsideal, das ihnen in Kino und Fernsehen vorgeführt wird. Vor allem junge Mädchen vergleichen ihre Figur mit den dünneren Vorbildern aus den Medien. Bei einer Studie mit 548 jungen Mädchen von der fünften bis zur zwölften Klasse gaben sieben von zehn Mädchen an, dass die Modelfotos in den Modezeitschriften ihr Bild von einem perfekten Körper beeinflussten. Die Wissenschaftlerin Alison Field von der Harvard Medical School, die diese Studie leitete, fand heraus, dass beinahe die Hälfte der Mädchen abnehmen wollte (Field et al., 1999).

Zum Glück spielt der Körper unter dem Gesicht keine so wichtige Rolle, wie viele Menschen glauben. Wie Gordon Patzer schrieb, »spielt der Körper als Komponente physischer Attraktivität im Vergleich zum Gesicht nur eine sehr untergeordnete Rolle« (Patzer, 1985). Wenn man zum Liebeswerben einen perfekten Körper bräuchte, würden nur sehr wenige daran teilnehmen.

Gleich und gleich gesellt sich gern: Forscher haben festgestellt, dass wir dazu neigen, Partner zu wählen, die ähnlich attraktiv sind wie wir selbst. Paare mit demselben Attraktivitätsniveau bleiben mit einer höheren Wahrscheinlichkeit zusammen als solche, bei denen das nicht der Fall ist.

Warum wir auch mit dem nicht ganz so perfekten Körper unseres Partners zufrieden sind, erklärt das so genannte *Satis-*

faction Principle. Sobald wir jemanden finden, der gut genug für uns ist – also zumindest ein paar der von uns bevorzugten Merkmale besitzt –, sind wir zufrieden. Die Suche nach Perfektion weicht der Anerkennung dessen, was wir vor uns haben, sodass wir zumindest für eine gewisse Zeit aufhören, nach dem optimalen Körper zu suchen. Stattdessen werden wir zu *Satisficern,* wie die Psychologen das nennen.

Laut dem Nobelpreisträger und Wirtschaftswissenschaftler Herbert Simon, der diesen Begriff 1957 prägte, ist ein Satisficer jemand, der aufhört, in einem Heuhaufen nach Nadeln zu suchen, sobald er die erste gefunden hat. Sein Gegenteil, der *Maximizer,* ist jemand, der so lange weitersucht, bis er die perfekte Nadel gefunden hat. Der Psychologe Barry Schwartz vom Swarthmore College, Pennsylvania, fand heraus, dass Satisficer im Allgemeinen mit ihrer Wahl glücklicher sind als Maximizer. Seine Forschungsergebnisse legen nahe, dass Maximizer mehr Beziehungsprobleme haben, da sie ständig nach jemand Besserem Ausschau halten. Doch im Lauf der Zeit hat die Evolution deutlich mehr Satisficer als Maximizer hervorgebracht. Da Letztere zu wählerisch sind, um einen Partner zu finden, haben Maximizer eine geringere Wahrscheinlichkeit, sich fortzupflanzen. Und so hat das *Satisfaction Principle* auch beim Liebeswerben für jede Menge Satisficer gesorgt, die Ihren Körper von der positiven Seite betrachten.

Hals ist nicht gleich Hals

Der Hals einer Frau ist schlanker und im Verhältnis zum Körper länger als der eines Mannes. Ihr Schultergürtel ist zierlich. Der dickere Hals eines Mannes beherbergt einen deutlich stärker hervortretenden Kehlkopf-Schildknorpel, der auch *Adamsapfel* genannt wird. Der weibliche Schildknorpel wirkt dagegen wesentlich kleiner und flacher. Weil das ein Merkmal ist, das den Geschlechterunterschied markiert, profitieren sowohl Männer als auch Frauen davon, den Hals beim Flirten zu zeigen.

Die Sprache der Schultern

Schultern gelten überall auf der Welt als attraktiv. Ihre horizontale, eckige Form gibt dem menschlichen Skelett seine unverwechselbar kantige Silhouette. Die Schultermuskeln schwächen das Kantige zugunsten einer runderen Kontur ab. Diese auffälligen Körpermerkmale werden gern zur Schau gestellt und mit Hilfe von Schulterpolstern oder Puffärmeln betont. Während Erstere die Schultern breiter wirken lassen, bringen Letztere die Schulterrundungen besser zur Geltung.

In ihrem Buch *Instant Style* schreiben Emily Cho und Neila Fisher: »Unserer Meinung gehören schöne Schultern zu den wichtigsten körperlichen Vorzügen, mit denen wir zur Welt kommen« (Cho und Fisher, 1996). Die Autorinnen rücken die so oft vernachlässigten Schultern ins rechte Licht. Ihre Form sowie ihre verführerischen Bewegungen ziehen genauso viel Aufmerksamkeit auf sich wie Busen, Po und Taille. Schultern haben beim Liebeswerben ebenso viel zu sagen wie in der Mode, beim Schauspiel und beim Tanz. Ein einziges Schulterzucken sagt mehr als tausend Worte.

Auch wenn Sie nicht ganz oben auf der männlichen Hitliste stehen, gehören Schultern trotzdem zu den ausdrucksvollsten und attraktivsten Körperpartien einer Frau. Wie die für unsere Mimik verantwortliche Gesichtsmuskulatur werden auch die Schultern von speziellen Viszeralnerven kontrolliert. Ihre Bewegungen sind impulsiv, unberechenbar und verführerisch. Ihre Rundung sowie ihre Weichheit lenken den Blick auf das zierlichere weibliche Schlüsselbein, den anmutigen Hals und die weiche Haut. Abends kann eine Frau ihre Schultern entblößen und sie mit Hilfe der künstlichen Beleuchtung erstrahlen lassen. Das lenkt die Aufmerksamkeit auf Hals und Oberkörper und bringt gleichzeitig auch noch Gesicht und Augen zum Strahlen.

Da Schultern Stärke signalisieren, bevorzugen Frauen Männer mit kräftigen Schultern (Horvath, 1979). Ihre schiere Größe sowie ihre kantige Silhouette stehen für eine imposante Körperhaltung. Biologisch gesehen, hat sich der mit den Schultern verbundene Eindruck von Stärke aus einer Drohstellung entwickelt, die von Fischen, Reptilien, Säugetieren und Primaten verwendet wird. Um körperlich besonders kräftig zu wirken, stellen Männer und andere Wirbeltiermännchen ihre Schultern zur Schau. Auf diese Weise wollen sie imposanter wirken, als sie es eigentlich sind. Ein Dorsch präsentiert Rivalen die Breitseite, um sie auszutricksen. Frösche pumpen sich auf, um größer zu wirken, Chamäleons zeigen ebenfalls Breitseite, um sich aufzuspielen, und Gorillas trommeln sich mit ihren Fäusten auf die mächtige Brust, um ihre Kraft zu beweisen.

Brust raus!

Im Verhältnis zur Körpergröße ist der weibliche Rumpf länger als der des Mannes. Der Brustkorb einer Frau dagegen ist kürzer, kegelförmig und verfügt über Brüste. Der Brustkorb eines Mannes ist länger, weist Ansätze von Brüsten und feminine Brustwarzen auf. Beim Liebeswerben wirkt sein nackter Oberkörper nicht so verführerisch, wie er vielleicht denkt. Denn 68 Prozent der (jüngeren) Leserinnen, die neulich von der Zeitschrift *Cosmopolitan* befragt wurden, bevorzugen einen unbehaarten Brustkorb. Ältere Frauen, die an einer Umfrage der Cambridge University teilnahmen, bevorzugen dagegen Brustbehaarung. Während die Vorliebe für breite Schultern konstant geblieben ist, hat sich die für Brustbehaarung mit der Zeit verändert.

Frauen finden bei Männern eine mittlere Rumpfgröße attraktiver als einen großen, extrem breiten Oberkörper. Forschungen haben ergeben, dass Bodybuilder-Oberkörper von einer Mehrheit als unattraktiv empfunden werden (Beck et al., 1976). Im Großen und Ganzen finden Frauen durchschnittlich proportionierte männliche Oberkörper attraktiver und ziehen den *mesomorphen* dem plumperen *endomorphen* bzw. dem dünneren *ektomorphen* Körpertyp vor (Patzer, 1985).

Der schmalere, weniger muskulöse Oberkörper einer Frau stellt auffällige Brüste zur Schau. Bei den meisten Säugetieren entwickeln sich die Brustdrüsen erst gegen Ende ihrer Trächtigkeit. Beim Menschen hingegen stellt das zunehmende Brustfettgewebe eine der ersten sichtbaren Veränderungen während der Pubertät dar. Laut der Biologin Caroline Pond haben diese Fettdepots keinerlei körperliche Funktion für das Stillen (Pond, 1997). Schimpansinnen und andere weibliche Primaten haben nur Brüste, wenn sie Milch enthalten. Wenn eine Affenmutter nicht stillt, ist ihre Brust flach. Der Grund, warum Frauenbrüste stets üppig aussehen, ist der, dass sie das Signal aussenden sollen: »Alle mal herschauen, ich bin weiblich!«

Da sie aufgrund ihrer Position auf der Körpervorderseite sowie ihrer Halbkugelform nur schwer zu übersehen sind, fallen Brüste sowohl Männern als auch Frauen auf. Der Busen zieht die Blicke von Männern auf sich und stimuliert ihren Tastsinn. Er signalisiert sexuelle Reife, Mütterlichkeit und Fruchtbarkeit. Das sind wichtige Signale während des Liebeswerbens, doch trotzdem ist der Busen nicht so wichtig wie das Gesicht oder eine sanduhrförmige Figur. Wie die Schauspielerin Audrey Hepburn bewies, kommt weibliche Schönheit auch ohne große Brüste aus.

Einen wohl geformten Busen finden Männer überall auf der Welt gleichermaßen attraktiv.

Was den Rumpf selbst anbelangt, sind die Geschmäcker verschieden. In den 1970er-Jahren fand eine englische Studie heraus, dass Frauen mit weichen, runden, endomorphen Figuren – wie die der Venus von Milo oder Marilyn Monroe – deutlich attraktiver empfunden wurden als der muskulöse, mesomorphe oder der schlanke ektomorphe Körpertyp (Stewart et al., 1973). Heute scheinen alle drei Körpertypen beliebt zu sein. Der langgliedrige, schmalschultrige und ektomorphe Look von so zierlichen Schauspielerinnen wie Calista Flockhart ist attraktiv, da er in den Medien wesentlich fotogener wirkt. Und die Beliebtheit des Frauensports hat dazu geführt, dass auch der breitschultrige, schmalhüftige, mesomorphe Look von Turnerinnen, Tennisspielerinnen und Sängerinnen wie Madonna als attraktiv gilt.

Hüften & Po

Studien zur menschlichen Attraktivität haben ergeben, dass eine schlanke Taille sowohl bei Männern als auch bei Frauen als »extrem anziehend« gilt (Horvath, 1979). Wenn Männer Frauen beurteilen, empfinden sie sie umso attraktiver, je schmaler ihre Taille im Verhältnis zur Hüfte ist. Zu schmale Hüften gelten jedoch als weniger anziehend als ein wenig zu breite Hüften. Natürlich kann man die Hüften mit Hilfe der Kleidung geschickt betonen bzw. kaschieren.

Absolut gesehen, ist die weibliche Hüfte breiter als die des Mannes. Ihr Becken ist kürzer, aber breiter und tiefer und außerdem weiter nach vorn gekippt als seines. Ihr S-förmiger Rücken ist im unteren Bereich deutlicher mehr nach innen gekrümmt, um die Rundung ihres Pos zu betonen, der außerdem tiefer ansetzt als der des Mannes. Darüber hinaus sind ihr Hüftgelenk sowie der große Rollhügel ihres Beines, also

Verführerische Körper

der hervorstehende Teil des Oberschenkelknochens, ausladender und betonen die Breite ihrer Hüften. Der Bauch einer Frau ist weicher und runder, und ihr Nabel liegt tiefer als der eines Mannes. Diese weiblichen Merkmale werden besonders auffällig beim Bauchtanz zur Schau gestellt, aber auch beim Hula, Rumba und Cancan.

Da die Hüftbewegungen beim Tanzen jenen rhythmischen Beckenbewegungen beim Sex verdächtig ähneln, werden sie überall auf der Welt als provozierend empfunden. Beim Liebeswerben ist das Zurschaustellen der Hüften, wie man am präkopulatorischen Rumba-Tanz des männlichen Meerschweins erkennen kann, biologisch tief verwurzelt. Um attraktiver zu wirken, verlagert das Meerschweinchenmännchen sein Körpergewicht auf die Hinterbeine und wackelt vor dem Weibchen rhythmisch mit dem Po hin und her (Bradbury und Vehrencamp, 1998).

Nirgendwo werden die menschlichen Hüften offensichtlicher zur Schau gestellt als auf dem Musiksender MTV. Wenn Männer singen, tanzen Frauen in High Heels mit nackten Schenkeln um sie herum und schwingen die Hüften. Wenn eine Frau singt, lässt sie ihr Becken zur Musik kreisen. Sie schwingt die Hüften, wenn sie sich in Richtung Kamera bewegt und wackelt mit dem Po, sobald sie dem Zuschauer den Rücken zukehrt. Hat sie sich ihm wieder zugewandt, lächelt sie, streckt die Handflächen aus und schiebt eine Hüfte vor.

Der kurvenreiche, menschliche Po ist unter den Primaten einzigartig. Als wir vor über vier Millionen Jahren den aufrechten Gang lernten, veränderten die *Gluteus-maximus*-Muskeln ihre Lage und statteten uns mit einem echten Hinterteil aus.

Affen und Menschenaffen haben formlose, im Grunde sehr flache Hintern. Nur wenn ein Weibchen läufig wird, schwillt ihre Vulva und zeigt damit an, dass sie empfängnisbereit ist. Um sicherzugehen, dass das Männchen es auch bemerkt, präsentiert sie ihm ihr Hinterteil zur näheren Begutachtung.

Beim Menschen rückt das weibliche Hinterteil ab dem Alter von zwölf oder dreizehn Jahren in den Mittelpunkt des Interesses. Seine Form und Größe sind in männlichen Augen ein deutliches Signal für Weiblichkeit. Frauen präsentieren ihren Po, indem sie sich vorbeugen, sich Männern auf den Schoß setzen oder Cancan tanzen. Auch die Mode trägt mit engen, auf der Hüfte sitzenden Jeans dazu bei, die runde Form des weiblichen Hinterteils zu betonen. Wie der Busen steht auch ein runder Po für Verletzlichkeit und reizt den Tastsinn: »Ich bin berührbar.«

Nicht nur Männern fällt ein gut geformter Po auf – auch Frauen wissen einen schönen Männerpo zu schätzen. Am besten gefällt ihnen ein kleiner, knackiger Po. Die Forschung hat gezeigt, dass ein überdimensional großer Hintern weder von Frauen noch von Männern gemocht wird.

Die wissenschaftliche Untersuchung der körperlichen Unterschiede zwischen Mann und Frau begann 1871. In seinem Werk *The Descent of Man and Selection in Relation to Sex* belegte Charles Darwin, dass die sexuelle Auslese bei der Evolution des Menschen eine große Rolle spielt. Dank der Erkenntnisse seit Darwin wissen die Forscher heute wesentlich besser Bescheid, wie uns die unterschiedlichen Geschlechtsmerkmale gegenseitig anziehen.

Im nächsten Kapitel beschäftige ich mich damit, wie wir unsere natürlichen sexuellen Merkmale mit Hilfe der Kleidung optimieren können. Der Leopard kann sein Haarkleid nicht wechseln, um beim Liebeswerben besser abzuschneiden – wir dagegen schon, und wir machen auch eifrig davon Gebrauch.

9. Kleidung und Schmuck: Verführung pur

> »Vergessen Sie das alte Hippiesprichwort:
> ›Man ist, was man isst.‹
> In der modernen Welt gilt:
> ›Man ist, wie man sich kleidet.‹«
> (Suzy Gershman)
>
> »Kleidung sollte jede
> Bewegung mitmachen.
> Mode ist eine Erweiterung der
> Körpersprache. Ein neues Kleidungsstück sorgt bei seinem Träger für eine
> neue Körperhaltung – und für eine
> neue Geisteshaltung.«
> (Véronique Vienne)

Beim Liebeswerben sollen Kleidung und Schmuck das Auge des Betrachters lenken. Indem Sie Ihren Körper mit Linien, Tupfen, Stoffen, Farben und Kontrasten bedecken, lenken Sie den Blick nach oben auf Ihr Gesicht und von dort hinunter zu den Füßen und Fesseln sowie zu den Schultern, Handgelenken und Händen. Wenn Sie Ihre Stärken mit auffälligen Mustern, Stoffen und Accessoires betonen, stellen Sie sie in den Mittelpunkt und lenken gleichzeitig von Ihren Schwächen ab. Die Revers, Krägen, Knöpfe, Ärmel, Manschetten und Schuhe, für die Sie sich entschieden haben, bestimmen, wie andere Sie wahrnehmen und auf Sie reagieren. Sind Sie ein Individualist, ein Künstler, ein Cowboy oder ein angepasster Angestellter? Jede dieser Personen kann attraktiv sein. Die entscheidende Frage lautet: Hinterlassen Sie einen bleibenden Eindruck, oder gehen Sie in der Menge unter?

Das Mauerblümchen

Jeden Tag nimmt sie die S-Bahn um 17.10 Uhr nach Hause. Sie ist Schulbibliothekarin und sitzt jeden Tag genau auf demselben Platz: im hinteren Waggondrittel auf der rechten Seite. Jeden Tag ist sie ähnlich gekleidet. Das in neutralen Farbtönen gehaltene Bibliothekarinnen-Outfit ist beispielhaft schlicht. Sie trägt einen beigen Rolli, einen beigen Regenmantel, beige Baumwollhosen und dazu praktische, hellbraune Halbschuhe mit einfachen braunen Schnürsenkeln.

Ihr Make-up besteht aus einem Klecks Rouge auf beiden Wangen. Sie trägt weder Wimperntusche noch Kajal oder Lippenstift. Ihre Ohrläppchen zieren winzige, goldene Ohrstecker. Ihre kurzes, dauergewelltes Haar wirkt borstig und liegt wie eine Matte auf ihrem Kopf. Eine Brille mit silbergrauer Fassung vervollständigt das Bild. Obwohl sie ein hübsches Gesicht und eine Sanduhrfigur hat, würden nur wenige Männer um sie werben. Mit der langweiligen, beigen Sack-und-Asche-Kleidung einer Akademikerin signalisiert sie: »Übersieh mich!«

Und genau das geschieht auch. Jeder weiß, dass Männer nicht sehr aufmerksam sind, wenn es um die Kleidung von Frauen geht. Doch in einem tiefer gelegenen Hirnareal, in den Modulen des limbischen Systems, wo unterbewusst entschieden wird, um wen man wirbt, entgeht nichts ihrer Wahrnehmung. Männer spüren ganz genau, wann eine Frau auffallen und wann sie nicht auffallen will. Ihre Kleidung spricht eine nonverbale Sprache, von der sie sich auf der Gefühlsebene unmittelbar angesprochen fühlen.

Was Jeans so sexy macht

Hätte die Bibliothekarin mehr Aufmerksamkeit gewollt, hätte sie eine andere Farbe als beige gewählt. Uni getragen, wirken Hellgrau und Gelbbraun langweilig, uninteressant und leicht spießig. Wer sich ganz in Beige kleidet, wirkt konservativ, passiv und neutral. Beige ist eine beliebte Hintergrundfarbe in Büros, und die Träger beiger Kleidung wollen ebenso unauffällig im Hintergrund bleiben.

Um mehr ins Auge zu fallen, sollten Sie es mal mit Blau versuchen. Anders als Beige, lenkt Blau alle Blicke auf sich. Wie unsere Verwandten, die Affen, besitzen auch wir Farbrezeptoren, die auf blaue Lichtwellen besonders empfindlich reagieren. Indigo findet sich bereits in prähistorischen Wandmalereien und wurde schon vor viertausend Jahren verwendet, um Wolle einzufärben. Heute ist Blau neben Rot die beliebteste Farbe bei Erwachsenen. Im symbolischen Sinn steht Blau für Zärtlichkeit und Wahrheit. Auf der psychologischen

Ebene versetzt uns Blau in eine angenehme, wohlige und positive Stimmung.

Ein Stoff, der beim Liebeswerben von Männern und Frauen auf der ganzen Welt besonders gern getragen wird, ist blauer Denim oder Jeansstoff. Wenn er verwäscht, nimmt er die stimmungsaufhellenden Farbtöne eines blauen Himmels an. Wir empfinden das Himmelblau einer Jeans als fröhlich, zugänglich und freundlich. Pastellfarbene Kleidung wirkt sympathischer als eine Garderobe in Primärfarben, weil sich diese dem Betrachter zu sehr aufdrängen und all seine Aufmerksamkeit gefangen nehmen.

Durch ihren groben Stoff sind Jeans das genaue Gegenteil der formeller wirkenden Bügelfaltenhose. Wer lässig in einer Levis daherkommt, sorgt dafür, dass sich sein Gegenüber sofort wohl fühlt. Auch das kleine rote Etikett auf der rechten Pobacke sendet ein Signal aus und lenkt den Blick unauffällig auf das Hinterteil.

Seit dem berühmten Film *Denn sie wissen nicht, was sie tun* von 1955 sind Jeans so geschnitten, dass sie den Po ihres Trägers betonen. Auf Standfotos des Films ist James Dean von hinten zusehen, während er seine Hände in die Gesäßtaschen gesteckt hat. Wäre James Dean kein Mensch, sondern ein Affe, könnte man sagen, dass er sein Hinterteil präsentiert, um seine Paarungsbereitschaft anzuzeigen. Indem uns der Schauspieler seine verletzliche Rückseite zukehrt, sendet er uns die Botschaft: »Ich bin noch zu haben.«

Auch später war es noch in, den Po in Bluejeans zu präsentieren, und zwar 1977, als sich die fünfzehnjährige Brooke Shields vorbeugte, um ihre Calvin-Klein-Jeans zu bewerben.

Unter Primaten ist der runde, menschliche Po ein einzigartiges, nonverbales Signal. Seine Form stammt von dem Muskel, der für den aufrechten Gang notwendig ist, dem *Gluteus maximus*. Bei der Frau ist er besonders rund, wegen des darin enthaltenen Fettgewebes, das als Reservedepot für die Schwangerschaft dient. Brooke Shields Werbefoto in den Zeitschriften bestätigte die Verführungskraft von Blue Jeans zusätzlich, indem dem Teenagermodel folgender provozierender Satz in den Mund gelegt wurde: »Nichts kommt zwischen mich und meine Calvins«.

Laut der NASA beträgt der durchschnittliche Poumfang des Mannes 99,5 Zentimeter und der der Frau 95 Zentimeter. Frauen haben im Verhältnis zur Körpergröße einen volleren, runderen Po, doch beide Geschlechter können ihn modisch ansprechend in Jeans präsentieren. Die passgenaue Jeans einer Frau schmiegt sich an ihre von Po, Schenkeln, Kniescheiben und Waden gebildeten Kurven. Der weitere Sitz einer Männerjeans sorgt optisch für einen größeren Umfang der Ober- und Unterschenkel. Sowohl bei Männer–, als auch bei Frauenjeans lenken die auffällige Vertikale der Reißverschlussblende sowie die horizontalen Nähte daneben den Blick auf den Schritt. Diese intime Körperregion fällt in Jeans mehr auf als in Kleidern, Röcken oder Hosen.

Nonverbale Signale, die in Hosen, Röcken, Oberteilen, Gürteln, Schmuck, Schuhwerk, Hüten und Tätowierungen verschlüsselt sind, senden beim Flirten wichtige Botschaften. Wie der Anthropologe Edward Hall bemerkte, wirken Körperschmucksignale wie »erstarrte Gesten«: Wer den Oberkörper mit Hilfe von Schulterpolstern verbreitert, zeigt den ganzen Tag lang ein selbstbewusstes Auftreten. Die senkrecht herabhängende Krawatte »hebt« Gesicht und Kinn. Eine schräg auf dem Kopf sitzende Kappe wirkt so, als hätten Sie den Kopf freundlich in eine Richtung geneigt. Ein T-Shirt mit Smiley-Motiv verleiht Ihnen den ganzen Tag lang eine positive Ausstrahlung. Die Signale, die Ihre Kleidung aussendet, informieren glaubwürdig über Ihr Alter, Ihr Geschlecht, Ihren Sozialstatus, Ihre sexuelle Orientierung und Ihre Geisteshaltung. Außerdem drücken sie Ihren unausgesprochenen Wunsch aus, übersehen oder gesehen zu werden. Während des Liebeswerbens haben Sie eine unendliche Auswahl an Modemöglichkeiten. Ähnlich wie ein Schauspieler, der überlegt, wie er seine Rolle spielen soll, können Sie damit einen enormen Einfluss ausüben.

Passt der Schuh?

Nichts sagt so viel über Sie aus wie Ihre Schuhe. Wie meinte Sonja Bata, die Gründerin des Torontoer BATA-Schuhmuseums, noch so schön? »Schuhe sind der Schlüssel zur menschlichen Identität.« Auch was das Liebeswerben anbelangt, spielen Schuhe eine große Rolle. Die geheime Botschaft eines Schuhs liegt in der merkwürdigen anatomischen Tatsache begründet, dass unsere Füße und Sexualorgane in den Scheitellappen des Gehirns direkt nebeneinander liegen. Da sich die taktilen Landkarten von Füßen und Genitalien im Gehirn berühren, sagt eine Berührung der Füße gewissermaßen eine Berührung der Geschlechtsorgane voraus. Füße sind nämlich ähnlich schüchtern, empfindlich, kitzlig und sexy. Außerdem stellen wir sie in unseren Schuhen zur Schau wie eine Art privaten Fetisch.

Seit Beginn der Jungsteinzeit vor 10 000 Jahren verziert der Mensch seine Sandalen und Schuhe. Archäologen zufolge, die sie in Häusern, Gräbern und bei antiken Begräbnisstätten gefunden haben, gab es die ersten Sandalen bereits in hundert verschiedenen Ausführungen. Stilvolles Schuhwerk war also von Anfang an wichtig, und auch heutige Schuhe sagen viel über unsere Ziele und Absichten beim Liebeswerben aus.

Weibliches Schuhwerk spiegelt die Persönlichkeit und Einzigartigkeit seiner Trägerin wider, indem es signalisiert, »Ich bin etwas ganz Besonderes.« Männerschuhe sind eher Teil einer Uniform, die eine bestimmte Gruppenzugehörigkeit markiert. Maskuline Schuhe signalisieren: »Ich bin ein Sportfreak«, »Ich bin ein Stadtcowboy«, oder: »Ich gehöre zur Management-Etage«.

Wie Frauen mit Schuhen tricksen

Frauen stehen die Schuhe am besten, die etwas »enthüllen«. Schmale Fesselriemchensandalen stellen Zehen, Fersen und Spann geschickt zur Schau. Schuhe, die etwas enthüllen, lenken die Aufmerksamkeit auf den zierlicheren Knochenbau, die schmaleren Fesseln und die empfindliche Achillessehne. Das männliche Auge lässt sich gern von schlanken Fesseln und sinnlichen Wadenrundungen betören, die weit ausgeschnittene Pumps oder High Heels gekonnt in Szene setzen.

Kleidung und Schmuck: Verführung pur

Beliebt sind auch Schuhe, die das so genannte *Zehendekolletee* frei lassen. Abendsandalen mit zehn Zentimeter hohen Absätzen und dünnen, schwarzen Riemchen bringen die femininen Zehen besonders schön zur Geltung, die in ihrer Zierlich- und Verletzlichkeit etwas Kindliches haben. Da Schuhe, die etwas enthüllen, immer auch ein Demutssignal sind, sollten Sie nicht im Konferenzraum getragen werden.

Männern gefallen auch hohe Schnürstiefel, die den Fuß der Frau zwar vollständig bedecken, aber dafür seine zierliche Form betonen. Der enge Sitz von Schnürstiefeln beschwört das provozierende Bild des »Gefesseltseins« herauf. Laut dem Anthropologen Alan Dundee haben Schnürstiefel immer auch eine sexuelle Bedeutung. »Der Fuß, der in den Schuh gesteckt wird, hat etwas von einem Ring, der an den Finger gesteckt wird. Beide Handlungen stehen im Grunde für den Sexualakt.« (Kastor, 1994).

Berühmte Stiefel sind die knöchelhohen Knopfstiefelchen, die um 1900 getragen wurden, die engen, wadenhohen Stiefel der 1970er-Jahre sowie die Lacklederstiefel, die die Sängerin Madonna in den 1980er-Jahren trug. Heute dagegen sind kniehohe Reiterstiefel mit halb hohen Absätzen, Gurten und Schnallen gefragt. Mit diesem Schuhwerk bieten Sie garantiert einen fesselnden Anblick.

Wenn Sie anziehender wirken wollen, sollten Sie Ihre flachen Halbschuhe gegen High Heels tauschen. Schon halb hohe Absätze bringen Ihren Po positiv zur Geltung, straffen Ihre Waden und stellen Ihre Fesseln zur Schau. Absätze verleihen Ihnen etwas Elegantes und scheinen Sie den Gesetzen der Schwerkraft zu entziehen. Außerdem sorgen hohe Absätze dafür, dass Ihre Beine im Vergleich zum Körper länger wirken.

Hohe Absätze verlagern das Körpergewicht weit auf die Zehenspitzen. Das führt automatisch zu einem Vorbeugen des Oberkörpers – eine Haltung, bei der die ohnehin schon sehr prominenten Pobacken um weitere 25 Prozent vorstehen. Wer hohe Absätze trägt, spannt den *Gastrocnemius*-Muskel an und strafft so die Waden. Gleichzeitig werden die Fesseln in die Höhe gehoben und für jedermann sichtbar. Dieser Effekt ist derart überwältigend, dass High Heels mit Sicherheit nie aus der Mode kommen werden.

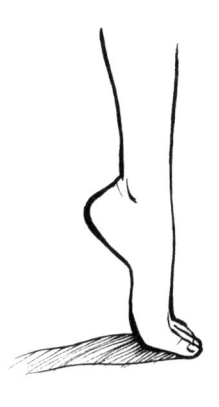

Hohe Absätze verlagern das Körpergewicht auf die Zehenspitzen. Dadurch wirken die Fesseln schmaler, die Waden werden gestrafft und die Beine optisch verlängert.

Zeigt her eure Füßchen ...
Eine optische Täuschung sorgt dafür, dass der weibliche Fuß in Chanel-Schuhen besonders zierlich wirkt. Das cremefarbene, in den 1950er-Jahren von Coco Chanel lancierte Modell besitzt eine schwarze Schuhkappe.

> Der Kontrast zwischen dem hellen Fuß und der dunklen Kappe lässt den Fuß zierlicher wirken. Auf dieselbe Weise lassen die Chanel-Schuhe auch die Beine länger und dünner erscheinen. Obwohl der klassische Chanel-Schuh inzwischen aus der Mode gekommen ist, kann man dasselbe Prinzip noch heute bei vielen Schuhen wiederfinden. Schuhe im Chanel-Stil lassen den Fuß wie durch ein Wunder um ein bis drei Größen zusammenschrumpfen.

Männerschuhe signalisieren Kraft

Die Schuhe gehören zu den ersten Dingen, die Frauen registrieren. Ein Modell, das während des Liebeswerbens für jeden Mann geeignet ist, sind Schuhe mit dicker Gummisohle. Sie sind so gestaltet, dass sie die Größe und Kraft des männlichen Fußes betonen. In den 1950er-Jahren trug man Schuhe mit hohe Kreppsohlen, in den 1960er-Jahren folgten die Camel-Boots, in den 1970er-Jahren schließlich die Timberland-Boots, während heute Doc Martens angesagt sind. Auch klassische Oxfordschuhe, Budapester und Sportschuhe haben dicke Sohlen. Die beliebtesten Modelle sind robust, breit, dick und schwer. Mit ihnen kann man richtig »aufstampfen« – nicht, dass das nötig wäre, aber die Möglichkeit dazu besteht. Die ältesten Schuhe dieser Art sind Sandalen aus dem Alten Ägypten, auf deren Sohlen der Feind abgebildet war.

Während das Schnürsenkelbinden erlernt werden muss, ist

uns das Aufstampfen angeboren. Laut dem Biologen Irenäus Eibl-Eibesfeldt stampfen sogar blind oder taub geborene Kinder mit dem Fuß auf, wenn sie wütend sind. Dem Forscher zufolge hat sich das Aufstampfen mit dem Fuß aus einer »ritualisierten Angriffsbewegung« heraus entwickelt (Eibl-Eibesfeldt, 1970). Der Anblick eines Schuhs mit dicken Sohlen und die damit einhergehende Aggressivität versetzen das Gehirn in Alarmbereitschaft. Im Unterbewusstsein reagieren wir auf dick besohlte Schuhe und die damit verbundene männliche Bedrohung. Stiefel stehen für Macht – und laut dem Friedensnobelpreisträger Henry Kissinger »ist Macht das beste Aphrodisiakum«.

Dass mit Marlon Brando in *Der Wilde* (1954) und Peter Fonda in *Easy Rider* (1969) auch schwere Motorradstiefel modern wurden, verstärkte die Rolle der Schuhe als männlichem Modestatement. Diese Stiefel schienen einzig und allein zu dem Zweck entworfen worden zu sein, um die herrschenden Mächte buchstäblich mit Füßen zu treten. Stiefel suggerieren Stärke, indem sie uns körperlich wie seelisch größer wirken lassen. Sie schenken uns einen energischeren Gang und sorgen für ein autoritäres Auftreten. Der Stiefelschaft gerät in engen Kontakt mit den druckempfindlichen *Pacini*-Körperchen am Unterschenkel und sorgt so für eine taktile Selbstvergewisserung. Außerdem stützt er die langen Sehnen, die von den oberen Muskeln bis in die Füße reichen und gibt den Knöcheln Halt. Indem sie den körperlichen Bedürfnissen unserer Füße sowie dem in unserem Reptiliengehirn verankerten Wunsch nach Macht Rechnung tragen, verleihen Doc-Martens-Stiefel ein selbstbewusstes Auftreten, lassen uns kräftiger wirken und sorgen dafür, dass wir uns nachts im Großstadtdschungel sicherer fühlen.

Bei Frauen ebenfalls beliebt ist der eher demütig wirkende schmale Herrenschuh mit dünnem Oberleder und ebensolchen Sohlen, der vorne spitz zuläuft. Solche Schuhe trugen die britischen Mods in den 1950er-Jahren. Auch die schmalen Beatles-Stiefel der 1960er-Jahre gehören in diese Kategorie sowie die heutigen Gucci-Slipper. College-Schuhe, Hush Puppies sowie die Schuhe des italienischen Designers Lorenzo Banfi sind typisch für diese elegante Schuhbekleidung, die den Männerfuß weniger groß und plump wirken lässt. Mit ihrem schlankeren, verletzlicheren Look signalisieren solche Schuhe eine empfängliche, sensible Geisteshaltung.

Turnschuhe für Sie und Ihn

Wie Stiefel, Schuhe mit hohen Absätzen und schmale Slipper haben auch Turnschuhe beim Liebeswerben einiges zu sagen. Turnschuhe wurden durch Marlon Brando in *Schwere Jungen, leichte Mädchen* (1955) populär, aber auch durch Elvis Presleys Teenagerhorden in *Rhythmus hinter Gittern* (1957). Turnschuhe waren nicht so formell und steif wie die Lederschuhe der Angestellten, sondern standen für Bequemlichkeit und einen lässigen Lebensstil.

Mit ihren breiten Linien und den starken Farbkontrasten stehen Lauf–, Trainings- und Sportschuhe für Jugendlichkeit und Fitness (auch wenn diese häufig nur vorgetäuscht ist). Beim Liebeswerben versprechen Turnschuhe Energie und Begeisterungsfähigkeit. Das geschmeidige Nylonobermaterial und die weiche, dicke Latex- oder Vinylsohle zeigen, dass ihr Träger ungezwungenes, bequemes Schuhwerk bevorzugt und weniger auf modische Eleganz achtet. Véronique Vienne, Autorin des Buches *Art of the Moment* empfiehlt, dass die Turnschuhe bestimmen sollten, welche Kleidung Sie dazu tragen – und nicht umgekehrt! (Vienne, 1997).

Zusammen mit den auffälligen Emblemen und Linien lenkt das Weiß von Turnschuhen den Blick sofort auf die Füße. Mit ihren zentimeterdicken Sohlen verleihen Turnschuhe ihren Trägern einen rührend unbeholfenen, kindlichen Gang. Dicke Turnschuhe mit runder Kappe suggerieren weniger Lebensart als dünnsohlige, elegante Herrenschuhe. Der Unterschied zwischen diesen beiden Modellen entspricht in etwa dem zwischen Kinderfäustlingen und Lederhandschuhen.

In Illustrierten sehen wir häufig Fotos von prominenten Paaren, die Turnschuhe im Partnerlook tragen. Auch hier greift wieder das Prinzips des Isopraxismus: Mit den gleichen Schuhen fühlt man sich auch psychologisch enger miteinander verbunden. Indem Paare Sportschuhe im Partnerlook tragen, signalisieren sie, dass sie auch im übertragenen Sinn in dieselben Fußstapfen treten.

Das richtige »Beinkleid«

Beim Flirten kommt es auch darauf an, wie Sie den Bereich zwischen Füßen und Taille gestalten. Mit Hilfe von Kleidung oder Schmuck haben Sie die Möglichkeit, Farbe, Umfang,

Länge, Form und Struktur Ihrer Beine zu gestalten. Für ein optimales Ergebnis sollten die Signale, die Ihre Beine aussenden, sorgfältig auf jene abgestimmt werden, die von Ihren Füßen ausgehen. Da Bundfaltenhosen die Beine eher breiter machen, passen sie zu breiten Schuhen und können den kräftigen Gang eines Mannes betonen. Für Röcke, die die Waden freilassen, eigenen sich Schuhe mit hohen Absätzen, da sie ihre Trägerin über den Boden schweben lassen.

Seit Jahrzehnten eilen Männer in Hosen und Stiefeln schönen Frauen zur Hilfe, die in Rock und High Heels vor Gorillas, Riesenechsen oder Marsmenschen fliehen, dabei unweigerlich stolpern, sich den Knöchel verstauchen und hinfallen. Doch die Zeiten haben sich geändert. Heute retten Actionheldinnen wie beispielsweise Angelina Jolie in *Tomb Raider* und Cameron Diaz in *Drei Engel für Charlie* die Welt. Wie nicht anders zu erwarten, schlägt sich die zunehmende Gleichberechtigung der Geschlechter auch in der Kleidung nieder.

Männer und Frauen der so genannten Generation X, die zwischen 1965 und 1979 geboren sind, kleiden sich androgyner als frühere Generationen. Früher zogen sich Männer und Frauen so an, dass die Geschlechtsunterschiede betont wurden. Ganz anders die Generation X: Wie ihre männlichen Altersgenossen tragen die modernen Frauen Sandalen, Turnschuhe, Clogs, Schuhe oder Stiefel mit dicken Sohlen zu T-Shirts, Unterhemden und Jeans. Indem sie sich beim Liebeswerben gleich kleiden, gleich reden und gleich verhalten, versuchen die Männer und Frauen dieser Generation nach dem Prinzip des Isopraxismus eine seelische Verbundenheit herzustellen. Gemeinsam reisen, wandern und Abenteuersport betreiben – aus ein- und derselben Flasche Wasser, Energiedrinks und Limonade trinken schweißt sie regelrecht zusammen.

Und trotzdem ist es mehr als unwahrscheinlich, dass sich unsere Spezies während des Liebeswerbens einen totalen Unisex-Look zulegt. Moden ändern sich, aber die Betonung der Geschlechtsunterschiede ist geblieben. Um sich in ihrem androgynen Kleidungsstil zu unterscheiden, tragen Frauen der Generation X bauchfreie Tops und Hüfthosen. Ihre Hosen sind kürzer, um ihre Fesseln zur Geltung zu bringen, während ihre Schuhe und Sandalen die Zehen in Szene setzen. Außerdem stellen sie ihre Bauchnabel mit Piercings zur Schau. Die Männer halten diese Körperteile Gott sei Dank bedeckt.

Dafür haben sie kurz rasiertes Haar, wild aufgegelte Ponys und tragen Baseballkappen mit Schriftzügen, die ihre breiten, maskulinen Brauen und Augenwülste betonen. Da die männlichen und weiblichen Rollen während des Liebeswerbens im Großen und Ganzen erhalten geblieben sind, unterscheiden sich Mann und Frau nach wie vor deutlich. Sogar Hollywood, das mit seinen Filmen, Musikvideos und Werbeclips das Verhalten der jungen Generation deutlich prägt, zeigt männliche und weibliche Kleidungsklischees – genau wie 1942, als Humphrey Bogart und Ingrid Bergman in *Casablanca* umeinander warben.

Das nach wie vor attraktivste »Beinkleid« für eine Frau ist der klassische Rock bis zum Knie. Glaubt man den Archäologen, war schon der älteste uns bekannte »Stoffstreifenrock« ein provokatives, die Beine enthüllendes Kleidungsstück. Das beweisen Felszeichnungen aus der Altsteinzeit im französischen Lespugue, die Venusfiguren zeigen. Sie werden auf ein Alter von 23 000 bis 25 000 Jahre geschätzt. Der erotische Stoffstreifenrock, der an den Hularock des alten Hawaii erinnert, zeigt Beine und Fesseln und muss beim Gehen aufreizend hin und her gewippt haben (Barber, 1994).

Dem steinzeitlichen Mann wird das schwingende Röckchen besser gefallen haben als der Anblick ihres unbekleideten Körpers. Zumindest legt das eine Studie über die südpazifische Guadalcanal-Kultur nahe. Dort liefen beide Geschlechter bis zur Pubertät nackt herum. Anschließend trugen sie Kleidung aus Pandanus-Palmblättern oder Rindenstreifen, die mit Hilfe eines Stricks um die Taille gebunden wurden. Doch eine Prostituierte aus dieser Kultur trug ein Graskleid, das den Körper bedeckte, um ihre körperlichen Reize zu betonen. »Um aufreizend zu wirken«, schreibt der Anthropologe Ian Hogbin, »trug sie ein kurzes Graskleidchen und viel Schmuck. Außerdem verbrachte sie viel Zeit damit, sich zu baden und mit duftenden Ölen einzureiben« (Hogbin, 1964).

Ein ausgestelltes, langes Kleid betont den Gang einer Frau, indem es sie sinnlich umflattert. Es erregt Aufmerksamkeit und verleiht ihr gleichzeitig Anmut. Wie eine Eistänzerin scheint sie von der Schwerkraft losgelöst dahinzuschweben.

Da Frauen nicht so sehr auf nackte Gliedmaßen ansprechen, ist die Hose das ideale Beinkleid des Mannes. Eine Hose verdeckt seine behaarte Haut und suggeriert, dass er mit beiden Beinen fest auf der Erde steht. Mit ihren maskulinen Aufschlägen und dem dazu passenden robustem Schuhwerk stellt sie eine stabile Verbindung zum Boden her. Die Bedeutung maskuliner Stabilität macht die Hose während des Liebeswerbens zu einem weltweit beliebten Kleidungsstück – sogar in Ländern, in denen traditionellerweise Kilts, Kimonos und Sarongs getragen werden.

Die auf einem Gletscher zwischen Österreich und Italien entdeckte, älteste uns bekannte Hose bestand aus zwei nicht miteinander verbundenen Tierhäuten, die mit einem Leintuch kombiniert wurden. Sie gehörte dem Wanderer aus der späten Jungsteinzeit, der unter dem Namen »Ötzi« berühmt geworden ist und vor 5300 Jahren starb. Die seine Schenkel und Waden bedeckende Hose aus Tierhäuten saß locker, damit er die Beine problemlos beugen konnte.

Dass die Hose einen derartigen Siegeszug antreten konnte, liegt sicherlich auch daran, dass sie einen wesentlich aktiveren Lebensstil erlaubt als die vorhin beschriebenen *Hula-Röcke* und Kleider. Männerhosen weisen einen indoeuropäischen Schnitt auf, der von Reitervölkern entwickelt wurde. Laut der Archäologin Elizabeth Barber wurde die Hose, wie wir sie heute kennen, vor zweitausend Jahren erfunden, damit sich die empfindlichen Geschlechtsteile des Mannes beim Ritt durch die Steppe nicht wundscheuern konnten. Wie Barber schreibt, »wurde das Männerhemd daraufhin gekürzt, damit er sich breitbeinig aufs Pferd setzen konnte« (Barber, 1994). Egal, ob es um Reiterbekleidung oder das passende Outfit beim Liebeswerben geht: Die Funktion bestimmt die Form.

Modetipps

- Öffnen Sie den Kragen, um das Halsgrübchen zu zeigen. Indem Sie diesen verletzlichen Körperteil entblößen, erregen Sie Aufmerksamkeit und wirken zugänglich und offen.
- Die Farben und Kontraste Ihres Oberteils sollten zu den Grundfarben und Kontrasten Ihrer Haut, Ihrer Augen und Ihrer Haare passen. Ihr Gesicht kommt am besten zur Geltung, wenn Sie eine Bluse, eine Jacke bzw. einen Schal tragen, der diese Farbtöne widerspiegelt und für ein klares Farbschema sorgt. Haselnussbrauntöne passen zu dunklem Haar und braunen Augen. Cremefarben greifen hellere Haar- und Hautfarben auf.
- Ihr Körper ist von Natur aus symmetrisch. Tragen Sie als Auflockerung etwas Asymmetrisches wie ein Einstecktuch oder eine Blume im Knopfloch. Oder aber Sie stecken sich eine schöne Brosche an das rechte Revers.
- Tragen Sie ein Jackett mit einer hohen bzw. tiefen Taille, um ein harmonisches Gleichgewicht zwischen Ober- und Unterkörper zu erzielen. Eine tiefe Taille gleicht lange Beine aus, während eine hohe Taille die Beine streckt.
- Wenn Sie sehr dünn sind, sorgen Sie mit Hilfe von Taschenklappen, Manschetten und breiten Riegeln für horizontale Linien, die Sie breiter wirken lassen.
- Tragen Sie Strümpfe in derselben Farbe wie Ihre Schuhe, um Ihre Beine optisch zu verlängern.

- Wählen Sie eine Kragengröße und Form, die Ihrem Gesicht schmeichelt. Langen Gesichtern stehen breite Kragen mit abgerundeten Ecken. Runde Gesichter wirken in schmalen Kragen mit spitzen Ecken besser.
- Tragen Sie Stoffe, die zum Berühren anregen wie Tweed, Kaschmir, Flanell, Seide, Wildleder, Lack oder Gestricktes, um die tastempfindlichen Neuronen im sensorischen Kortex Ihres Partners anzuregen. Solche Texturen signalisieren: »Bitte fass mich an!«
- Antaillierte Jacketts schmeicheln der Taille und betonen eine sanduhrförmige Figur. Vollere Hüften dagegen lassen sich unter einem längeren Jackett verbergen.
- Dreiviertelärmel lassen die Finger einer Frau länger wirken.
- Wenn Sie sehr groß sind, macht Sie ein Jackett mit einem tiefen Revers optisch kleiner.
- Ein Jackett mit breiten Schultern lässt Ihren Kopf kleiner wirken. Umgekehrt lassen ihn schmale Schultern größer erscheinen.

Die Sprache der Arme

Zur Armbekleidung gehört alles, was Farbe, Umfang, Länge und Form Ihrer Arme bedeckt, enthüllt oder verändert. Also auch Tätowierungen, Schmuck, Armreifen und Armbänder, die ebenfalls dazu dienen, Aufmerksamkeit zu erregen und

Kleidung und Schmuck: Verführung pur

Ihr männliches bzw. weibliches Geschlecht zu betonen. Ein Flanellhemd verleiht dem männlichen Bizeps mehr Muskelmasse, während eine kurzärmelige Bluse die schmale, schlanke Anmut femininer Arme, Hände und Finger betont. Die Armbekleidung beeinflusst auch die Art, wie wir uns bewegen. Wie jeder Schneider weiß, bestimmt der Sitz eines Ärmels, wie weit wir uns vorbeugen und strecken können.

Die attraktivste Armbekleidung für zierliche Frauen ist so gut wie gar keine. Männer fühlen sich von schmalen Ober- und Unterarmen sowie von der runderen Form von Schulter-, Oberarmmuskulatur und Handgelenken angezogen. Winkelt eine Frau ihr Handgelenk an, sorgt das Unterhautfettgewebe dafür, dass es runder und weicher wirkt als das eines Mannes.

Trotz der großen Beliebtheit von Männerunterhemden und ärmellosen T-Shirts, stehen Männern lange Ärmel am besten. Da er schließlich nicht von einem richtigen Fell bedeckt ist wie andere Säugetieren, wirkt der durchschnittliche Männerarm eher dünn und verletzlich. Im Büro bleibt er bedeckt, weil man auf diese Weise durchsetzungsfähiger erscheint. Die dicken Ärmel eines Businessjacketts vergrößern Bizeps, Unterarme und Handgelenke. Ein sportlicher Mantel suggeriert körperliche Kraft.

Beim Liebeswerben kommen selbst die muskulösen Arme eines Bodybuilders besser an, wenn sie bedeckt sind. Wie bereits erwähnt, wirken allzu viele Muskeln auf Frauen eher einschüchternd. Ist die Botschaft eines muskulösen Bizeps zu deutlich, sollten Sie einen weiten Pulli darüber tragen, der den muskulösen Körper attraktiv durchscheinen lässt und signalisiert: »Ich bin zwar kräftig, kenne aber meine Grenzen.«

Bei Männern sollten die Ärmel am Oberarm lässig sitzen und dann zum Handgelenk hin schmal zulaufen. Das verleiht ihnen etwas Graziles, das vermuten lässt, dass sie mehr zu bieten haben als reine Muskelkraft. Ärmel, die ums Handgelenk schlackern, wirken unordentlich und lenken von den maskulinen Händen ab.

Echte Hingucker

Farbe und Textur von Naturmaterialien können dazu beitragen, Ihren Teint und Ihre Haarfarbe ins rechte Licht zu rücken. An der richtigen Stelle getragener Schmuck aus Bernstein, Koralle, Silber, Gold oder Perlen erregt Aufsehen und hinterlässt einen bleibenden Eindruck:
- **Bernstein** sorgt mit seinem üppigen goldgelben Glanz für Aufmerksamkeit. Dem fossilen Baumharz werden bereits seit dem Oberen Paläolithikum magische Kräfte nachgesagt. Bernsteinschmuck, der als auffälliger Anhänger mitten im Ausschnitt getragen wird, hinterlässt einen unvergesslichen Eindruck und lenkt den Blick nach oben auf Hals und Gesicht.
- Kleine Gesichter, die in **Koralle, Onyx** oder **Muscheln** graviert sind, ziehen alle Blicke auf sich, da wir aufgrund von speziellen Modulen in den Schläfenlappen automatisch auf Gesichter reagieren. Als Anhänger über oder unter dem Halsgrübchen getragen, spiegeln

solche **Kameen** oder **Gemmen** Ihr eigenes Gesicht wider und betonen Ihre frisch geröteten Wangen.
- Durch ihr Glitzern fesselt auch eine **Gold**kette den Blick. Indem Sie das Licht auf Ihre Haut reflektiert, gibt sie Ihrer unteren Gesichtshälfte eine runde Begrenzung. Zusammen mit Ihrer Frisur erhält Ihr Gesicht auf diese Weise eine attraktive Umrahmung. Gelbgold passt zu jedem Hautton, und sein Glänzen bringt auch die Augen zum Strahlen.
- **Silber** hat einen blassen, aber nichtsdestoweniger prächtigen Schimmer. Zu einem Armband können Sie kleine silberne Ohrringe tragen, um den Effekt zu verstärken. Die glatte Silberoberfläche spiegelt Ihren Teint wider.
- Das satinweiße Schimmern von **Perlen** bringt die Haut so richtig zum Leuchten. Perlenohrringe lenken den Blick aufs Gesicht. Ihre Kugelform nimmt die Rundung von Iris und Augen auf.

Tipps für schöne Schultern

Die Schultern prägen den menschlichen Körper und verleihen ihm Kontur. Wie und ob Sie sie verhüllen, hängt ganz davon ab, was Sie signalisieren wollen. Die Schultern sind beim Liebeswerben derart ausdrucksvoll, dass sich in jeder Kultur spezielle Kleidung entwickelt hat, um sie in Szene zu setzen. Kleidung, die um die Schultern getragen wird, unterstreicht

Tipps für schöne Schultern

die für Wirbeltiere typischen Dominanz- oder Demutsgesten. Anzugjacketts betonen das Kantige, während eine tief ausgeschnittene Bluse die weibliche Schulterrundung enthüllt. Mit Hilfe der Kleidung können die Schultern also entweder Breitseite zeigen oder demütig hochgezogen sein.

Bei Frauen rückt eine verführerische Schulterbekleidung die Schultern selbst ins Zentrum der Aufmerksamkeit und mit ihnen auch ihre emotionale Gestik. Am verführerischsten sieht es aus, wenn eine oder beide Schultern nackt sind, damit ihre abgerundete Form zur Geltung kommt und die volle Bewegungsfreiheit gewährleistet ist. Und wer nur eine nackte Schulter zeigt, bereichert die feminine Figur noch um eine auffällige Asymmetrie. Puffärmel sorgen dafür, dass die Schultern einer Frau wie permanent hochgezogen wirken. Diese Geste besagt: »Ich bin harmlos, du darfst ruhig näher kommen.« Auf antiken Gemälden können wir sehen, dass die Ägypterinnen schlauchförmige, knöchellange Trägerkleider trugen. Die Pracht ihrer Arme, Schultern und Schlüsselbeine wurde während aller Epochen gern zur Schau gestellt.

Heutige Frauen tragen Kleidungsstücke, die genau dieselben Signale aussenden. Ärmellose Pullis und Blusen zeigen die runden Schultermuskeln. Runde, V- oder U-Boot-Ausschnitte entblößen das Schlüsselbein unter dem Halsgrübchen. Obwohl ihnen die Brüste die Schau stehlen, sind diese femininen Körperpartien für Männer ebenfalls reizvoll. Ein Wickelkleid bildet einen tiefen V-Ausschnitt über Schlüssel- und Brustbein, während Spaghettiträger für ein interesssantes Linienspiel sorgen, das den Blick auf die nackten Schultern lenkt. Ein Oberteil mit U-Boot-Ausschnitt wirkt freundlicher und zahmer als ein tiefer V-Ausschnitt. Psychologisch gesehen, wirken runde Linien weiblicher und nachgiebiger als ein eckiger Ausschnitt. Stoffe wie Taft, Samt, Velours und Seide imitieren die Weichheit der Schultern und rücken sie ins rechte Licht.

Ein weich fallendes, gut gebügeltes Oberteil glättet automatisch auch Ihr Gesicht. Ein knittriges Hemd oder eine verknitterte Bluse betonen dementsprechend die Falten in Ihrem Gesicht und lassen Sie älter wirken.

Männern steht eine Schulterbekleidung am besten, mit der sie wie andere Wirbeltiere »Breitseite« zeigen und damit Kraft ausstrahlen. Um körperlich stark zu wirken, »blasen« sich Männchen in Tier- und Menschenwelt künstlich auf, um größer zu wirken, als sie eigentlich sind. Business-, Militär- und Sportjacketts lassen die Schultern, ja den ganzen Körper, imposanter erscheinen, weil sie eine breite Brust machen. So wie sich Kugelfische aufpumpen, um ein breiteres Profil zur Schau zu stellen, sorgen beim Mann breite Revers dafür, dass er eindrucksvoller wirkt. Und das erhöht wiederum die Wahrscheinlichkeit, dass ihm Frauen die Beschützerrolle zutrauen.

Die Farben der Liebe

Beim Liebeswerben laden Farben die Kleidung emotional auf. Eine rote Bluse wirkt erregend und sexuell provozierend. Ein grünes Hemd wirkt lässig und freizeitmäßig. Gelb sticht immer ins Auge, und Gelb mit Schwarz ist der höchste optische

Kontrast, den der Mensch überhaupt wahrnehmen kann. Ein leuchtendes Orange ist die Farbe von Rebellen, die sich abheben wollen, Blau wirkt entspannt und offen. Da von seiner dunklen Oberfläche keinerlei Signal auszugehen scheint, ist Schwarz die geheimnisvollste aller Farben. Schwarz versteckt Gefühle, wie eine schwarze Sonnenbrille die Augen. Uni getragen, wirkt Schwarz puristisch, hart und unpersönlich. Schwarz war auch die Lieblingsfarbe des abstrakten, expressionistischen Malers Ad Reinhardt, ein absoluter Minimalist, der die Realität auf vollständige Dunkelheit reduziert hat. Wenn man sich ganz in Schwarz kleidet, lenkt man die gesamte Aufmerksamkeit auf das Gesicht. Das freundliche Weiß dagegen steht für Unschuld und Zugänglichkeit, aber die freundlichste Farbe für ein Oberteil ist beim Liebeswerben eindeutig Pink. Die Farbe Pink signalisiert dem Hypothalamus im Gehirn, dass er den Adrenalinspiegel herunterfahren und die Fremdenangst zügeln soll.

Die vor neuntausend Jahren erfundene Kleidung hat das Liebeswerben für immer verändert. Gewebtes Tuch wurde zum unverzichtbaren Hilfsmittel, um die eigene Weiblichkeit bzw. Männlichkeit zu betonen und den Körper eindrucksvoll in Szene zu setzen. Heute übermittelt Kleidung Stimmungen und Gefühle genauso gut, wie es vor Urzeiten nur Gesten taten. Die Mode ist zur Körpersprache der Verführung geworden. Beim Liebeswerben sind wir das, was wir tragen. Indem wir lenken, wo andere hinschauen, kontrollieren wir, was sie von uns sehen und wie sie uns sehen.

10. Die richtige Umgebung

> »Als Faustregel kann man
> sich Folgendes merken:
> Der Abstand von drei Barhockern ist
> die maximale Entfernung,
> bei der die Gäste noch einen Versuch
> des Kennenlernens machen.«
> (Mark L. Knapp)

Von Ihrem Fenstertisch im Vier-Sterne-Restaurant, inmitten eines sorgfältig gewählten, pastellfarbenen Dekors, umgeben von Rosenduft und edler Tischwäsche, blicken Sie auf die in der Ferne funkelnden Lichter der Stadt und wissen: Dieser Ort hat das gewisse Etwas. Und wenn Sie die französische Küche in einem kleineren, in Apricot und Hellgrün gehaltenen Raum genießen, der mit bunten Blumenbuketts geschmückt ist, bemerken Sie: Auch dieses Bistro hat ein ganz besonderes Flair. Köstliches Essen, gedämpftes Licht, elegantes Mobiliar ... all das erzeugt dieses undefinierbare Etwas, das wir Romantik nennen.

Wie schon der Anthropologe Edward Hall feststellte, können Räume sprechen. Die Kulisse, vor der das Liebeswerben stattfindet, kann ein Paar mehr beflügeln oder aber bremsen, als man das je vermuten würde. Obwohl Rosen und Stehgeiger sicher viele Menschen in eine romantische Stimmung versetzen, kann »der rechte Ort zur rechten Zeit« alles Mögliche sein, egal, ob eine ruhige Cafeteria oder ein lauter Rockschuppen.

Die beschwingten Rhythmen machen das stets gut besuchte *Hard Rock Café,* von dem es überall auf der Welt Filialen gibt, geeigneter für ein Date als so manches Restaurant mit Rosen und einem müden Stehgeiger. Die Forschung hat gezeigt, dass Sie die mitreißende Musik im Hard Rock Café sogar besser aussehen lässt: In einer Studie über die Auswirkungen von Hintergrundmusik auf die körperliche Attraktivität haben Forscher festgestellt, dass Frauen, die Rockmusik hören, Fotos von Männern positiver beurteilen, als wenn keine lebhafte Musik im Hintergrund läuft (May und Hamilton, 1980). Ohne Musik (bzw. nur mit leisem Jazz im Hintergrund) fanden die Frauen die Fotos deutlich weniger attraktiv.

In guter Gesellschaft

Egal, ob mit oder ohne Musik: Sie sehen besser aus, wenn Sie sich neben Leute setzen, die selbst gut aussehen. Dieses Phänomen, das Sozialpsychologen *Assoziationseffekt* nennen, wurde in der wissenschaftlichen Fachliteratur erstmals in den 1930er-Jahren erwähnt. (Williard Waller, 1937). Heute, wo der Assoziationseffekt über Jahrzehnte hinweg von Forschern immer wieder bestätigt worden ist, gehört er zu den

Grundsätzen der Psychologie. Er gilt für beide Geschlechter und wirkt völlig unabhängig davon, in welcher Beziehung oder Nicht-Beziehung man zu den gut aussehenden Menschen neben einem steht. Es reicht schon, ihnen körperlich nahe zu sein. Wann immer es geht, sollten Sie sich also neben gut aussehende Menschen setzen und Ihre Begleitung so platzieren, dass sie diese gut sehen kann.

Sicherheitsabstand halten!

Egal, ob Sie sich in einem eleganten Vier-Sterne-Restaurant treffen oder im Café an der Ecke – zunächst einmal müssen Sie lernen, mit den unsichtbaren Abmessungen der persönlichen Zone umzugehen. Wie es der Schweizer Künstler Alberto Giacometti auf seinen Bildern dargestellt hat, sind die Grenzen zwischen dem Körper und seiner Umgebung fließend. Auf Giacomettis Porträts von Strawinsky, Sartre und Matisse scheinen die Körperränder mit der sie umgebenden Leinwand zu verschwimmen. Ein Mensch hört in der Tat nicht auf der Hautebene auf, sondern strahlt gewissermaßen in unsichtbare Zonen aus. Jeden von uns umgibt eine emotional aufgeladene, persönliche Zone, und nur ausgewählte, »sichere« Partner dürfen sie betreten.

Die wissenschaftliche Forschung darüber, wie in der Öffentlichkeit kommuniziert wird, begann im späten 19. und frühen 20. Jahrhundert mit Studien über tierisches Verhalten und Territorialität. Mitte des 20. Jahrhunderts war es dann Edward Hall, der das Territorialverhalten des Menschen zu einem beliebten Untersuchungsgegenstand machte und in seinem Buch *The Silent Language* (1959) als *Proxemik* bezeichnete. Vieles, was wir heute über die nonverbale Sprache der Liebe wissen, betrifft genau diesen zwischenmenschlichen Raum.

Hall entdeckte, dass wir von einer Art Hülle umgeben sind. Diese unsichtbare, unberührbare und geruchlose Hülle, die auch *personale Distanz* genannt wird, hat eine aus mehreren Schichten bestehende Struktur, die man sich vorstellen kann wie ein in Scheiben geschnittenes, gekochtes Ei. Hall unterscheidet vier Körperdistanzen – die *intime* (0 bis 45 cm), die *persönliche* (45 bis 120 cm), die *soziale* (120 bis 300 cm) und die *öffentliche* (300 cm und mehr), die beim Territorialverhalten von Erwachsenen eine Schlüsselrolle spielen.

Dem Kulturanthropologen Hall fiel auf, dass verschiedene Nationalitäten unterschiedliche Angaben zu diesen vier proxemischen Zonen machten. In der Anfangsphase des Liebeswerbens gehen französische und italienische Paare beispielsweise weniger auf Distanz als amerikanische, deutsche oder britische. Wer zu nah neben seinem Partner sitzt oder steht bzw. zu sehr auf Distanz geht, kann Missverständnisse heraufbeschwören und jene Irritation bzw. Angst auslösen, die Anthropologen als *Kulturschock* bezeichnen. Dass die »Hülle« eines Italieners kleiner ist als die eines Amerikaners kann nämlich durchaus zu Unannehmlichkeiten führen: Eine waschechte Texanerin könnte sich bedrängt fühlen, wenn sie sich mit einem Sizilianer unterhält, dessen Gesicht nur 45 Zentimeter von ihr entfernt ist. Der Sizilianer wiederum könnte es als schroffe Ablehnung empfinden, wenn sie daraufhin einen

Schritt zurück macht oder sich abwendet. Die Hüllen der Menschen sind verschieden groß, aber in allen Gesellschaften ist die intime Zone ausschließlich für enge Freunde, Familienangehörige und den Partner reserviert.

Außerdem ist diese Hülle in jeder Kultur nach vorne hin größer als zu den Seiten. Experimente haben gezeigt, dass die frontale Annäherung eines Unbekannten einen leichten bis mittleren Widerwillen auslöst und dazu führt, dass man Gesicht und Körper abwendet. Hautleitfähigkeitstests haben ergeben, dass die Handflächen bei einer direkten, frontalen Annäherung deutlich mehr Schweiß absondern – ein eindeutiges Zeichen für Fremdenangst.

Da unsere Hülle weiter nach vorn reicht als nach links oder rechts, sollte man beim Liebeswerben stets schräg von der Seite auf jemanden zugehen. Diese unaufdringliche Annäherung empfiehlt sich vor allem am Anfang einer Beziehung, da sie die Fremdenangst herabsetzt. Dieses vorsichtige Annähern von der Seite ist besonders für Frauen geeignet. Männer fühlen sich weniger bedrängt, wenn man sich ihnen von der Seite her nähert. Im Gegensatz dazu werden die Männer merken, dass eine solche Taktik bei Frauen weniger effektiv ist als eine direkte Annäherung: Forschungen haben nämlich gezeigt, dass Frauen eher eine freundliche Annäherung von vorn bevorzugen.

Frauen wirken weniger bedrohlich, wenn sie sich einem Mann von rechts nähern. Bei Rechtshändern – und das sind immerhin 90 Prozent aller Männer – ist die rechte Körperhälfte weniger emotional als die linke. (Für linkshändige Männer gilt genau das Gegenteil). Weil sie von seiner analytischen, linken Gehirnhälfte kontrolliert wird, fühlt sich die rechte Körperhälfte eines Mannes nicht so ungeschützt wie die linke. Die linke Seite wird nämlich von der emotionalen, rechten Gehirnhälfte gesteuert und reagiert deshalb auf die Annäherung eines Fremden eher beunruhigt.

Wer in die intime Zone des Gesichts einer Frau eindringt, kann ein plötzliches Abwenden des Kopfes, ein Zusammenpressen der Lippen und ein Verkrampfen der Schultern feststellen. Treten solche Abwehrsignale auf, sollte sich der Mann um 60 bis 120 Zentimeter in ihre weniger empfindliche, persönliche Zone zurückziehen. Im Umgang mit Fremden tolerieren Frauen geringere Distanzen zu Frauen als zu Männern. Lädt ihre Körpersprache ihn also nicht eindeutig zum Näherkommen ein, sollte der Mann stets eine Armlänge Abstand halten und außerhalb ihrer *Fluchtdistanz* bleiben. Von dort aus muss er sich vorsichtig an sie »herantasten«. Laut dem Zoologen Heini Hediger kann das Überschreiten der unsichtbaren Schwelle zur Fluchtdistanz – von wo aus er die Hand ausstrecken und sie berühren könnte, ohne noch einen weiteren Schritt nach vorn machen zu müssen – einen Schutzreflex auslösen und dazu führen, dass sie sich ihm völlig entzieht.

Aus der Nähe reagieren Männer anders auf Mimik als Frauen. Männer tun sich leichter, auf Frauen zuzugehen, die sie nicht direkt ansehen und anlächeln. Frauen dagegen finden es einfacher, auf Männer zuzugehen, die sie anlächeln und ihren Blick erwidern. Männer zeigen sehr deutlich, dass es sie verstimmt, wenn eine Frau in ihre Intimsphäre eindringt, zum Beispiel indem sie die Lippen zu einem schmalen Strich zusammenpressen und einen Schritt zurück machen.

Frauen dagegen leiden still vor sich hin, wie Studien belegen. Das heißt, dass sie nicht so deutlich zeigen, wenn ihnen ein Mann zu nahe gekommen ist. Da er unter Umständen nicht mitbekommt, wo seine Grenzen sind, sollte ein Mann immer auf Distanz bleiben, bis er ein ausdrückliches Willkommenssignal empfängt. Das kann ein Kopfneigen zur Seite sein oder aber ein verführerischer Blick unter langen Wimpern hervor.

Auch was die Sitzordnung anbelangt, haben beide Geschlechter unterschiedliche Vorlieben. Wenn man sich noch nicht kennt, sollte der Mann in einer Kneipe oder Bar immer direkt gegenüber der Frau Platz nehmen. Das wird als weniger bedrohlich empfunden, als wenn er sich neben sie setzen würde. Für Männer gilt genau das Gegenteil: Ein Mann bleibt ruhiger, wenn sich eine Frau neben ihn setzt, statt ihm direkt gegenüber, denn dann muss zwangsläufig ein Blickkontakt stattfinden.

Die ungeschriebenen Gesetze der persönlichen Zone
Die persönliche Zone ist der Bereich, der Ihren Körper unmittelbar umgibt und den Sie als Privatsphäre betrachten. Wenn jemand ohne Vorwarnung in diesen Bereich eindringt, fühlen Sie sich dadurch empfindlich gestört. Wer die unsichtbaren Grenzen seines Partners überschreitet, kann dem Liebeswerben ein Ende bereiten, bevor es überhaupt richtig begonnen hat.
- Vermeiden Sie Körperkontakt, wenn Sie sich mit einem flüchtigen Bekannten unterhalten. Während manche eine vorsichtige Berührung an Rücken, Arm oder

Die richtige Umgebung

Schulter als angenehm empfinden, geht das für viele bereits einen Schritt zu weit. Da Sie mit unaufgefordertem Tätscheln oder Schulterklopfen bewusst in die persönliche Zone eindringen, ist so ein Verhalten beim Liebeswerben stets sehr riskant.

- Achten Sie auf Warnsignale, die darauf hindeuten, dass Sie dem anderen zu nahe gekommen sind. In diesem Fall wird Ihr Partner den Blick abwenden, die Lippen zusammenpressen, die Arme verschränken, zur Seite ausweichen, sich abwenden oder einen Schritt zurück machen.
- Wenn ein Partner einen Schritt zurück macht, dürfen Sie auf keinen Fall einen nach vorne machen, um die Lücke zu schließen. Respektieren Sie das unausgesprochene Bedürfnis nach mehr Distanz.
- Wenn Sie an einem Tisch Platz nehmen, fühlt sich die Frau wohler, wenn Sie ihr gegenüber sitzen statt neben ihr. Sie möchte sich lieber frontal bewundern als von der Seite mustern lassen.
- Ein Mann dagegen ist entspannter, wenn sich die Frau neben ihn setzt. Da er nicht so gut in Konversation ist und eine weniger ausdrucksvolle Mimik hat, fühlt er sich unsicher, wenn er einer Unbekannten direkt gegenüber sitzen muss. Die beste Strategie für eine Frau ist die, neben ihm das Gespräch zu beginnen und sich dann vorsichtig von vorn anzunähern.
- Wenn Sie nicht eigens dazu aufgefordert werden, dürfen Sie Arme und Finger nicht in die intime Zone

Ihres Begleiters strecken. Gestikulieren Sie in einem Bereich unterhalb des Kinns Ihres Partners, um nicht in seiner besonders sensiblen Zone direkt vor dem Gesicht herumzufuchteln.
- Wenn Sie deutlich größer, schwerer, lauter oder in schreienderen Farben gekleidet sind als Ihre Begleitung, wirken Sie optisch näher. Deshalb sollten Sie dem anderen mehr Raum lassen. Wenn Sie kleiner, zierlicher, leiser oder in gedeckten Farben gekleidet sind, dürfen Sie umgekehrt ein paar Zentimeter näher heranrücken, als es die Regeln vorschreiben.
- Vermeiden Sie es, jemandem »auf die Pelle zu rücken«. Diesen Fehler begehen meist Männer, die kein Gespür für die persönlichen Grenzen von Frauen haben. Wer während einer Unterhaltung den Sicherheitsabstand von 45 Zentimeter unterschreitet, wirkt penetrant aufdringlich.

Die Chancen, jemanden in einem Café oder einem Nachtclub in ein Gespräch zu verwickeln, hängen stark von der Entfernung ab, die Sie voneinander trennt. Der Anthropologe Mark Knapp konnte beobachten, dass es sehr unwahrscheinlich ist, mit jemandem ins Gespräch zu kommen, der vier oder mehr Barhocker weit von uns entfernt sitzt. Wenn möglich, sollte der Mann stets einen Stuhl zwischen sich und der Person, die er ansprechen will, frei lassen, sozusagen als »Sicherheitsabstand«. Ergibt sich ein Gespräch, sollte er den freien

Stuhl besetzen, um mögliche Rivalen auszugrenzen. Knapp erkannte, dass das »Stuhlwechseln« beim Liebeswerben eine typisch männliche Angewohnheit ist. Frauen sollten sich nie zu rasch nähern, da sie ihre Absichten sonst viel zu deutlich zeigen. Seine Annäherung dagegen ist wie die des Elchbullen ein besitzergreifendes Signal, das dazu dient, Rivalen fern zu halten. Sie hat weniger etwas mit Romantik als mit Territorialverhalten zu tun.

Die richtige Kulisse für ein romantisches Abendessen
Gemeinsam zu essen ist ein fester Bestandteil menschlichen Liebeswerbens. Nahrung regt das Nervensystem zum Ausruhen und Verdauen an und dämpft damit jene Kampf- oder Fluchtimpulse, die durch die Gegenwart von Fremden hervorgerufen werden. Das Ausruhen und Verdauen hilft den Paaren, sich während des Essens zu entspannen. Da die Farbgestaltung eines Restaurants oder Cafés darüber mitentscheidet, ob man sich während einer Verabredung wohl fühlt oder nicht, sollten Sie Ihren Treffpunkt mit derselben Sorgfalt auswählen wie das Menü, das Sie bestellen.

Das intensive rot-gelbe Farbschema von McDonalds führt dazu, dass man sehr schnell isst. Die kräftige Beleuchtung sowie die grellen Primärfarben überreizen die Sehzentren, sodass man dort weder zum Ausruhen und Verdauen, noch zum Bleiben und Reden animiert wird. Satte Rottöne steigern automatisch den Blutdruck und erhöhen die Muskelanspannung um stolze 80 Prozent (Birren, 1978).

Ein Lokal, das in gedämpftem Braun, Beige, Gelb oder Rosa gehalten ist, lädt deutlich mehr zum Entspannen und Verweilen ein. In einer ruhigen Umgebung, die durch sanfte, neutrale Farb- oder Erdtöne gekennzeichnet ist, können sich Paare besser unterhalten. Heitere Pastellfarben heißen die Gäste ebenfalls willkommen – und wirken freundlicher als die nervös machende Atmosphäre bei McDonald's.

Blau-, Grün- und Brauntöne holen die freie Natur nach drinnen und schaffen ein erfrischend ursprüngliches Ambiente. Indem Sie intensive Rottöne abmildern, beruhigen die Farben Grün, Lavendel und Blau die Nerven.

Wenn es in den Anfängen des Liebeswerbens vor allem darum geht, sich besser kennen zu lernen, bilden beruhigende Räume einen geeigneten Rahmen für ein entspanntes Abendessen, bei dem man sich gut unterhalten kann. Ist die Beziehung dann weiter fortgeschritten, können sich die Paare auch in lebhafter eingerichtete Kneipen und Clubs vorwagen, deren kräftige Rot-, Orange- und Gelbtöne die Leidenschaft wecken.

Im Restaurant sollten Sie einen Platz am Fenster, in einer Ecke oder an der Wand wählen, wo Sie nicht von allen Seiten von Fremden umgeben sind. Je weniger Ablenkung es gibt, desto mehr wird sich Ihr Gegenüber auf Sie konzentrieren.

Wie stehen Sie zueinander?

Egal, ob Sie während des Liebeswerbens stehen, sitzen oder knien – achten Sie immer auf die *Winkeldistanz* zu Ihrem Partner. Die Winkeldistanz ist die in Grad gemessene Positionierung der Schultern des anderen zu Ihren eigenen.

Wenn Sie sehen, dass die Schultern des anderen parallel zu den Ihren zeigen, beträgt die Winkeldistanz 0 Grad. Eine Winkeldistanz von 0 Grad ist die freundlichste Körperhaltung überhaupt. Ein Oberkörper, der sich brüsk nach links oder rechts wendet, sodass wir direkt auf die Schulter des anderen blicken, entspricht einer Winkeldistanz von 90 Grad. Diese abgewandte Körperhaltung kommt einer schroffen Abfuhr gleich. Der andere zeigt uns wortwörtlich die kalte Schulter. Überschreitet die Winkeldistanz die 90 Grad, kehrt uns der Partner fast schon den Rücken zu, ein Zeichen, dass irgendetwas nicht in Ordnung ist.

Je mehr sich Ihr Partner abwendet, desto mehr Distanz wird spürbar. Können Sie selbst keinen höflichen Schritt zurück machen, wenn Ihnen jemand zu nahe »auf die Pelle gerückt ist«, werden Sie den Oberkörper instinktiv abwenden.

Die Winkeldistanz zwischen zwei Menschen, die gerade gemeinsam ein Glas Wein genießen, zeigt, was sie füreinander empfinden: Beträgt die Winkeldistanz 0 Grad (das heißt, dass beide Körper parallel zueinander stehen), bedeutet das, dass Sie sich sympathisch sind. Haben Sie hingegen Blickkontakt, während zwischen Ihren Oberkörpern eine Winkeldistanz von 90 Grad besteht, fühlen sie sich nicht ganz so stark zueinander hingezogen. Orientiert sich ein Partner völlig an einer Person, die sich stets abwendet, ist das ein Signal für unerwünschte Aufmerksamkeit: Ersterer will eindeutig mehr. Verkaufsprofis wissen, dass man den Oberkörper nie von einem Kunden abwenden darf. Eine derartig hohe Winkeldistanz steht für Desinteresse. Auch beim Liebeswerben bedeutet ein abgewandter Oberkörper, dass man hier nicht landen kann.

Voneinander abgewandte Gesichter signalisieren Desinteresse oder Antipathie.

Einander zugeneigte Gesichter beweisen Zuneigung.

Alles eine Frage der Orientierung

Bei Liebe auf den ersten Blick richten sich Gesicht, Augen und Schultern so aus, dass sie eine Winkeldistanz von 0 Grad mit denen Ihres Partners bilden. Ihr Körper reagiert auf das heftige Verliebtsein mit einem biologischen Instinkt namens *Orientierungsreflex*. Dieser angeborene Schutzmechanismus stellt eine verstandesmäßige und emotionale Aufmerksamkeit für das her, was Ihre Sinne gerade am meisten beansprucht. Ist der Orientierungsreflex aktiv, können Sie einfach nicht mehr wegsehen.

> **Wie vom Blitz getroffen**
> Bei einer Preisverleihung in den 1950er-Jahren orientierte sich eine ganze Reihe von Hollywoodgrößen an einer der glamourösesten Frauen der Welt: an Marilyn Monroe. Marilyn, die ein weißes Satinkleid trug, erschien auf der obersten Treppenstufe des Crystal Rooms im Beverly Hills Hotel, während ihre Bewunderer sie unten erwarteten. Wie sich der Oscar-Gewinner Walter Scott erinnert, »war das einer von den Momenten, die einem immer unvergesslich bleiben: Dieses Mädchen hypnotisierte den ganzen Raum, indem es einfach nur dastand ...« (Crown, 1987).
> Wenn man Scott Glauben schenkt, starrte das Publikum die Filmdiva wie vom Blitz getroffen an. Im vielen Teilen der Welt wird die Liebe auf den ersten Blick mit einem Blitzschlag verglichen. Marilyn erregte die Aufmerksamkeit aller im Raum versammelter Filmstars, belegte all ihre Sinne mit Beschlag und zeigte eine derartige Präsenz, dass für die anderen nur noch sie existierte.

Der Orientierungsreflex löst ein gewisses Erstarren aus. Wenn man einem faszinierenden Mann bzw. einer faszinierenden Frau gegenübersteht, starrt man ihn bzw. sie einfach nur an und lässt die Kinnlade herunterfallen, während Finger, Hände und Arme unbeweglich sind. Man fühlt sich wie gelähmt. Die schiere körperliche Präsenz des anderen absorbiert unser ganzes Orientierungsvermögen. Bei Primaten wird dieser Orientierungsreflex von einer ganzen Reihe typischer Signale begleitet (Porges, 1995), sodass man ihn kaum übersehen kann: Ein wie vom Blitz getroffener Partner grüßt sie mit hochgezogenen Brauen, weit aufgerissenen Augen, einem offenen Mund, hochgezogenen Schultern, einer höheren Stimme und einem Zucken des Adamsapfels. Kommen alle diese unbewussten Signale zusammen, wissen Sie, dass Sie einen unauslöschlichen Eindruck hinterlassen haben. Dann ist es höchste Zeit, dass Sie sich näher kommen.

Sehen und gesehen werden

Doch die Bedeutung des Raumes umfasst nicht nur die zwischenmenschliche Distanz und den Orientierungsreflex. Das Liebeswerben hat auch viel mit Territorialverhalten zu tun. Es gibt feste Besitzverhältnisse und Grenzlinien.

Das Revier ist für das Liebeswerben, was das Fußballfeld für den Fußball ist, nämlich ein Spielfeld. Sie können auch einfach so auf der grünen Wiese herumkicken, aber ein ernsthaftes Spiel findet stets innerhalb genau bestimmter Grenzen statt. Auf das Liebeswerben übertragen bedeutet das, dass Sie so gut wie überall flirten können, aber wenn Sie bei der Partnersuche erfolgreich sein wollen, müssen Sie Ihr Revier markieren, um sich heimischen Rivalen gegenüber durchzu-

Die richtige Umgebung

setzen. Wie das Liebeswerben der Fische, Frösche und Frettchen ist auch unseres höchst wettbewerbsorientiert.

An den an Samstagabenden von Teenagern stark frequentierten Treffpunkten ist dieser Wettbewerbsdruck oder *territoriale Imperativ* mit Händen zu greifen. Jede Stadt hat einen Platz, eine Straße oder ein Einkaufscenter, wo sich die Jugendlichen treffen, um voreinander anzugeben und sich zu produzieren. In San Diego gehörte der Parkplatz eines Schnellrestaurants zu den beliebtesten Balzrevieren überhaupt. Dieser Ort zog derart viele Jugendliche an, dass die Polizei jede Nacht ausrücken musste, um sie zu verjagen. Dass der Schnellrestaurantparkplatz über zwanzig Jahre hinweg ein beliebter Treffpunkt blieb, beweist, wie festgelegt so ein Balzrevier sein kann.

Nicht nur Jugendliche haben solche Treffpunkte. Auch in der Tierwelt kommen Insekten, Vögel und Säugetiere zusammen, um einen Partner zu finden. Biologen bezeichnen derartige Orte für Zusammenkünfte als *Leks*. Das Wort, das vom schwedischen Begriff für »Spiel« abstammt, bezeichnet ein Territorium, in dem man sich vor anderen produziert. Männchen einer Art sammeln sich an einem bestimmten Ort, um Weibchen aus der Umgebung anzulocken. Erst nachdem sich die Weibchen dort eingefunden haben, kann das eigentliche Balzen und Konkurrieren um einen Partner beginnen.

An einem solchen Lek, das übrigens jedes Jahr wieder genutzt wird – legen die Männchen ein auffälliges Verhalten an den Tag, während die Weibchen das Schauspiel beobachten. In Zentralafrika werben Uganda-Wasserböcke in kreisförmigen Leks umeinander, die einen Durchmesser von einem halben Kilometer haben. Fünfzig bis zu hundert Böcke tänzeln darin herum oder stellen sich in übertriebenen Posen zur Schau, bei denen sie den Kopf weit zurückgeworfen haben, mit dem Schweif wedeln und ihren erigierten Penis zeigen. Sobald die Weibchen dazukommen, verfolgen sich die Männchen gegenseitig, kämpfen miteinander und posieren mit ihren lyraförmigen Hörnern. An bestimmten Orten der französischen Riviera tummeln sich extravagant gekleidete Männer und führen ihre teuren Sportwagen vor, um dem anderen Geschlecht zu gefallen. Wie ihre Verwandten im Tierreich, scharen sich die Frauen um die Männer, die am meisten vorzuzeigen haben.

Fallbeispiel: Lekking in den *Golden Gardens*

Im Frühling sammeln sich die Präriehähne, um zu tanzen, voreinander auf und ab zu stolzieren und mit diesem merkwürdigen Ritual Hennen anzulocken. Diese Form des Liebeswerbens kommt bei vielen Vogelarten wie Beifußhuhn, Lanzettschwanzpipram oder Paradiesvogel vor, aber auch bei einigen Säugetieren wie Walrössern, Antilopen und Fledermäusen. Innerhalb des *Leks* oder Balzreviers bilden die Männchen Gruppen, um ihre Kraft und Verfügbarkeit zu zeigen und andere Eigenschaften vorzuführen, die sie zu geeigneten Partnern machen. Weibchen betreten das *Lek,* verschaffen sich einen Überblick und treffen dann anhand dessen, was sie sehen, hören oder riechen ihre Wahl.

Die richtige Umgebung

Auf den Menschen übertragen, erinnert das *Lekking* an eine Art Assessment-Center, zu dem Arbeitgeber mehrere Bewerber einladen. Eine solche Vorgehensweise ist äußerst effizient. Zu den vielen Treffpunkten mit den Eigenschaften eines *Leks* gehören auch Club-Med-Kreuzfahrten, Faschingsfeste, Hochzeitspartys, Salsa-Tanzkurse und Seniorenprogramme.

Um ein solches menschliches Lek zu studieren, beobachtete ich Teenager in den *Golden Gardens,* einem beliebten Treffpunkt in Seattle. Ich war der Einzige über dreißig, der mit seinem Auto in einer von zwei sich gegenüberstehenden Blechlawinen parkte, durch die eine »unsichtbare Trennlinie« führte.

Für die in den Autos sitzenden, johlenden, Bier trinkenden Minderjährigen war diese Trennlinie eine Art Korridor, durch den die Jungs ihre extra auf Hochglanz polierten Karossen steuerten und darin auf und ab hopsten wie die Schimpansen. Ein Ford Pick-up löste sich aus der Menge und steuerte einen Sandplatz an, wo die Hinterräder durchdrehten und jede Menge Staub aufwirbelten, um die jugendliche Energie des Fahrers zu demonstrieren.

Mädchen in Zweier- und Dreiergrüppchen, die stur geradeaus schauten, passierten den Korridor in ihren Hondas und Toyotas, die sie für diesen Zweck ebenfalls auf Hochglanz poliert hatten. Sie fuhren Runde um Runde, aber ohne die Jungs auch nur eines Blickes zu würdigen. Ein Paradebeispiel für ein kreischendes, energiegeladenes Teenager-Liebeswerben.

> Die Balzarena von Teenagern befindet sich meist im Freien und ist räumlich genauestens definiert. Da die Hormone in diesem Alter verrückt spielen, verläuft auch das Liebeswerben ausgesprochen wild. Die *Golden Gardens* schließen offiziell nach Sonnenuntergang, aber der *Lekking-* oder Schwarmbildungsinstinkt ist nach Einbruch der Dunkelheit so stark, dass ein Polizeiauto die Massen jeden Abend mit Hilfe eines Megafons zerstreuen muss. Nach der Pubertät läuft das Liebeswerben in etwas gesetzteren Bahnen ab, zum Beispiel in Kneipen, auf Büropartys oder anderen Veranstaltungen, wo die Grenzen des Balzreviers nicht ganz so klar abgesteckt sind. Doch egal, ob es auf den ersten Blick erkennbar ist oder nicht, dort findet ebenfalls ein *Lekking* statt, das die sexuelle Energie der dort versammelten Menschen bündelt.

Hier wird's romantisch!

Der beste Ort, um sich näher kennen zu lernen, ist gar nicht mal die Großstadt, sondern eine verlassene Bergregion, ein einsamer Strand oder die Wüste. Eine unberührte Landschaft hat den Vorteil, dass es dort nur wenige Werbetafeln, Wegweiser oder andere Symbole gibt, die uns ablenken können. Die einzigen Informationen, die dort auf uns einströmen, sind die Farben, Formen, Düfte und Geräusche der Natur. Diese unberührte Natur suchen wir auf Berggipfeln und in einsamen Inselhotels, wo Worte keine so große Rolle mehr spielen und die Liebe gedeihen kann.

Die Farbe Grün, die sich aus Blau und Gelb zusammensetzt, verbindet die angenehme Kühle von Gebirgsseen mit der stimmungsaufhellenden Sonne. Grün ist auch die Farbe der jungen Triebe im Frühling. Studien belegen, dass schon der Ausblick auf etwas Grün hilft, Ängste zu reduzieren. Untersuchungen von Puls und Gehirnwellen zeigen, dass die Natur zu einer deutlichen Entspannung führt. Die Anziehungskraft, die grüne Wiesen, blaues Wasser und die Natur zwischen Berg und Tal für uns haben, ist über Jahrtausende hinweg gleich geblieben und hat sich seit unseren Urahnen nicht verändert. Unsere Vorfahren lebten inmitten der Natur und entwickelten eine enge Verbundenheit mit der Landschaft ihrer Heimat.

Das Liebeswerben wird durch die Natur beflügelt. Es gibt dort nicht so viel Ablenkung durch Sinnesreize. In der Stadt ringen ständig mehrere Medien um unsere Aufmerksamkeit. Wörter überschwemmen unser Gehirn und stimulieren große Areale unserer Stirnhirnlappen, Schläfenlappen sowie unseres Hirnstamms. In Stadtgebieten, wo Paare von Worten überflutet werden, achten sie weniger auf Mimik, Gestik und Körperhaltung. Sie gehen nicht so stark aufeinander ein, wie sie es in der freien Natur tun würden.

Liebende im Nebel
Die berauschende Wirkung der Natur auf den Menschen zeigt sich auch in dem bemerkenswerten Liebeswerben der Primatologin Dian Fossey und des Anthropologen Louis Leakey, ihrem betagten Mentor. Im Jahr 1969 unternahm das Paar von Nairobi aus eine Safari durch die ostafrikanische Grassteppe. Die beiden genossen gutes Essen, köstliche Weine und verbrachten die Nacht in Zelten mit kuscheligen Schlaflagern. In seinem Buch *Das Ende der Fährte. Die Geschichte der Dian Fossey und der Berggorillas in Afrika* (1987) schreibt Farley Mowat: »Dian verfiel der Romantik sternenklarer Nächte in der süß duftenden Savanne. Leakey ging noch weiter – er verliebte sich hemmungslos.« Ihre Umgebung muss unvorstellbar schön gewesen sein. Dian war dreißig Jahre jünger als Louis, der damals schon auf die Siebzig zuging.

Das richtige Ambiente

Ein Großteil des Liebeswerbens nach der Pubertät findet in Lokalen statt, wo Männer und Frauen nach Einbruch der Dunkelheit essen, trinken, tanzen oder alles drei auf einmal. Wenn es dunkel wird, versammeln sich die Mitglieder ursprünglicher Gesellschaften noch heute um ein Feuer, wie es schon unsere steinzeitlichen Vorfahren vor 50 000 Jahren taten. Die Dunkelheit lässt eine ganz besondere Form von Intimität auf-

Die richtige Umgebung

kommen. Wenn man zusammensitzt und in die Glut starrt, entsteht eine gemütliche, geborgene, gesellige Stimmung. Der Mensch hat seit jeher eine gewisse Ehrfurcht vor dem Herdfeuer. Noch heute spendet ein Kamin Paaren, die sich noch nicht so gut kennen, Geborgenheit und gibt ihnen Sicherheit. Ein knisterndes offenes Feuer beruhigt die Nerven.

Psychologisch lässt sich leicht erklären, warum die Goldtöne der Glut derartige Glücksgefühle auslösen: Gelbes Licht gehört zu den warmen Farben des Farbspektrums. Gelb wird mit Sonnenschein, Leichtigkeit, Helligkeit und Erholung assoziiert. Die Werbeindustrie nutzt den stimmungsaufhellenden Effekt von Goldtönen, um dem damit beworbenen Produkt den Anschein von Erfolg und Modernität zu geben sowie um Verpackungen größer erscheinen zu lassen. Ein Abendessen in einem in goldenes Licht getauchten Ambiente spendet ein wohliges Gefühl von Wärme.

Egal, ob es dort einen Kamin gibt oder nicht – Nachtlokale haben ein paar entscheidende Vorteile: Wenn wir einen abgedunkelten Bereich betreten, dämpfen wir automatisch unsere Stimme und werden langsamer. Wer eine schwach beleuchtete Kathedrale betritt, wird in eine ehrfürchtige Stimmung versetzt. Beim Liebeswerben sorgt die gedämpfte Beleuchtung dafür, dass wir einen Raum voller Fremder leichter ertragen. Sie erscheinen uns sowohl körperlich als auch seelisch weiter entfernt. Auf diese Weise können wir näher an unsere Verabredung heranrücken. In einem Ambiente mit gedämpften Licht verringert sich die persönliche Distanz, und die Gesichter kommen sich näher. Je dezenter das Licht, desto größer die Intimität.

Das richtige Ambiente

Kerzenlicht lässt Ihr Gesichter jünger und glatter wirken als Tageslicht. Die tanzende Flamme wirkt hypnotisierend und erleichtert den Blickkontakt. Dadurch haben Sie mehr Zeit, die Mimik Ihres Gegenübers zu studieren, um darin Anzeichen für Zuneigung zu finden.

Damit Sie sich während des Liebeswerbens auf einer Wellenlänge befinden, können Sie Ihre Verabredung an einen Ort mitnehmen, der unter einem bestimmten Motto steht. Das Konzept, Lokale nach einem ganz bestimmten Motto einzurichten, entstand in den 1950er-Jahren im kalifornischen Disneyland. Auf der dortigen Main Street ließ Disney ein rein viktorianisches Ambiente mit der dazu passenden Architektur errichten. Nichts in dieser Straße erinnert daran, dass wir im 21. Jahrhundert leben. Es gibt keine Werbetafeln oder Neonreklamen. Die Gebäude sind kleiner als im richtigen Leben, damit sich die Besucher überlebensgroß fühlen können. Jedes noch so kleine Detail in der Main Street sorgt für eine nostalgische Stimmung, und nichts lenkt davon ab. Ein solches Motto versetzt Sie an einen geschützten Ort, wo die Welt noch in Ordnung ist.

Wenn Sie Lust auf ein romantisches Abendessen haben, können Sie beispielsweise ein Restaurant im Landhausstil besuchen. Auch dort gaukeln Ihnen die verwendeten Farben, Möbel, Accessoires sowie die Beleuchtung eine unverfälschte, heile Welt vor: Trockenblumensträuße, Heuballen und landwirtschaftliches Gerät kreieren ein ländliches Ambiente, in dem Sie sich gemeinsam entspannen können und das Sie einander näher bringt. Die unter einem ganz bestimmten Motto stehende Einrichtung versetzt Sie in ein und dieselbe

Die richtige Umgebung

Stimmung. Und fernab vom hektischen Großstadtalltag fällt das Liebeswerben deutlich leichter.

Je mehr Sie über Raumkommunikation Bescheid wissen, desto leichter fällt Ihnen das Liebeswerben. Ob es sich um eine strategisch geschickte Position zum Sitzen, Stehen, Sprechen oder Repräsentieren handelt oder um die passenden Farben, die richtige Beleuchtung oder eine ansprechende Einrichtung – all das sind wichtige Signale aus der Umgebung, die unser Verhalten entscheidend beeinflussen können. Im nächsten Kapitel geht es weniger um die sichtbare Welt der Räume, als viel mehr um das unsichtbare Reich chemischer Signale, Düfte und Geschmäcker.

11. Damit die Chemie stimmt

>*»Die Begegnung zweier Persönlichkeiten ist wie der Kontakt zweier chemischer Substanzen. Falls es zu einer Reaktion kommt, werden sich beide verändern.«*
>(Carl Jung)

Mit die wichtigsten Liebessignale kann man weder hören noch anfassen oder sehen: die chemischen Lockstoffe. Ihr Träger ist das Molekül. Diese unsichtbaren Düfte, Geschmäcker, Steroide, Sterole und Hormone, die hauptsächlich unbewusst übertragen werden, nehmen großen Einfluss auf unsere Gefühle füreinander und auf die Umstände, unter denen wir uns treffen.

Männer wie Frauen finden beispielsweise den Geruch eines Neuwagens merkwürdig erregend, wenn nicht gar sexy. Viele Paare haben festgestellt, dass der Duft eines Neuwagens den Kennenlernprozess beschleunigen kann. Das ist nicht weiter überraschend, da der Fahrzeuginnenraum Produkte aus Leder, Gummi, Plastik und Vinyl enthält. Die molekularen Bestandteile dieser Materialien sind chemische Entsprechungen zu natürlichen Pflanzenharzen, organischen Estern und menschlichen Sexualsteroiden (Stoddart, 1990). Die Duftstruktur solcher natürlichen Verbindungen und ihrer Entsprechungen im Auto empfinden wir als besonders verlockend.

Vinyl enthält die chemische Verbindung Äthylen (C_2H_4), die an die duftenden Sterole von Weihrauch sowie an das männliche Steroid Testosteron ($C_{19}H_{28}O_2$) erinnert. Solche chemischen Ausdünstungen sind für uns derart faszinierend, dass die New Yorker Firma *International Flavors and Fragrances* (IFF) ein Produkt mit dem Namen »Neuwagenduft« entwickelt hat. Um einem Gebrauchtwagen wieder etwas mehr Sex-Appeal zu verleihen, muss man nur ein wenig von diesem aphrodisierenden Spray in den Fahrzeuginnenraum sprühen.

Der Duft der Frauen, der Duft der Männer

Wie neue Autos habe auch Sexualsteroide einen faszinierenden Duft. Das weibliche Hormon Östrogen verströmt einen leicht schweißigen, animalischen Duft. Viele finden ihn uninteressant oder neutral, während er anderen sogar leicht unangenehm ist. Testosteron hat einen ähnlichen Duft, allerdings mit Noten von Urin, Moschus und Ziege.

Egal, ob Sie die Sexualsteroide als angenehm oder abstoßend empfinden oder sie nicht einmal wahrnehmen – der Hypothalamus im Gehirn registriert sie alle. Der Hypothalamus ist ein winziger Teil des Vorderhirns, der primitive sexuelle Triebe und Instinkte kontrolliert. Eine PET-Studie von Ivanka

Savic und ihren Kollegen am Stockholmer Hudinge-Universitätskrankenhaus ergab, dass östrogenartige Verbindungen sexuell reagierende Teile des Hypothalamus von Männern ansprechen, nämlich den *paraventrikulären* und *dorsomedialen Nucleus,* aber nicht die von Frauen (Savic et al., 2001). Umgekehrt stimulieren testosteronartige Substanzen die sexuell reagierenden Teile des Hypothalamus von Frauen (den *präoptischen* und *ventromedialen Nucleus),* aber nicht die von Männern. Bei Männern sorgt der Duft von Östrogen dafür, dass der Hypothalamus, eine daumennagelgroße Struktur tief in unserem Vorderhirn, stärker durchblutet wird. Dasselbe bewirkt der Duft von Testosteron bei Frauen. Das heißt, dass wir auf die Sexualsteroide des anderen Geschlechts reagieren, ohne dass uns das überhaupt bewusst wird.

Doch woher kommen die steroiden Düfte? Die stärksten Sexualduftstoffe werden von speziellen Duftdrüsen, den *apokrinen Drüsen,* produziert. Diese befinden sich vor allem unter den Achseln, in geringerer Dichte jedoch auch auf Gesicht, Kopfhaut, Ohren, Augenlidern, Bauchnabel sowie im Schambereich. Deshalb sollten Sie nach dem Baden ein geruchsneutrales Deodorant verwenden und auch das nur sparsam, damit das Gehirn Ihres Partners noch apokrine Duftspuren wahrnehmen kann.

Steve, ein 35-jähriger Programmier, der zu seinem Leidwesen immer noch Single ist, benutzt zu viel Deodorant. Diesen Fehler machen übrigens viele Männer: Aus Angst, unangenehm zu riechen, tragen sie zu viel Deo auf und löschen damit ihre unverwechselbare apokrine Duftspur aus. Doch in Steves Fall wird das Deo und nicht sein Körpergeruch als störend empfunden. Er selbst merkt gar nicht, wie sich sein Deoduft über das ganze Büro legt. Auf Partys wird er von Frauen gemieden. Sie mögen es nicht, dass »Steves Duft« an ihnen hängenbleibt, wenn er sie zum Abschied umarmt. Im Büro gilt Steve als der »süße Junge mit dem sauren Duft« – und der wirkt sich beim weiblichen Geschlecht äußerst ungünstig aus: »Du riechst falsch, also werde ich nicht mit dir ausgehen.«

Auf der bewussten Ebene reagieren Frauen fünfmal so stark auf moschusartige Düfte wie Männer. Als Mann sollten Sie demnach höchstens einen Hauch von Achselschweiß verströmen. Weil Männer moschusartige Düfte weniger stark wahrnehmen, dürfen Sie als Frau stärkere apokrine Botschaften aussenden. Am stärksten reagiert die Frau in der Zyklusmitte auf den apokrinen Duftstoff des Mannes, weil dann der Eisprung stattfindet. Seine chemische Botschaft sollte so dezent sein, dass sie gerade noch von ihrem Hypothalamus wahrgenommen wird, aber nicht ihre Nase beleidigt.

Duftsignale schaffen Präsenz

Der Geruchssinn hat sich als Frühwarnsystem entwickelt, damit bereits aus größerer Entfernung Beutetiere, Nahrung und Geschlechtspartner wahrgenommen werden können. Da Duftstoffe vor drohender Gefahr warnen und bei der Suche nach Nahrung und bei der Fortpflanzung helfen, werden sie vom Gehirn sehr ernst genommen. Der Geruchssinn ist ein vergänglicher, »dünnhäutiger« Sinn, da sich die Duftrezeptoren an der Körperoberfläche auf dem *olfaktorischen Epithel* in der Nasenhöhle befinden und nicht unter der Haut sitzen wie beispielsweise die Tastrezeptoren. Diese Duftrezeptoren haben sich seit der Zeit der kieferlosen Fische vor 500 Millionen Jahren nur geringfügig verändert und machen den Geruchssinn zum ältesten und verlässlichsten Sinn. Wenn wir Rauch riechen, wissen wir, dass da irgendwo ein Feuer sein muss. Obwohl der Geruchssinn bei Primaten schwächer ausgeprägt ist als bei den meisten Säugetieren, sind wir trotzdem in der Lage, einige Zehntausend natürliche und künstliche Duftstoffe zu unterscheiden. Viele davon beeinflussen unser sexuelles Verlangen, unsere Gefühle und unsere Stimmung.

Duftstoffe lassen sich bis zu jenen chemischen Signalen zurückverfolgen, die von Kleinstlebewesen gesendet und empfangen wurden, die in den Urmeeren nach einem Partner suchten. Auch Spermazellen besitzen einen chemischen Sensor, der sie zum Duft einer weiblichen Eizelle hinschwimmen lässt.

Heute können wir das Wissen über die Biologie des Geruchssinns nutzen, um uns beim Liebeswerben einen entscheidenden Wettbewerbsvorteil zu verschaffen: Wenn wir vorhaben, tanzen zu gehen, wobei zwangsläufig eine große körperliche Nähe entsteht, sollten wird unseren natürlichen Körpergeruch nicht vollständig überdecken oder abwaschen.

Auch die Hautoberfläche eines Neugeborenen ist mit apokrinen Drüsen bedeckt, die den typischen »Babyduft« absondern. Diese werden später durch reifere Duftdrüsen unter den Achseln, an der Brust und im Schambereich ersetzt. Die dicken Haare in diesen Körperregionen erhöhen die Fläche, von der der Duft ausgeht, und sorgen für seine Verbreitung.

Weil sie eine so wichtige Rolle beim Liebeswerben spielen, sind die Duftdrüsen in den menschlichen Achselhöhlen die größten von allen Primaten.

Die von den sympathischen Nerven der Kampf-oder-Flucht-Reaktion kontrollierten apokrinen Drüsen reagieren auf Gefühle, indem sie eine dicke, milchige Substanz absondern. Sobald die apokrinen Duftstoffe von Bakterien zersetzt werden, die daraus Androsteron und unangenehm riechende Fettsäuren produzieren, wird der Körpergeruch freigesetzt und gibt Auskunft über unsere sexuelle Befindlichkeit. Sie werden unterbewusst vom *Rhinencephalon* unserer Partners aufgenommen. Das Rhinencephalon oder »Riechhirn« ist ein primitiver Teil des Großhirns, der wie der Hypothalamus unsere Gefühle und unser Sexualverhalten steuert.

Apokrine Duftspuren, die so gering sind, dass wir sie nicht mehr bewusst wahrnehmen, können den Blutdruck, die Atmung und den Puls des Partners messbar erhöhen. Viele Deodorants, Rasierwasser und Parfüms enthalten heute Duftstoffe, die die moschusartigen Aromen unserer eigenen sexuellen Steroide imitieren.

Sex liegt in der Luft!
Ohne dass sie wissen warum, fühlen sich Männer und Frauen auf Volksfesten oder landwirtschaftlichen Ausstellungen besonders stark voneinander angezogen. Im Spätsommer und Frühherbst geht es auf den gut besuchten Festen heiß und laut her – und jede Menge Sexual-

lockstoffe liegen in der Luft. Heu, Salbei, der Rauch offener Feuer, Sägemehl, Dill und Pferdeschweiß sondern aromatische pflanzliche und tierische Sterole ab, die sich mit dem köstlichen Duft von gegrillten Maiskolben, Waffeln und Pommes frites vermischen. Auf solchen Volksfesten reagiert Ihr Hypothalamus nicht nur auf die chemischen Signale, die von Nahrungsmitteln ausgehen, sondern auch auf jene, die eine sexuelle Bedeutung haben. Diese Signale verbünden sich und versetzen Sie in eine Stimmung, in der Sie, wie es eine junge Frau so schön ausdrückte, »sofort heiraten und Kinder kriegen wollen«. Die Volksfestromantik lässt nach, wenn Sie den Ort des Geschehens verlassen, aber die sinnliche Atmosphäre ist noch weit darüber hinaus zu spüren. Die Luft ist derart mit Liebesmolekülen angereichert, dass Sie zumindest das Bedürfnis haben, Händchen zu halten. Sie spüren es, Ihr Partner spürt es, die Tiere spüren es: Sex liegt in der Luft!

Duftende Küsse

Ein weiterer verführerischer Duft, den Sie beispielsweise wahrnehmen, wenn Sie Wange an Wange tanzen, geht von einer talgartigen Substanz namens *Sebum* aus. Jedes einzelne unserer fünfundzwanzig Haarfollikel pro Quadratzentimeter Haut verströmt einen milden, angenehmen, erwachsenen Duft, weil das Sebum von den allen Säugetieren gemeinsamen Talgdrüsen in die Haare abgegeben wird. Der Mensch hat deutlich mehr Talgdrüsen als andere Säugetiere, die beim Mann größer ausfallen als bei der Frau. In der Pubertät verdreifacht sich der Ausstoß der Talgdrüsen, um die Nase des anderen Geschlechts davon zu überzeugen, dass man die Sexualreife erlangt hat.

Das viele Sebum macht Augenlider, Nase und Stirn zu den fettigsten Teilen des Körpers. Aber auch die Haut um den Mund herum, insbesondere die um die Oberlippe, wo trockene Haut und Schleimhaut aufeinander treffen, enthält Talgdrüsen, die einen Kuss zum reinsten Dufterlebnis werden lassen. Das Sebum hat sich aus einer wasserabweisenden Substanz entwickelt, die das Fell davor schützt, allzu nass zu werden. Heute spielt das Sebum eine wichtige Rolle bei der Bestimmung unseres unverwechselbaren Körpergeruchs. Kein französischer Wein gleicht dem anderen – und kein Körper riecht wie der andere. Wenn es zum Kuss kommen soll, ist es besser, auf dicke Lippenstifte auf Petroleumbasis und allzu viel Lipgloss zu verzichten. Unsere natürlichen Linol–, Öl- und Palmitinsäuren bilden ein markantes Bukett, das man lieber nicht überdecken sollte.

Verlockende Früchte

Die besten Parfüms für Frauen verbreiten den Duft von Blumen und Früchten. Unsere Primatenvorfahren waren auf Bäume kletternde Obstesser, und auch wir haben großen Appetit auf süße Früchte. Die Aromen von Apfel-, Aprikosen-, Litschi-, Johannisbeer-, Mandarinen-, Pflaumen- oder Pfirsichdüften kombiniert mit blumigen Orchideen-, Orangenblüten- oder Rosennoten, regen die Leidenschaft an. Das Riechhirn Ihrer Verabredung kontrolliert nämlich nicht nur den Appetit auf Nahrung, sondern auch den sexuellen Appetit. Auf einer biologischen Ebene signalisiert der Fruchtduft: »Ich bin essbar, du darfst näher kommen.«

Ein klassischer, blumiger Duft ist das Parfüm »Arpège«. Es wurde 1927 von Jeanne Lanvin entwickelt und verkauft sich noch heute. »Arpège« umgeht geschickt die denkenden Teile des Neokortex Ihres Partners und spricht die Gefühlszentren seines Säugetiergehirns direkt an. Da »Arpège« den Duft von Rose, Jasmin, Orangenblüte und sechzig natürlichen Ölen und Extrakten in sich vereint, hat es eine starke Wirkung auf die männliche Nase.

Komposition der Duftnoten

Hochwertige Frauendüfte haben in der Regel drei Duftnoten. Die Kopfnote von »Arpège« ist der Rosenduft, der zuerst wahrgenommen wird. Die mittlere Phase des Duftablaufs bestimmt Jasmin, das die Herznote bildet, während seine Basisnote Moschus für Wärme, Fülle und Haftung sorgt (Stoddart, 1990). Wenn Sie ein Parfüm tragen, wird Ihr Partner anfangs nur den blumigen Duft der Kopf- und Herznote riechen, der verführerisch süß ist. Dann erreicht das sexuell stimulierende Aroma von tierischem Moschus das Lustzentrum in seinem Gehirn. Die Parfümeurin Ann Gottlieb kann bestätigen, dass Männer Obstdüfte in Kombination mit dem süßen, warmen Duft von Vanille oder Bernstein »in der Tat sehr, sehr sexy finden«.

Die Nase eines Mannes gewöhnt sich sehr schnell an einen bestimmten Duft. Nach kurzer Zeit wird sein primärer olfaktorischer Kortex deshalb Ihren Duft ausblenden. Damit das Parfüm seinen ganzen Zauber entfalten kann, sollten Sie Ihren Partner in regelmäßigen Abständen kurz allein lassen, damit er den Duft wieder neu wahrnehmen kann. Wenn Ihr Begleiter ein Raucher ist, in einer versmogten Großstadt lebt oder in einer Chemiefabrik arbeitet, wird seine Nase allerdings nicht mehr sehr viele Duftstoffe unterscheiden können. Um einen ganz persönlichen Duft zu kreieren, können Sie Ihre Lieblingsblumendüfte mit essenziellen Ölen Ihrer Wahl wie Zimtöl, Korianderöl und Vanilleöl mischen.

Das Parfüm, das schlank macht

Eine über ein Jahrzehnt hinweg durchgeführte Studie belegt, dass man schlanker wirkt, wenn man ein blumig-würziges Parfüm trägt. Die Studie des Neurologen Alan Hirsch dokumentiert, dass Männer Frauen, die blumig-würzige Düfte trugen, um durchschnittlich sechs Kilo leichter schätzten.

»So ein Parfüm ist gewissermaßen die olfaktorische Entsprechung zu vertikalen Linien«, bemerkte Hirsch in Anspielung auf die schlank machende Wirkung längsgestreifter Kleidung. Die im Jahr 2003 veröffentlichte

> Studie konnte auch nachweisen, dass dieser schlank machende Effekt nur bei würzig-blumigen Düften auftrat. Andere Düfte konnten diese Illusion nicht erzeugen.

Kann Ihr Aftershave sprechen?

Das beste Aftershave für einen Mann riecht nach Kräutern oder Gewürzen. Überall auf der Welt duften die Frauen süß und fruchtig, während die Männer herber nach »Wald« riechen. Wer ein Sandelholz-Aftershave trägt, signalisiert: »Hallo, hier bin ich!«, und lenkt die Aufmerksamkeit unterschwellig auf seinen Testosteronspiegel. Experimente haben gezeigt, dass Frauen männlich-steroide Düfte mit denen von Sandelholz, Zeder und Balsam vergleichen (Stoddart, 1990). Da der Duft von Kräutern und Gewürzen stechender ist als der von Früchten und Blumen und die Nase einer Frau empfindlicher reagiert als die eines Mannes, sollte er nicht zu viel Aftershave auflegen. Ein zu starker Duft kann aufdringlich wirken.

In der Anfangsphase einer Beziehung sollte ein Mann am besten überhaupt kein Aftershave tragen. Viele Eau de Colognes, Lotionen und Aftershaves irritieren die weibliche Nase. Der Geruchssinn weckt mehr als jeder andere Sinn den Wunsch nach Nähe – oder aber lässt uns sofort die Flucht ergreifen. Viele Frauen reagieren generell negativ auf männliche Düfte, weil sie sie als zu aufdringlich empfinden. Sie ziehen den natürlichen Körpergeruch den künstlichen Düften deutlich vor.

Duft ist eine kritische Angelegenheit während des Liebeswerbens, weil unser emotionales Gehirn so eng mit dem Geruchssinn verbunden ist. Da der primäre olfaktorische Kortex jeden Duft direkt an die *Amygdala* weiterleitet, weckt er starke Gefühle. Unsere mandelgroße Amygdala, ein Erregungszentrum, das sich bereits vor Millionen von Jahren bei den Urfischen entwickelt hat, besitzt eine direkte Verbindung zur Nase. Das bedeutet, dass die Duftsignale, die von Duftdrüsen, Parfüms und Körperpudern verströmt werden, auf sehr unmittelbare Art und Weise Gefühle auslösen. (Nauta und Feirtag, 1979). Da könnte der Neurologe Alan Hirsch mit seiner Empfehlung, dass Männer Babypuder benutzen sollten, um den Mutterinstinkt der Frauen anzuregen, durchaus Recht haben!

Hunger auf Sex

Nicht nur der Geruchssinn, sondern auch der Geschmackssinn ruft während des Liebeswerbens Gefühle hervor. Der Geschmackssinn hat sich vor über 500 Millionen Jahren entwickelt, um unseren Vorfahren auf chemischem Weg beim Aufspüren von Nahrung zu helfen. Heute teilen wir in einem weltweit verbreiteten Übergangsritus unsere Nahrung, bevor wir Sex haben.

Die Duft- und Geschmacksaromen in einem Liebesmenü führen dazu, dass wir die geballte verführerische Kraft des so genannten *Flavour* erleben, wie man die Gesamtheit der Geruchs- und Geschmacksempfindungen nennt. Ein solcher

Flavour kann von toskanischem Olivenöl ausgehen, von einer knusprig gebratenen Ente und von Trüffeln. Das englische Wort *flavour* hat sich aus dem indogermanischen Wortstamm *Bhlo-* entwickelt, was »aufblasen« oder »explodieren« heißt. Manche Lexikographen sehen darin eine Anspielung auf das Anschwellen des männlichen Geschlechtsorgans.

Rund um den Erdball sind Liebesmenüs mit Fleisch am begehrtesten. Wir mögen den Geschmack von Fleisch so sehr, weil unser Hunger auf Fleisch älter ist als der erst später erworbene Appetit auf Früchte, Nüsse und Beeren. Zu prähistorischen Zeiten spielte die Amygdala im Gehirn eine wichtige Rolle beim Jagen und Töten von Beute. (Carlson, 1986). Heute wie damals führt die versteckte Aggression im Ernährungsverhalten von Fleischfressern dazu, dass wir eine herzhafte Frikadelle oder ein gebratenes Steak aufregender finden als einen Teller Salat oder Obst.

Scharfe Speisen = scharfer Sex

Wenn Sie ein Liebesmenü planen, sollten Sie den Gaumen Ihres Partners mit einem *trigeminalen* Geschmackserlebnis verwöhnen. Die trigeminale Wahrnehmung ist ein erst kürzlich entdeckter dritter chemischer Sensor, der Geschmack und Geruch verbindet. Er wurde nach dem *Trigeminusnerv* in unserem Gehirn benannt und ist Teil des in unserer Mundhöhle angesiedelten Tastsinns. Die meisten von uns genießen die trigeminale Schärfe von schwarzem Pfeffer, roten Chilis, Senf oder Meerrettich. Solche scharfen Gewürze können nicht nur Dips und Saucen, sondern auch unserem Liebesleben Feuer geben.

Neben scharfen Gewürzen spricht die trigeminale Wahrnehmung auch auf kühlende Kräuter wie Minze oder Menthol an sowie auf das wohlige Brennen, das vom Alkohol in Tequila, Whiskey und Rum hervorgerufen wird. Das Flirten wird also nicht nur durch die berauschende Wirkung von Alkohol beflügelt, sondern auch durch sein Brennen in Kehle und Magen. Die trigeminale Wahrnehmung hat sich als Frühwarnsystem entwickelt, um Zunge und Mundhöhle vor potenziell giftigen Substanzen zu schützen. Da wir jedoch dazu neigen, unsere Wahrnehmungen zu verallgemeinern und auf andere Bereiche zu übertragen, sorgt ein angeregter Gaumen dafür, dass wir unseren Partner ebenfalls als anregend empfinden.

Viele Zutaten berühmter Liebesmenüs stammen aus Italien. So ist die Pizza mit ihrem geschmolzenen Mozzarella, der Tomatensauce, dem Basilikum sowie dem angerösteten Knoblauch ein sinnliches Geschmackserlebnis. Zahlreiche italienische Aromen werden geschätzt, weil sie die Vorder- und Rückseite der Speiseröhre gleichzeitig stimulieren. Die aus früh geernteten, grünen Oliven bestehenden toskanischen Öle hinterlassen einen pfeffrigen *Flavour*. Die milde Schärfe toskanischen Olivenöls reizt den Trigeminusnerv genauso wie prickelnde Cola und Rotwein. Ein romantisches Abendessen sollte unbedingt *Flavour* haben, also Geruch, Geschmack und Tastsinn gleichermaßen reizen.

Doch was macht die trigeminale Wahrnehmung so sexy? Manche behaupten, das in scharfem Pfeffer enthaltene

Capsaicin setze opiumartige Substanzen frei, die sowohl das Gehirn als auch die Lustzentren ansprechen. Capsaicin ist nur einer von tausenden von sekundären Pflanzenstoffen, wie die Biologen sie nennen, also jenen aktiven Inhaltsstoffen, die in Kräutern und Gewürzen enthalten sind. Sekundäre Pflanzenstoffe wie Cyanoverbindungen haben sich entwickelt, um die Pflanzen vor Käfern, Schnecken und anderen Schädlingen zu schützen. Ihre Botschaft lautet: »Friss mich nicht!« Die sekundären Pflanzenstoffe, die unsere trigeminale Wahrnehmung erfasst, warnen uns, dass es gefährlich sein kann, bestimmte Blätter, Stängel, Samen oder Früchte herunterzuschlucken. In geringen Dosen kitzeln ihre Warnsignale unsere Sinne auf anregende Weise. Wie wir gleich am Beispiel der Capilano-Canyon-Studie sehen werden, wirkt Gefahr während des Liebeswerbens wie eine berauschende Droge.

Der Sex-Appeal von Schokolade

Das optimale Dessert für Verliebte ist Schokolade. Auf der chemischen Ebene verbindet Schokolade die Süße von Zucker – die eine beruhigende Wirkung auf Kleinkinder ausübt und ihre Schmerzreaktion herabsetzt (Blass, 1992) – mit einem amphetaminähnlichen Molekül namens Phenyläthylamin oder PEA sowie mit der Aminosäure Tryptophan. Diese drei Substanzen sorgen dafür, dass stimmungsaufhellende Chemikalien im Gehirn ausgeschüttet werden.

Das in der Schokolade enthaltene Tryptophan ist ein Botenmolekül, das sich in den Neurotransmitter Serotonin verwandelt. Serotonin führt dazu, dass Sie das Leben durch die rosarote Brille sehen – und natürlich auch den Partner. Nachdem Sie einen Schokoladenriegel verspeist haben, zirkuliert das Tryptophan in Ihrem Blutkreislauf und gelangt durch die Blut-Hirn-Schranke ins Großhirn. Dort sorgt es wie das Serotonin für eine Verengung der Blutgefäße und fördert die Verdauung. Serotonin wirkt sowohl stimmungsaufhellend als auch beruhigend und erleichtert so das Kennenlernen.

Das ebenfalls in Schokolade enthaltene PEA ist eine chemische Verbindung, die der Körper produziert, wenn wir uns verlieben. Dies ist vielleicht auch der Grund dafür, dass bereits die Azteken Schokolade mit Fruchtbarkeit assoziierten. Tests haben allerdings gezeigt, dass nach dem Verzehr eines Schokoladenriegels nur eine winzige Menge von PEA in das Gehirn gelangt. Der Körper selbst hingegen produziert größere Mengen dieses Neurotransmitters, wenn wir sexuell erregt sind. Wissenschaftler nehmen an, dass beim Liebeswerben bereits eine einzige Umarmung, Berührung der Hand bzw. die Liebe auf den ersten Blick ausreicht, um die euphorisierende Wirkung von PEA auszulösen.

Mitte der 1990er-Jahre verkündeten die Forscher der Monah University Peter Godfrey, Lynette Hatherley und Ron Brown die Entschlüsselung der chemischen Struktur von PEA. In den ersten Jahren einer Beziehung lässt uns das PEA die Fehler und Schwächen unseres neuen Partners übersehen. Die amphetaminähnlichen Eigenschaften von PEA sind derart aufputschend, dass sich das Verliebtsein in Atemlosigkeit, schwitzenden Handflächen, pulsierenden Halsschlagadern, geröteten Wangen und weichen Knien äußern kann.

In seinem Buch *The Chemistry of Love* (1983) behauptet der Psychiater Michael Liebowitz, dass PEA eine unglaubliche Energie freisetze und sogar kurzfristig Symptome von Verrücktheit hervorrufe. Auch Schwindelgefühle können ein deutliches Signal für eine positive chemische Reaktion auf einen anderen Menschen sein.

Aphrodisiaka – Ja oder Nein?

Schokolade und PEA bringen uns auf das viel diskutierte Thema der Aphrodisiaka. Die Wissenschaftler streiten noch darüber, ob Aphrodisiaka helfen bzw. ob sie überhaupt existieren. Fest steht jedoch, dass viele Nahrungsmittel, die seit Urzeiten als lustfördernd gelten, in der Tat chemische Reaktionen im Körper hervorrufen. Ein solches Beispiel ist der Trüffel, ein Pilz der bereits zu Sokrates' Zeiten als aphrodisierend galt. Forscher haben herausgefunden, dass die unterirdische Knolle eine hohe Konzentration des Hormons *Androsteron* enthält, das mit dem männlichen Hormon Testosteron verwandt ist.

Ein beim Flirten äußerst beliebter Stimmungsmacher ist auch der ganz normale Cocktail. Nach zwei Drinks ist Ihre Begleitung bereits deutlich enthemmter, entspannter und fühlt sich Ihnen auch emotional näher. So gesehen ist Äthylalkohol in jedem Fall ein Aphrodisiakum. Alkohol setzt die Fremdenangst herab und dämpft Kampf- oder Fluchtimpulse. Drinks verändern die Art, wie Botschaften zwischen Ihren und den Nervenzellen Ihres Partners weitergeleitet werden.

Alkohol fördert die Ausschüttung von Dopamin in die Lustzentren des Gehirns. Wenn Sie zusammen trinken, fühlen Sie sich wohl miteinander. Sie übertragen das warme, angenehme Brennen des Weinbrands auf die Zuneigung, die Sie füreinander empfinden. Alkohol spielte schon im alten Ägypten eine wichtige Rolle beim Liebeswerben. Auch die Griechen warben bei dionysischen Trinkzeremonien umeinander, während die Römer bei so genannten Bacchanalien der Romantik frönten. Die heutigen Studenten feiern mit Pizza, Bier und Wein.

Legendäre Aphrodisiaka

»Liebe sieht mit dem Gemüt, nicht mit den Augen«, schrieb Shakespeare in *Ein Sommernachtstraum*. Wer weiß, welche Aphrodisiaka er dabei im Kopf hatte! Egal, ob sie sich physisch, psychologisch oder psychiatrisch auf die Libido auswirken – für diejenigen, die daran glauben, senden Aphrodisiaka Signale aus, die die Lust steigern:

- Seit Jahrhunderten schwört man in Asien auf Moschus als Aphrodisiakum. Obwohl das tierische Moschussekret 5500 Jahre lang zur Herstellung von Parfüms verwendet wurde, hat man es heute durch eine schwächere, synthetische Variante ersetzt.
- Die an Sexualorgane erinnernden Formen von Spargel, Artischocke, Avocado und Banane sollen angeblich lustfördernd wirken. Auch ihre Texturen, Düfte

und Aromen lassen sexuelle Hintergedanken aufkommen.
- Die Auster erinnert durch ihr Aussehen, ihre Struktur und ihren Duft an die weiblichen Genitalien. Austernliebhaber vergleichen ihren Genuss deshalb gern mit Oralsex.
- Die vielen Samenkerne in Granatäpfeln und Tomaten symbolisieren Fruchtbarkeit. In manchen Kulturen wird ihnen auch eine aphrodisierende Wirkung nachgesagt.
- Sellerie enthält Androsteron, ein männliches Hormon, das Frauen als sexuell erregend empfinden.
- Gingkosamen sollen angeblich die Libido fördern.
- Bei den alten Griechen galten auch die Wurzeln von Orchideen als Aphrodisiakum.
- Die amerikanischen Ureinwohner nutzten Wald- und Quirlblättriges Läusekraut als Aphrodisiakum, aus dessen Blättern und Stängeln sie einen Sud zubereiteten.

Süchtig nach Liebe

Die Chemie der Erregung unterscheidet nicht. Auf der molekularen Ebene ist die Lust immer dieselbe – egal, ob sie durch Sex, Drogen, Rock 'n' Roll oder Schokolade verursacht wird. Wie die Wissenschaftlerin Marilyn Carroll von der University of Minnesota gezeigt hat, vermitteln ein und dieselben Neurochemikalien Nahrungs–, Alkohol- und Drogenerfahrungen.

Damit die Chemie stimmt

Beim Liebeswerben kommt es dann zu sexueller Erregung und Verliebtheit, wenn chemisch verschlüsselte Botschaften die Lustbahn im Gehirn erreichen. Das Zentrum dieser uralten Leitungsbahn bildet ein Bereich im Vorderhirn namens *Nucleus accumbens*. Manche Forscher machen ihn für die merkwürdige Abhängigkeit der menschlichen Spezies von Liebe verantwortlich.

Mit Hilfe des Capilano-Canyon-Brückenversuchs, hoch über den reißenden Gebirgsströmen von British Columbia, konnte gezeigt werden, dass Angst die durch das Hormon Adrenalin noch gesteigert wurde, sexuelle Anziehung zwischen zwei völlig Fremden hervorruft.

Die Ergebnisse des Brückeversuchs lassen sich 1:1 auf unser Liebeswerben übertragen. Die Chancen, sich zu verlieben, stehen wesentlich besser, wenn Sie mit Ihrer Begleitung ein aufregendes Erlebnis teilen. Ein romantisches Abendessen oder ein Kinobesuch mögen zwar auch ihren Reiz haben, aber ein Tauchgang, ein Geländewagenausflug in die Wildnis oder eine Achterbahnfahrt sind noch besser geeignet, die Leidenschaft zwischen Ihnen zu wecken.

Bei dem berühmten Brückenversuch sprach eine attraktive Frau nacheinander 34 ihr unbekannte Männer zwischen 18 und 35 Jahren an. Die Hälfte der Männer stand währenddessen auf einer schwankenden Hängebrücke. Weil die Angesprochenen gefährlich hoch über einem reißenden Fluss schwebten, war ihr Adrenalinspiegel erhöht. Die andere Hälfte der Männer hatte festen Boden unter den Füßen, während sie von der Forscherin angesprochen wurde. Die Männer standen zwar in der Nähe der Hängebrücke, aber eben nicht auf ihr. Diese Kontrollgruppe der Studie hatte deshalb keinen erhöhten Adrenalinspiegel. Abschließend wurde jeder Mann gebeten, sich zu der gut aussehenden Fremden zu äußern. Den Männern mit dem erhöhten Adrenalinspiegel kamen dabei wesentlich mehr sexuelle Bilder in den Sinn als der nicht erregten Kontrollgruppe. Und damit nicht genug: Die mit dem erhöhten Adrenalinspiegel neigten auch verstärkt dazu, die Frau nach der Begegnung anzurufen.

Aufgrund seiner Beobachtungen am Capilano-Canyon schlussfolgerte der Sozialpsychologe Arthur Aron, dass die eigentlich durch Angst verursachte Erregung von den Männern mit sexueller Erregung verwechselt wurde (Dutton und Aron, 1974). Da die chemisch ausgelösten Gefühle von Angst und Erregung unspezifisch sind, werden sie während des Liebeswerbens leicht verwechselt. In beiden Situationen erhöht das Hormon Adrenalin Puls, Blutdruck, Blutzucker und beschleunigt den Stoffwechsel.

Einen chemischen Zusammenhang zwischen Sex und Gefahr konnte man zu Beginn des 21. Jahrhunderts auch in New York feststellen. In einem *Time-Magazine*-Artikel mit der Überschrift »Dating After Doomsday« berichteten Paare aus Manhattan, wie viel einfacher es nach dem 11. September 2001 und dem Einsturz des World Trade Centers gewesen sei, mit Fremden Kontakt aufzunehmen (Tyrangiel, 2002). »Ich war ganz verblüfft, wie schnell eine Unterhaltung zustande kam«, sagte eine Frau. Der Begriff »Katastrophensex«, mit dem dieses Phänomen bezeichnet wurde, beweist, welch starke Gefühle durch Angst ausgelöst wurden. Ein Mann, der die Nacht mit einer Frau verbrachte, die er in der New Yorker

U-Bahn kennen gelernt hatte, erzählte, dass sie sich überwiegend über das World Trade Center unterhalten hätten und darüber, wie froh sie seien, noch am Leben zu sein.

Damit Ihr Liebeswerben Erfolg hat, sollten Sie Ihre nächste Verabredung so gestalten, dass Ihr Adrenalinspiegel dabei erhöht wird. Unternehmen Sie etwas Aufregendes. Gehen Sie Mountainbiken, wandern Sie im Gebirge oder versuchen Sie es mit Gleitschirmfliegen. Aktivitäten, bei denen Sie der Schwerkraft trotzen, geben Ihnen einen Kick und wecken die Leidenschaft bzw. halten sie lebendig. Arons Erkenntnisse können sich ebenso gut langjährige Paare zunutze machen, indem sie aufregende Erlebnisse miteinander teilen. Chemische Liebessignale können die Paarbindung immer wieder neu stärken.

Sind Sie auf Kuscheldroge?

Das Glücksgefühl, das wir haben, wenn wir mit einer geliebten Person zusammen sind, wird durch das Botenmolekül Oxytocin verstärkt. Wenn die Beziehung reift, sendet das Hypophysenhormon Oxytocin eine chemische Botschaft an die Lustbahnen Ihres Gehirns. Oxytocin führt dazu, dass Sie sich heftig nacheinander sehnen. Der Oxytocin-Ausstoß nimmt während der Pubertät zu und sorgt dafür, dass wir uns in diesem Alter besonders heftig verlieben. Bei Erwachsenen führt das Oxytocin dazu, dass wir nach dem Sex schläfrig und kuschelig werden. Die Neurobiologin Sue Carter von der University of Illinois, Chicago, glaubt, dass Oxytocin die entscheidende Rolle bei der sexuellen Kommunikation spielt

(Rodgers, 2001). Für Quentin Pittman von der Neurowissenschaftlichen Fakultät der University of Calgary könnte Oxytocin auch erklären, warum wir uns immer nur nach jeweils einem Partner sehnen.

Chemische Anziehungskräfte

Die wichtigsten Moleküle während des Liebeswerbens sind jedoch die Pheromone. Bei vielen Tierarten verströmen die Weibchen aphrodisierende Düfte, um Männchen anzulocken, während ihre Eier heranreifen. Auch bei Säugetieren wurde eine Art Nase für erotisierende Duftstoffe entdeckt, das so genannte *Vomeronasalorgan* (VNO). Das VNO erkennt die Pheromone mit Hilfe von speziellen Rezeptoren, die nicht der normalen Geruchswahrnehmung dienen. Manche Wissenschaftler vermuten, dass auch wir Partner mit Hormonverbindungen anlocken, die über unseren Atmen, Speichel und Schweiß abgegeben werden. Trotzdem ist die Existenz eines menschlichen Pheromons umstritten, genauso wie das Vorhandensein eines menschlichen VNO.

Das erste wissenschaftlich identifizierte Pheromon, das Mitte der 1950er-Jahre isoliert werden konnte, stammt von einem Insekt namens Seidenspinner. Die sexuell aktive Hormonverbindung des Weibchens löst bei den männlichen Seidenspinnern ein verstärktes Flattern mit den Flügeln aus und lässt sie regelrecht tanzen. Wichtig ist, dass das Flattern allein durch ein chemisches Kommando ausgelöst wird: Pheromone lösen nämlich unwillkürliche Handlungen aus.

Neue interessante Erkenntnisse über Pheromone liefern Studien, die zeigen, dass in der Luft befindliche chemische Signale von Frauen, die in Wohnheimen zusammenleben, zu einer Angleichung der Menstruationszyklen führen (Stern und McClintock, 1998). Der Nachweis eines Sexuallockstoffs beim Menschen muss jedoch erst noch geführt werden.

»Ich komme dich bald besuchen«, schrieb Napoleon an seine Geliebte. »Wasch dich nicht.« Und dem *Kamasutra* zufolge verströmt die perfekte »Lotusfrau« einen attraktiven Moschusduft. In primitiven Gesellschaften tauschen die Liebenden duftgeschwängerte Kleidungsstücke aus, um den anderen immer bei sich zu haben. Auch der italienische Abenteurer Giacomo Casanova beschrieb den intimen, balsamgleichen Duft, der vom Schlafzimmer seiner Geliebten ausging. Winzige Moleküle haben beim Liebeswerben also ein entscheidendes Wörtchen mitzureden.

Psychoaktive chemische Signale in Autos, Deodorants, Parfüms, Lebensmitteln, Getränken und Würzkräutern sowie jene chemischen Signale, die unser eigener Körper absondert, spielen eine wesentliche Rolle beim Liebeswerben unserer Spezies und erhöhen die sexuelle Anziehungskraft.

12. Zusammenbleiben: Signale für eine glückliche Beziehung

> »*Damit du geliebt wirst,*
> *sei liebenswert.*«
> (Ovid)

Nach tausenden von ausgesendeten Liebessignalen erhalten wir eines Tages eine Botschaft, die unser ganzes Leben verändert: »Ich will dich!« Sobald man sich einem anderen Menschen hingibt, erreicht man eine höhere emotionale Ebene, auf der man zu einem Liebespaar wird. Das Wörtchen »Ich« tritt zugunsten des Wörtchens »Wir« in den Hintergrund, und die Welt erscheint uns insgesamt schöner, aufregender und lebenswerter. Wir lachen, schauen uns in die Augen und laufen beschwingter durch den Alltag.

Anfangs kann dieses Verliebtheitsgefühl dazu führen, dass wir stammeln, zittern, erröten und weiche Knie bekommen. Laut der Psychologin Dorothy Tennov, Autorin des Buches *Limerenz, über Liebe und Verliebtsein,* glaubt man in diesem Zustand, man würde schweben, fühlt sich wie im Rausch, wenn der Partner anwesend ist, und bekommt Schmerzen in der Brust, wenn er nicht da ist.

Wie man weiß, ist das Verliebtsein nur ein vorübergehender Zustand. »Jedem Anfang wohnt ein Zauber inne«, schrieb Pascal, doch irgendwann geht dieser Liebestaumel zu Ende. Laut Tennov beträgt die durchschnittliche Dauer einer Liebesbeziehung zwei Jahre. Nachdem das Liebeswerben zu einer körperlichen und seelischen Bindung zwischen Ihnen geführt hat, stehen Sie dann vor einem gehörigen Dilemma: Ist es besser, die Monate leidenschaftlicher Liebe einfach zu genießen und sich dann jemand Neues zu suchen? Oder ist es besser, zusammenzubleiben und einer reifere, eher kameradschaftliche Beziehung zu führen?

Leidenschafliche versus kameradschaftliche Liebe

Die Psychologin Elaine Hatfield hat die These aufgestellt, dass wir in unserem Leben zwei Arten von Liebe erleben: die leidenschaftliche und die kameradschaftliche. Die leidenschaftliche oder romantische Liebe ist eine Mischung aus starkem sexuellen Begehren, emotionalen Höhenflügen und einer tiefen Sehnsucht nach dem anderen. Wie lange sie anhält, ist verschieden – das kann ein halbes Jahr bis zu zwei Jahren sein –, und in diesem relativ kurzen Zeitraum schweben wir auf Wolke sieben.

Ein nonverbales Signal für leidenschaftliche Liebe ist jede Geste mit Kopfkontakt. Es ist ein weit verbreitetes Zeichen für körperliche Anziehung, den Kopf des Partners mit der Hand oder dem eigenen Kopf zu berühren. »Hand-zu-Kopf-Kontakte« sind laut Desmond Morris unter frisch gebackenen Liebespaaren viermal so häufig wie zwischen bereits länger verheirateten Paaren, und Kopf-zu-Kopf-Kontakte bei frisch Verliebten zweimal so häufig wie zwischen lange bestehenden Paaren (Morris, 1983).

Nach Phase fünf des Liebeswerbens senden Paare weniger leidenschaftliche Liebessignale aus. Nachdem die körperliche Kluft geschlossen wurde, entspannen sich die Partner in der Gegenwart des anderen. Sie sind zu einem festen Paar geworden. Glückliche Paare tauschen weiterhin kameradschaftliche Liebessignale aus. Paare, die eine Krise durchmachen, reden kaum noch miteinander.

Ein Kopf-zu-Kopf-Kontakt ist ein nonverbales Signal für leidenschaftliche Liebe. Und wenn uns die romantischen Gefühle überwältigen, schließen wir auch oft kurz die Augen.

Die kameradschaftliche oder freundschaftliche Liebe ist zwar nicht so leidenschaftlich, aber dafür stabiler und dauerhafter. Sie ist durch eine stark empfundene Anhänglichkeit, Loyalität und Vertrautheit geprägt – Gefühle, die sich mit der Zeit entwickelt haben. In dieser Liebesphase hat man sich gern und kümmert sich umeinander. Die kameradschaftliche Liebe ist genauso intensiv wie die leidenschaftliche, nur nicht auf sexuellem Gebiet.

Ein nonverbales Signal für die kameradschaftliche Liebe ist die *Schulterumarmung*. Laut Morris berühren etablierte

Paare die Schultern und Oberarme des anderen weit öfter mit ihren Fingerspitzen und geöffneten Handflächen als frisch Verliebte. Obwohl die Schulterumarmung nicht so intim ist wie der Kopf-zu-Kopf-Kontakt, signalisiert diese einfache Berührung trotzdem, dass man bereit ist, füreinander zu sorgen, sich mag und liebt.

In glücklichen Beziehungen wird die nonverbale Kommunikation auch fortgesetzt, nachdem aus der leidenschaftlichen eine kameradschaftliche Liebe geworden ist. Der Serotoninspiegel ist erhöht, und ab einem gewissen Punkt weicht die Leidenschaft der Sicherheit und Vertrautheit einer festen Partnerschaft. Der Soziologe David Popenoe stellte fest, dass Männer und Frauen in kameradschaftlichen Liebesbeziehungen ein längeres, glücklicheres und gesünderes Leben führen.

Natürlich schaffen es nicht alle Paare, ihre leidenschaftliche Liebe in eine kameradschaftliche zu verwandeln. Der häufigste Grund dafür, dass Menschen einen Psychotherapeuten aufsuchen, ist ein Beziehungsproblem (Fincham et al., 1993). Angesichts dieser Fakten kann man sich fragen, ob unser lockeres Liebeswerben nicht ein ernsthaftes Problem darstellt. Sollten wir aus Liebe heiraten oder die Partnersuche nicht besser Heiratsvermittlern überlassen und uns für eine arrangierte Ehe entscheiden, so wie das in Indien, China und Japan der Fall ist?

Die Antwort auf diese Frage ist eigentlich ganz einfach: Suchen Sie nach Liebe! Anthropologen haben herausgefunden, dass arrangierte Ehen dieselben Herausforderungen bereithalten wie Ehen, in denen man sich den Partner selbst ausgesucht hat. Auch bei den arrangierten Ehen müssen die Paare erst umeinander werben, bevor sie Sex haben. Sie müssen lernen, sich genügend zu mögen und zu lieben, dass eine kameradschaftliche Beziehung entstehen kann. Der Schlüssel zum Erfolg einer Liebesheirat liegt darin, ein aufmerksamer Beobachter zu bleiben. Während Sie mit dem einen Auge nach Signalen für die leidenschaftliche Liebe Ausschau halten, sollten Sie mit dem anderen gleichzeitig auf Signale für kameradschaftliche Zuneigung achten.

Warum scheitern die meisten Beziehungen? Frauen beklagen sich darüber, dass sie zu wenig Liebessignale erhalten. Männer stört der Jammerton ihrer Partnerin (Fincham et al., 1993).

Wie verhält sich Ihr Partner Fremden gegenüber?

Bei der kameradschaftlichen Liebe geht es weniger um Sex als darum, für den anderen da zu sein. Wenn Sie als Mann wissen wollen, ob eine Frau für Sie da sein kann, brauchen Sie nur Ihre Körpersprache Fremden gegenüber zu studieren. Angenommen, sie kauft gerade im Supermarkt ein – zieht sie dann die Augenbrauen hoch, neigt den Kopf und spricht in einer höheren Stimmlage mit dem Verkaufspersonal? Solche Signale weisen auf eine Person hin, die genügend Einfühlungsvermögen besitzt, um eine langfristige Beziehung eingehen zu können. Oder vermeidet sie es, Blickkontakt aufzunehmen, zieht die Brauen zusammen und spricht in einem kurz angebundenen, ungeduldigen oder gleichgültigen Ton?

Die Art, wie sie ihre Mitmenschen im Alltag behandelt – ob freundlich, unfreundlich oder von oben herab – sagt viel darüber aus, wie Ihre Freundin auch Sie behandeln wird, sobald die Leidenschaft verpufft ist.

Achten Sie auf die Körpersprache, die Ihr Partner Fremden gegenüber an den Tag legt. Sie sagt viel darüber aus, wie er später auch Sie behandeln wird.

Angenommen, ein Kellner bringt Ihrem Begleiter die falsche Vorspeise – runzelt er dann die Brauen, kräuselt missbilligend die Lippen und schüttelt verärgert den Kopf? Diese und andere winzige Signale wie schmale Augen und Steilfalten über der Nase, die vielleicht nur den Bruchteil einer Sekunde zu sehen sind, kündigen einen Stimmungsumschwung an. Wenn sich die Gesichtsmuskulatur Ihres Freundes unbewusst verspannt, ist anzunehmen, dass er den Kellner weniger wichtig nimmt als sich selbst. Dieser flüchtige Ausdruck von Verärgerung, sollte Sie misstrauisch machen. Auch wenn er Ihnen gegenüber jetzt noch den Kavalier herauskehrt, könnte er schon morgen Ihretwegen die Beherrschung verlieren.

In der leidenschaftlichen Phase der Liebe achten wir ganz automatisch auf die Körpersprache des Partners uns gegenüber und verpassen bzw. ignorieren jene Signale, die anderen gelten. »Mein Mann wird oft wütend und gibt stets mir die Schuld dafür«, schreibt eine junge Frau . »Er verliert mindestens einmal pro Tag die Beherrschung und brüllt mich an.« Bestimmt hat sie auch schon vor der Heirat erlebt, wie er seine Wut an anderen ausließ. Dass wir die Hinweise auf einen cholerischen Charakter während der leidenschaftlichen

Phase des Liebeswerbens gern übersehen, ist mit ein Grund dafür, warum es so viele unglückliche Ehen und Scheidungen gibt.

> **Hält das Liebesglück?**
> In einer Studie, die über einen Zeitraum von zwanzig Jahren an mehr als sechshundert verheirateten Paaren durchgeführt wurde, hat man nonverbale Signale für Wut, Härte und Feindseligkeit in einer mathematischen Formel zusammengefasst, um vorherzusagen, welche Ehen innerhalb von sechs bis sechzehn Jahren scheitern würden. Die Forscher beobachteten, wie die Ehepartner miteinander umgingen und verschlüsselten anschließend ihr verbales und nonverbales Verhalten, um die Wahrscheinlichkeit für das Gelingen oder Scheitern ihrer Ehe zu berechnen. Die Studie, die von John Gottman vom Relationship Institute und der University of Washington durchgeführt wurde, kam zu dem Ergebnis, dass nonverbale Signale für Humor, Freundlichkeit und Zuneigung ein verlässlicher Indikator für eine glückliche und stabile Ehe sind.

Wut führt die Liste negativer Gefühle an, die einer kameradschaftlichen Liebe im Weg stehen. Als Ausprägung älterer Wirbeltierverhaltensmuster bei Aggression und Kampf ist Wut nur schwer zu übersehen: Die Hände ballen sich zu Fäusten, die Lippen werden zusammengepresst und die Nasenlöcher weiten sich. Die Muskeln unter den Augenbrauen ziehen sich zusammen, sodass die Stirn gerunzelt wird. Die instinktiv reagierenden Kaumuskeln verspannen sich und bereiten den unteren Kiefermuskel auf das Zubeißen vor.

Eine wütende Stimme klingt lauter und tiefer. »Je mehr sich ein Tier bedroht fühlt und je aggressiver es wird«, so die Wissenschaftsjournalistin Janet Hopson, »desto tiefer und harscher wird seine Stimme – und klingt damit lauter« (Hopson, 1980). Eine laute Stimme sorgt dafür, dass der Körper größer und Furcht einflößender wirkt. Wut, die sich in allen Kulturen in denselben nonverbalen Signalen äußert, ist während des Liebeswerbens nie ein gutes Zeichen.

Signale für Verrat sind ebenso verstörend. Belügt Ihr Partner manchmal andere Menschen? Lügen sabotieren die kameradschaftliche Liebe, weil sie das Vertrauen zerstören. Betrug ist ein weit verbreitetes Problem in Millionen von Ehen, da uns das Lügen leicht fällt. Auch unsere nächsten Verwandten unter den Primaten, die Affen, lügen und betrügen. Schimpansen, die zu 99 Prozent unsere DNA besitzen, sind äußerst geschickte Lügner. Der Zoologe Frans de Waal berichtet von Luit, einem erwachsenen Schimpansenmännchen, das seine Lippen mit der Hand zusammenpresste, um das unterwürfige Angstgrinsen zu verstecken, das er gegenüber seinem Rivalen Nikki gezeigt hatte (Waal, 1982). Ebenso wie viele Menschen versuchte auch Luit, seine wahren Gefühle mit einem Trick zu verbergen.

Beim Liebeswerben wird ein Betrug häufig von Wut überlagert. »Seit etwa einem Monat«, so ein dreißigjähriger Mann,

Wie verhält sich Ihr Partner Fremden gegenüber?

»schreibt meine Freundin E-Mails an einen Typen von der Uni, den sie im Internet kennen gelernt hat. Die beiden haben ständig Kontakt, aber wenn ich nachhake, wird sie furchtbar wütend auf mich.« Ihre Wut ist ein betrügerischer Trick. Partner ballen ihre Hände zu Fäusten, werden laut und werfen sich böse Blicke zu, um ihre Lüge zu maskieren. In diesem Fall soll ihr Gebrüll den Freund davon abhalten, mehr über die E-Mail-Affäre zu erfahren. Die von ihr gezeigte Wut verheißt nichts Gutes für die Beziehung. Die häufigsten nonverbalen Signale für eine Lüge sind:

1. selteneres Kopfnicken,
2. starkes Blinzeln,
3. häufige Selbstmanipulationen wie das Berühren von Fingerspitzen, Lippen und Nase,
4. eine reduzierte Gestik beim Sprechen.

Partner, die lügen, verraten sich durch ausweichende Blicke, schnelles Blinzeln und weit ausholende Bewegungen. Da sie ihre eigenen Worte selbst nicht überzeugen, greifen sie auf Gesten zurück, die man normalerweise verwendet, um das Gesagte zu unterstreichen. Ein schlechtes Gewissen zeigt sich auch in gesenkten Blicken und der Unfähigkeit, dem anderen in die Augen zu sehen. Wer unter Stress steht, braucht mehr Sauerstoff. Das zeigt sich daran, dass plötzlich nicht mehr durch die Nase, sondern durch den Mund eingeatmet wird.

Nonverbale Signale für Lügen und Wut sind ein eindeutiges Zeichen dafür, dass mit der Beziehung irgendetwas nicht in Ordnung ist. Noch aufschlussreicher ist es, wenn sich die

Partner gar nicht mehr berühren. Wenn die Liebe weniger wird, werden auch die Berührungen weniger:

> *»Ich bin seit acht Jahren mit meiner Jugendliebe verheiratet. Wir haben zwei kleine Kinder, ein Mädchen und einen Jungen. Als wir gestern nach dem Abendessen zusammen im Wohnzimmer saßen, war mein Mann ungewöhnlich schweigsam. Ich wollte wissen, was los ist, als er mir ohne Vorwarnung sagte, dass er mich nicht mehr liebe und die Scheidung einreichen wolle. Ich fühlte mich wie gelähmt, mir fehlten die Worte. Seit Jahren hatten wir ein kleines Ritual, das darin bestand, uns mindestens einmal am Tag zu sagen, dass wir uns lieben. Wir berühren uns kaum noch, aber da wir uns zumindest verbal zeigen, dass wir uns lieben, dachte ich, alles sei in bester Ordnung.«*

Kameradschaftliche Liebessignale

Nichtsexuelle Berührungen

Weil Berührungen, Umarmungen und Händchenhalten unmittelbarer und wesentlich verlässlicher sind als Worte, signalisieren sie eindeutig, dass man sich gern hat. Neurologisch betrachtet, werden Worte erst auf höheren Ebenen der Großhirnrinde verarbeitet, bevor die tiefer liegenden Gefühlszentren ihre emotionale Bedeutung erfassen. Umgekehrt dringen taktile Signale sofort in die Gefühlszentren vor, bevor sie in der Großhirnrinde registriert werden. Regelmäßige Berührungen haben eine heilende Wirkung, die Paaren hilft, ihren anstrengenden Alltag zu bewältigen. Berührungen zeigen nicht nur, dass man sich gern hat, sondern erhöhen auch die Ausschüttung der glücklich machenden Endorphine.

Umarmen Sie Ihren Partner zweimal am Tag, um ihm zu zeigen, dass Sie sich um ihn sorgen und ihn lieben. Wenn sehen glauben heißt, heißt berühren wissen.

Eine Methode, sich körperlich wieder näher zu kommen, ist der »Zwanzig-Sekunden-Kuss«. Er wird auch von Eheberatern empfohlen, die den Paaren als Hausaufgabe auftragen, sich einmal pro Tag zwanzig Sekunden lang zu küssen. Ein längerer Lippenkontakt erhöht den männlichen Testosteronspiegel und lässt bei der Frau das Gefühl von Nähe und Vertrautheit entstehen. Die Paare bekommen auch die Anweisung, sich regelmäßig die Schultern, Hände und Füße zu massieren. Diese Körperteile, die mit äußerst sensiblen Gefühlsnerven verbunden sind, werden durch Berührungen emotional stimuliert.

Eine liebevolle Stimme

Sprechen Sie liebevoll mit Ihrem Partner. Forschungen von Stanford Gregory und Stephen Webster von der Kent State University haben ergeben, dass Paare ihre Stimmlage unbewusst aneinander anpassen. Die Forscher raten, mit sanfter Stimme zu sprechen, um ebenfalls sanft angesprochen zu werden. Wer einen verärgerten, fordernden oder sarkastischen Ton an den Tag legt, muss sich nicht wundern, wenn der andere genauso antwortet. Gregory und Webster berichten, dass man die Stimmlage seines Partners mit der eigenen Stimme kontrollieren und so eine positive Grundstimmung erzeugen kann.

Zusammenbleiben: Signale für eine glückliche Beziehung

Aufgrund der überlegenen nonverbalen Sprachareale in der rechten Gehirnhälfte der Frau, kann sie Wut, Lug und Betrug deutlicher aus seiner Stimme heraushören als er aus ihrer.

Auf bestimmte Tonlagen reagieren wir mit ganz bestimmten Gefühlen. Die drei tierischen Lautäußerungen, die auch der Mensch benutzt, nämlich Knurren, Blaffen und Jammern, werden hörbar, sobald wir angespannt, wütend oder verärgert sind. Diese uralten Stimmgebungen senden eine verstörende Botschaft aus – »irgendwas stimmt hier nicht« – und sollten während des Liebeswerbens unbedingt vermieden werden. In ihrer jüngeren Sprachentwicklung wurde die menschliche Stimme musikalisch tonal. Auf einer psychologischen Ebene wird die melodische Intonation als angenehm empfunden. Achten Sie darauf, wie Sie mit wem reden: Wenn Sie sich mit Ihrem Partner unterhalten, sollte Ihre Stimme stets leicht freudig erregt klingen.

Wird die Hand hinter den Kopf gelegt, bedeutet das eindeutig: »Irgendwas stimmt hier nicht.«

Ein Schlüssel zur nonverbalen Kommunikation ist *Redundanz*. Wer eine Botschaft mehrfach wiederholt, erhöht die Wahrscheinlichkeit, dass sie beim Gegenüber richtig ankommt. Männer gehen bei einer Unterhaltung mit der Partnerin meist davon aus, dass es reicht, nur anfangs liebevoll zu sprechen. Danach verfallen sie wieder in eine tiefere Stimmlage, die sie auch in der Unterhaltung mit anderen Männern verwenden. Doch Frauen interpretieren die Änderung im Tonfall immer auch als Veränderung seiner Gefühle. Deshalb sollte ein Mann dauerhaft liebevoll sprechen, um der Frau zu zeigen, dass er sie wirklich liebt.

Eine effektive Methode zu zeigen, dass man sich gern hat, besteht darin, die Zeitung sinken zu lassen, den Fernseher auszuschalten, sich vorzubeugen und dem Partner in die Augen zu schauen, wenn man sich unterhält. Achten Sie gleichzeitig auf Stimmungssignale von Lippen, Schultern und Händen.

Gemeinsam lachen

Je mehr Sie zusammen lachen, desto näher kommen Sie sich. Lachen ist eine Aktivität des gesamten Gehirns, die Areale des primitiven Hirnstamms, die Zentren der motorischen und kognitiven Großhirnrinde, die Lustzentren in den Stirnlappen, den Hypothalamus und das Mittelhirn beansprucht. Wird heftig gelacht, sehen Sie einen weit geöffneten Mund, ein unwillkürliches Zucken der Atemmuskulatur, geweitete Nasenlöcher, tränende Augen, ein Erröten des Gesichts und ein wiederholtes Vorbeugen von Kopf und Rumpf.

Soziales Lachen war früher weniger eine Sache des Humors, sondern entwickelte sich bei den Primaten, um deren freundschaftliche Beziehungen zu stärken. Und das funktioniert bei uns genauso gut wie bei Gorillas und Schimpansen (Van Hooff, 1967). Auf einer emotionalen Ebene führt das gemeinsame Lachen zur gemeinsamen Heiterkeit (Ruch, 1993). Auf der körperlichen Ebene setzt das Lachen den Muskeltonus herab und fördert die Entspannung. Auf der chemischen Ebene lindert das Lachen den Stress, weil dabei euphorisierende Endorphine, Enkephaline, Dopamin, Noradrenalin und Adrenalin ausgeschüttet werden. Und auf der sozialen Ebene schweißt Sie das Lachen zusammen und macht Sie zu Verbündeten gegen Fremde bzw. gegen äußere Einflüsse, die Sie nicht kontrollieren können.

Lachen ist ansteckend. Das bei Fernsehserien eingespielte Gelächter soll die Zuschauer dazu bringen, mitzulachen. Beim Liebeswerben vereint dasselbe Nachahmungsprinzip lachende Paare, während sie ihre rhythmischen Stimmgebungen, Gesichtsausdrücke und Bewegungen imitieren. Für das Lachen gilt genau dasselbe wie für Berührungen, Umarmungen und eine liebevolle Stimme: Je verschwenderischer Sie damit umgehen, desto mehr stärken Sie die kameradschaftliche Liebe.

Der Harvard-Psychologe Robert Rosenthal fand Folgendes heraus: Menschen, die nonverbale Signale interpretieren können, sind anpassungsfähiger, extrovertierter und beliebter als jene, die das nicht können.

Kommunizieren, kommunizieren, kommunizieren!

Um es mit den Worten der Baseballlegende Lawrence Peter (»Yogi«) Berra zu sagen: »Das Liebeswerben ist erst vorbei, wenn's vorbei ist.« Tauschen Sie also nonverbale Zeichen,

Kommunizieren, kommunizieren, kommunizieren!

Signale und andere Indikatoren für eine intakte Beziehung aus. Indem Sie diesen Ratgeber lesen und dabei lernen, Ihre eigenen sowie die Liebessignale Ihres Partners zu verstehen, bekommen Sie das Bewusstsein, das für eine lebendige, stabile, einfühlsame Partnerschaft notwendig ist. Wenn Sie die Körpersprache der Menschen aus Ihrer Umgebung beobachten und richtig interpretieren, werden auch Sie sicher bald Ihren Traumpartner fürs Leben finden!

Danksagung

Ich möchte mich bei meinen Kollegen aus der Anthropologie, der Archäologie, der Biologie, der Linguistik, den Neurowissenschaften, der Psychologie, der Semiotik und der Soziologie bedanken, deren Forschungen erheblich zu dem vorliegenden Buch beigetragen haben. Außerdem danke ich meiner Agentin Eileen Cope von Lowenstein-Yost Associates in New York, die mir bei diesem Projekt stets mit Rat und Tat zur Seite stand. Mein besonderer Dank gilt meiner Lektorin bei St. Martin's Press, Diane Reverand, für ihre Begeisterung und ihre Anregungen sowie ihrer Assistentin Regina Scarpa für ihre Ausdauer und Geduld.

Literatur

Alford, Richard, *Adornment*. In: David Levinson und Melvin Ember (Hrsg.): *Encyclopedia of Cultural Anthropology*, New York 1996, S. 7–9.

Amato, Ivan, *In Search of Human Touch*. In: *Science* 258:17, November 1992, S. 1436–1437.

Barber, Elizabeth, *Women's Work: The First 20.000 Years*, New York 1994.

Bastock, Margaret, *Courtship: An Ehological Study*, Chicago 1967.

Beck, S., Ward-Hull, C. und McLear, P., *Variables Related to Women's Somatic Preferences of the Male and Female Body*. In: *Journal of Personality and Social Psychology* 34, 1976, S. 1200–1210.

Berman, Jennifer und Berman, Laura, *Nur für Frauen*, München 2002.

Birren, Faber, *Color & Human Response*, New York 1978.

Blass, Elliott M., *The Ontonegy of Motivation: Opioid Bases of Energy Conservation and Lasting Affective change in Rat and Human Infants*. In: *Current Directions in Psychological Science*, August 1992, S. 116–120.

Bradbury, Jack W., Vehrencamp, Sandra L., *Principles of Animal Communication*, Sunderland, Massachussetts 1998.

Burgoon, Judy K., *Nonverbal Signals*. In: Knapp, Mark L. und

Miller, Gerald R. (Hrsg.), *Handbook of Interpersonal Communication,* London 1994, S. 229–285.

Buss, David M., *Psychological Sex Differences: Origins Through Sexual Selection.* In: Clinchy, Blythe McV. und Norem, Julie K. (Hrsg.), *The Gender and Psychology Reader,* New York 1998.

Canary, Daniel J. und Emmers-Sommer, Tara M., *Sex and Gender Differences in Personal Relationships,* New York 1997.

Cappella, Joseph N., *Conversational Involvement; Approaching and Avoiding Others.* In: Wiemann, John M. und Harrison Randall P. (Hrsg.), *Nonverbal Interaction,* Beverly Hills 1983, S. 113–148.

Carlson, Neil R., *Physiology of Behavior,* Boston 1986.

Chartrand, T. L. und Bargh, J. A., *The Chameleon Effect: The Perception-Behavior Link and Social Interaction.* In: *Journal of Personality and Social Psychology* 76 (6), S. 893–910.

Cho, Emily und Fisher, Neila, *Instant Style,* New York 1996.

Crown, Lawrence, *Marilyn at Twentieth Century Fox,* London 1987.

Damasio, Antonio R., *Descartes' Irrtum. Fühlen, Denken und das menschliche Gehirn,* München 1995.

Darwin, Charles (1871), *Die Entstehung der Arten durch natürliche Zuchtwahl* (mehrere Ausg.) und *Die Abstammung des Menschen.*

Darwin, Charles (1872), *The Expression of the Emotions in Man and Animals,* New York 1998.

Dutton, D. G. und Aron, Arthur, *Some Evidence for Heightened Sexual Attraction Under Conditions of High Anxiety.*

In: *Journal of Personality and Social Psychology* 30, S. 510–517, 1974.

Eibl-Eibesfeldt, Irenäus, *Die Biologie des menschlichen Verhaltens*, Vierkirchen-Pasenbach 2004.

Fast, Julius, *Körpersprache*, Reinbek bei Hamburg 1979.

Field, A. E., Cheung, L., Wolf, A. M., Herzog, D. B., Gortmaker, S. L. und Colditz, G. A., *Exposure to the Mass Media and Weight Concerns Among Girls*. In: *Pediatrics* 103 (3), S. 36.

Fincham, Frank D., Leyan, O. L. Fernandes und Humphreys, Keith, *Communicating in Relationships*, Champaign, Illinois 1993.

Goleman, Daniel, *Emotionale Intelligenz*, München 1997.

Grammer, Karl, Schiefenhoevel, W., Schleidt, M., Lorenz, B. und Eibl-Eibesfeldt, I., *Patterns on the Face: The Eyebrow Flash in Crosscultural Comparison.* In: *Ethology* 77, S. 279–299.

Gross, A. E. und Crofton C., *What is Good is Beautiful.* In: *Sociometry* 40, S. 85–90.

Hall, Edward, *The Silent Language*, Garden City, New York, 1959.

Hess, E. H., *The Role of Pupil Size in Communication.* In: *Scientific American* 233, 1995, S. 110–119.

Hoebel, E. H., *The Cheyennes*, Chicago 1978.

Hogbin, Ian, *A Guadalcanal Society: The Kaoka Speakers*, New York 1964.

Hopson, Janet, *Growl, Bark, Whine & Hiss: Deciphering the Common Elements of Animal Language.* In *Science* 80 (Mai/Juni), S. 81–84.

Horne, Timothy (Hrsg.), *Gray's Anatomy: The Anatomical Basis of Medicine and Surgery,* London 1995.

Horvath, T., *Correlates of Physical Beauty in Men and Women.* In: *Social Behavior and Personality* 7, S. 145–151.

Ingoldsby, Bron B., *Mate Selection and Marriage.* In: Ingoldsby, Bron B. und Smith, Suzanna (Hrsg.), *Families in Multicultural Perspective,* New York 1995, S. 143–160.

Kandel, Eric R., *Perception of Motion, Depth and Form.* In: Kandel, Eric R., Schwartz, James H., Jessell, Thomas M. (Hrsg.), *Principles of Neural Science,* Norwalk, Connecticut 1991.

Kantowitz, Barry H. und Sorkin, Robert D., *Human Factors,* New York 1983.

Karson, Craig, N., *Oculomotor Disorders in Schizophrenia.* In: Joseph, Anthony B., Young, Robert R. (Hrsg.), *Movement Disorders in Neurology and Neuropsychiatry,* Cambridge 1992, S. 414–421.

Kastor, Elizabeth, *Head Over Heels.* In: *Washington Post Magazine,* März 6, 1994, S. 28–30, S. 38.

Kevles, Bettyann, *Females of the Species: Sex and Survival in the Animal Kingdom,* Cambridge 1986.

Knapp, Mark L., *Nonverbal Communication in Human Interaction,* New York 1972.

Korthase, K. M., Trenholme, I., *Perceived Age and Perceived Physical Attractiveness.* In: *Perceptual Motor Skills* 54, S. 1251–1258.

LaFrance, Marianne und Hecht, Marvin A., *Gender and Smiling: A Meta-Analysis.* In: Fischer, Agenta H., *Gender and Emotion: Social Psychological Perspectives,* Cambridge 2000, S. 118–142.

Langlois, Judith H. und Roggman, Lori A., *Attractive Faces Are Only Average.* In: *Psychological Science* 1 (2) 1990, S. 115–121.

LeVay, Simon, *Keimzellen der Lust,* Heidelberg 1994.

Liebowitz, Michael R., *The Chemistry of Love,* Boston 1983.

Malinowski, Bronislaw, *The Sexual Life of Savages in Northern Melanesia: An Ethnographic Account of Courtship, Marriage and Family Life Among the Natives of the Trobriand Islands,* British New Guinea, New York 1929.

Manstead, Antony S. R., *Gender Differences in Emotion.* In: Blythe, McV. Clinchy und Norem, Julie K. (Hrsg.), *The Gender and Psychology Reader,* New York 1998, S. 236–264.

Massey, Lorraine, *Curly Girl,* New York 2002.

Master, William H., Johnson, Virginia E. und Kolodny, Robert C., *Masters and Johnson on Sex and Human Loving,* Boston 1986.

May, J. L. und Hamilton, P. A., *Effects of Musically Evoked Affect on Women's Interpersonal Attraction Toward and Perceptual Judgements of Physical Atractiveness of Men.* In: *Motivation and Emotion* 4, S. 217–228.

Mehrabian, Albert, *Orientation Behaviors and Nonverbal Attitude Communication.* In: *Journal of Communication* 17, 1967, S. 324–332.

Mehrabian, Albert, *Silent Messages: Implicit Communication of Emotions and Attitudes,* Belmont, California 1981.

Mita, T. H., Derner, M. und Knight, J., *Reversed Facial Images and the Mere-Exposure-Hypothesis.* In: *Journal of Personality & Social Psychology* 13, S. 89–111.

Morris, Desmond, *Der nackte Affe,* München 1970.

Morris, Desmond, *Social Intimacy.* In: Katz, Albert, M. und Katz, Virginia T. (Hrsg.), *Foundations of Nonverbal Communication,* Carbondale 1983, S. 134–147.

Morris, Desmond, *Bodytalk. The Meaning of Human Gestures,* New York 1994.

Mowat, Farley, *Das Ende der Fährte. Die Geschichte der Dian Fossey und der Berggorillas in Afrika,* Bergisch-Gladbach 1989.

Naumann, Earl, *Love at First Sight: The Stories and Science Behind Instant Attraction,* Naperville, Illinois 2001.

Nauta, Walle J. H. und Feirtag, Michael, *The Organization of the Brain.* In: Llinás, Rodolfo R. (Hrsg.), *The Workings of the Brain: Development, Memory and Perception, 1976–1987,* New York, S. 17–36.

Ogilvie, M., A., *Wild Geese,* Vermillion, South Dakota 1978.

Parton, Dolly, *Dolly,* New York 1994.

Patzer, Gordon L., *The Physical Attractiveness Phenomena,* New York 1985.

Perrett, D. I., Max, K. A. und Yoshikawa, S., *Facial Shape and Judgements of Female Attractiveness.* In: *Nature* 368:17 (März) 1994, S. 239–242.

Pond, Caroline M., *Biological Origins of Adipose Tissue in Humans.* In: Morbeck, Mary Ellen, Galloway, Alison und Zihlman, Adrienne L. (Hrsg.), *The Evolving Female: A Life-History Perspective,* Princeton, S. 147–162.

Pope, Harrison G., Phillips, Katharine A. und Olivardia, Roberto, *Der Adonis-Komplex. Schönheitswahn und Körperkult bei Männern,* München 2001.

Porges, Stephen W., *Orienting in a Defensive World: Mamma-*

lian Modifications of Our Evolutionary Heritage. A Polyvagal Theory. In: *Psychophysiology* 32, 1995, S. 301–318.

Restak, Richard, *Brainscapes,* New York 1995.

Richmond, Virginia P., McCroskey, C. und Payne, Stephen K., *Nonverbal Behavior in Interpersonal Relations,* Englewood Cliffs 1991.

Rodgers, Joann E., *Sex: A Natural History,* New York 2001.

Ruch, Willibald, *Exhilaration and Humour.* In: Lewis, M. und Haviland, J. M. (Hrsg.), *The Handbook of Emotion,* New York 1993, S. 605–616.

Sapir, Edward, *The Unconscious Patterning of Behavior in Society* (1927). In: Mandelbaum, David (Hrsg.), *Selected Writings of Edward Sapir,* Los Angeles 1958, S. 544–549.

Savic, I., Berglund, H., Gulyas, B. und Roland, P., *Smelling of Odorous Sex Hormonelike Compounds Causes Sex-Differentiated Hypothalamic Activations in Humans.* In: *Neuron* 31 (4), 2001, S. 661–668.

Stern, K. und McClintock, M. K., *Regulation of Ovulation by Human Pheromones.* In *Nature* 392, 1998, S. 177–179.

Stewart, Elizabeth G., *The V Book: A Doctor's Guide to Complete Vulvovaginal Health,* New York 2002.

Stewart, R. A., Tutton, S. J. und Steele, R. E., *Stereotyping and Personality: I. Sex Differences in Perception of Female Physiques.* In: *Perceptual and Motor Skills* 36, 1973, S. 811–814.

Stoddart, Michael D., *The Scented Ape: The Biology and Culture of Human Odour,* Sydney 1990.

Symons, Donald, *The Evolution of Human Sexuality,* New York 1979.

Tennov, Dorothy, *Limerenz: über Liebe und Verliebtsein,* München 1981.

Tyrangiel, Josh, *Dating After Doomsday.* In: *Time* vom 1. Oktober 2002, S. 107.

Van Hooff, J., *The Facial Display of the Catarrhine Monkeys and Apes.* In: Morris, Desmond (Hrsg.), *Primate Ethology,* Chicago, S. 7–68.

Vargas, Marjorie Fink, *Louder than Words: An Introduction to Nonverbal Communication,* Ames 1986.

Vienne, Véronique, *Reinventing the Rules.* In: *Style* (September 1997), S. 149–152, 154, 156, 158, 160.

Waal, Frans De, *Wilde Diplomaten,* München 1993.

Waller, Willard, *The Rating and the Dating Complex.* In: *American Sociological Review* (2), S. 727–737.

Walters, Mark Jerome, *Courtship in the Animal Kingdom,* New York 1988.

Zajonc, R. B., *Attitudinal Effects of Mere Exposure.* In: *Journal of Personality and Social Psychology* (9), 1986, S. 1–27.

Register

A

Abendessen, Kulisse 260f.
Abneigung 99f.
Absätze, hohe 231ff.
Adamsapfel 217
Adrenalin(spiegel) 27, 294ff., 312
Affen 27, 127, 151, 220, 223, 227f.
Aftershave 285f.
Aggression/Aggressivität 235, 305
Aktivationssystem, Retikuläres (RAS) 89
Alford, Richard 197f.
Allen, Woody 73
Amato 139
Ambiente 271-274
Amygdala 29f., 107, 286f.
Anastasia 69
Androgen 209
Androsteron 291, 293
Angst/Ängste 26, 270, 295
Angststörung 106
Anolis 57
Antilopen 267
Antoinette, Marie 65
Aphrodisiaka 291ff.
–, legendäre 292f.
Aphrodite 104
Arbeitsplatz, Synchronie 125
Archibald, George 85ff.
Arme 243-246
Aron, Arthur 192, 295
Assoziationseffekt 252
Asymmetrien, Gesicht 191
Attraktivität, sexuelle
– Evolution 210ff.
Attraktivitätsniveau, Partner 215
Aucoin, Kevyn 69
Aufmerksamkeit (erregen) 37f., 47-80
Augen (große) 88, 100f.
Augenbewegungen, verräterische 129f.

Augenbrauen (attraktive) 33f., 68-71
– Flirtfaktor 188f.
»Augengruß« 33
Auslese, sexuelle 181
Ausstellungen, landwirtschaftliche 280f.

B
»Babyduft« 279
Balzrevier 54, 57
Banfi, Lorenzo 236
Barber, Elizabeth 240f.
Bargh, J. A. 93
Basalganglien 25, 92, 196
Bastock, Margaret 3, 47, 59, 81, 97
Bata, Sonja 230
BDD (Body dysmorphic disorder) 214
Beck, S. 219
Beine, »Brezel«-Haltung 121
»Beinkleid« 237-241
Belladonna 83
Berggorilla 146 *siehe auch* Gorillas
Bergman, Ingrid 239
Bernstein 245

Berra, Lawrence Peter (»Yogi«) 312
Berührung(en) 137-160
–, erste 143-152
–, nichtsexuelle 308f.
Berührungsphase 43f.
Besitzverhältnisse 265
Beziehung, glückliche 299-313
Birdwhistell, Ray 82, 145
Birren, Faber 261
Blaffen 310
Blass, Elliott M. 289
Blau 227
Blicke 81-109
– Begegnung 192-196
Blickkontakt (intensiver) 102f., 112f.
Blinzeln 87
Blut-Hirn-Schranke 290
Bogart, Humphrey 239
Bradbury, Jack W. 222
Brando, Marlon 236
»Brezel«-Haltung, Beine 121
Brille 189ff.
Brown, Ron 290
Brust 219ff.
Brustmuskel 78

Brutfürsorge 134
Burgoon, Judee 63f., 112, 127, 132
Buss, David 135, 167, 212

C
Canary, Daniel J. 151, 167, 194
Cappella 124, 133
Capsaicin 289
Carlson, Neil R. 287
Carroll, Marilyn 293
Carter, Sue 296
Casanova, Giacomo 298
Chamäleon-Effekt 87, 90
Chanel, Coco 233f.
Chartrand 93
Cheyenne-Indianer 36
Cho, Emily 217
Cicero 177
Cingulus anterior 196
CLEM (conjugate lateral eye movement) 129f.
Colliculus inferior/superior 58, 89
Crawford, Cindy 191
Crofton 132
Crown, Lawrence 70, 264
Cruise, Tom 181f.

D
Damasio, Antonio R. 188
Darwin, Charles 23, 37, 39, 95, 101, 155, 201, 203, 223
David-Figur 203f., 206
– Unterschiede zur Venus-Figur 207f.
Dean, James 182, 228
Demutsgesten 37, 39
Deodorant 277, 280
Dermapigmentation 192
Desinteresse 106
Diaz, Cameron 238
Dimorphismus, sexueller 67
Distanz, personale 254
Dopamin 89, 143, 167, 292, 312
Duett 90
Duft ausblenden 284
Duftnoten, Komposition 283f.
Duftsignale, Präsenz 278-281
Dundee, Alan 232
Durant, Will 135
Dutton, D. G. 295
Dysmorphophobie 214

E
Ehe, Herausforderungen 302
Ehestifter 21

Register

Eibl-Eibesfeldt, Irenäus 17f., 235
Eindruck, erster 63
Elch 66
Elefanten 138
Emmers-Sommer, Tara M. 151, 167, 194
Endorphine 143, 312
En-face-Blick/-Kommunikation 19f.
Enkephaline 143, 312
Epithel, olfaktorisches 278
Erröten 87, 95
Erstarren 106
Euphorie 196
Evans-Pritchard, Edward 165

F

Farben 248f.
Feirtag, Michael 286
Field, Alison 215
Fincham, Frank D. 167, 303
Fingernägel 119
Fische 218
Fisher, Helen 195
Fisher, Neila 217
Flavour 286ff.
Fledermäuse 267

Flirt(en) 31, 41ff., 59, 95, 189, 237
– Gesetz, ungeschriebenes 52f.
Flockhart, Calista 221
Fluchtdistanz 256
Fonda, Peter 235
Fossey, Dian 41, 146, 271
Frauen
– denken über Sex 166f.
–, Duft der 276ff.
»Fremdeln« 26-28
Fremden, Körpersprache gegenüber 303-308
Fremdenangst 27f., 30f., 95, 150, 255
Frisur *siehe* Haare
Frisurbotschaften 196-200
siehe auch Haare
Fronatlismuskeln 70
Früchte, verlockende 282f.
Fußfetischisten 213

G

Garbo, Greta 182
Gargalesis 143
Gehirn, Sehzentren 127
Gelb 62
Gemeinsamkeitsprinzip 117
Gemmen 246

Generation X 239
Gershman, Suzy 225
Geruchssinn 137, 279
Geschlechterunterschiede 128
Geschlechtsmerkmale
–, primäre 209
–, sekundäre 209
Gesicht 177-200
– Attraktivität 182-185
Gespräch, Verwicklung 259
Gesprächseröffnungen 117f.
– Quiz 117f.
Gesten/Gestik 119-123
–, verräterische 97ff.
Gewöhnungseffekt 31ff., 64
  siehe auch Mere Exposure
Giacometti, Alberto 253
Gibbons, Henry 157
Gleichgültigkeit 106
Glupschaugen 100
Godfrey, Peter 290
Gogh, van 62
Gold 246
Goleman, Daniel 172
Gorillas 30, 67, 109, 219
Gottlieb, Ann 283
Gottman, John 305
Grammer, Karl 189
Grapschen 151f.

Grenzlinien 265
Grille 59
Grooming Talk *siehe* Putzsprechen
Gross 132
Grün 270
Gruppenzugehörigkeit 231
Guppys 66
Gyrus cinguli 141, 149, 188

H
Haare 64f., 87, 96f. *siehe auch* Frisurbotschaften
Hall, Edward 115, 144, 229, 251, 253f.
Hals 76f., 217
Halsganglion 83
Halsgrübchen 77
Haltung 203-208
Haltungsecho 42, 90f.
Hamilton, P. A. 252
Hände 22-26, 119
Handrücken 150
Harmlosigkeit, Signale 74-77
Hatfield, Elaine 300
Hatherley, Lynette 290
Hausfink 66
Hecht 132
Hediger, Heini 256

Register

Helferinstinkt 75
Hepburn, Audrey 220
Hess 83
High Heels 231
Hingucker 245 f.
–, klassische 181 f.
Hinterhauptsmuskel 189
Hippokrates 197
Hirsch, Alan 284, 286
Hoebel 36
Hogbin, Ian 240
Höhepunkt *siehe* Orgasmus
Homo
– habilis 180
– sapiens 17, 184
Hooff, Van 311
Hopson, Janet 306
Horvath, T. 218, 221
Hüftbewegungen 222
Hüften 221-224
Hula-Röcke 241
Hulk 73
Hunde 67
Hypothalamus 127, 276 f., 281

I

Idealgesicht 183
Imperativ, territorialer 266
Indigo 227

Ingoldsby 165
Insula (Gehirnareal) 196
Intelligenz, Probe 113
Intentionsbewegungen 87, 97 f., 146
Interkostalnerven 170
Internet 21
Intonation, melodische 310
Intuition, weibliche 84
Isopraxismus 90, 92 f., 148, 237 f.

J

Jammern 310
Jeans 227-230
Johnson, Virginia 164 f.
Jolie, Angelina 238
Jung, Carl 275

K

Kameen 246
Kandel, Eric R. 22
Kantowitz, Barry H. 133
Karson, Craig N. 89
Kastor, Elizabeth 232
Katastrophensex 295
Katzen 67, 151
Kehlkopf-Schildknorpel 217
Kendon, Adam 159

Kerzenlicht 273
Kidman, Nicole 72
Kiefer, Kommunikation mit 101f.
Kindchenschema 184f., 200, 210
Kinesik 145
Kinnlade, heruntergefallene 88
Kinsey, Alfred 213
Kissinger, Henry 235
Kitzeln 142f.
Klammern 153
Kleidung 225-249
Klein, Calvin 228f.
Knapp, Mark L. 251, 259f.
Knight 32
Knismesis 143
Knurren 310
Kochlearnerv 167
Koitus 166
Kommunikation, sexuelle 163ff.
Kompliment 90, 94
Kontrapost 203ff., 213
Konversation(sphase) 40-43, 111-136
Kopfnicken 112
Kopf-zu-Kopf-Kontakt 301f.

Koralle 245
Körper, verführerischer 201-224
Körperdistanzen 254
Körperextensionen 144
Körpergeruch 282, 285
Körpertyp
–, ektomorpher 219, 221
–, endomorpher 219f.
–, mesomorpher 219, 221
Kortex
–, frontaler 141
–, primärer olfaktorischer 284, 286
Korthase, K. M. 183
Kovecses, Zoltan 162
Kranialnerven (facialis, glossopharyngeus, vagus) 142
Kraniche *siehe* Schreikranich
Kulisse, Abendessen 260f.
Kulturschock 254
Kummerblick 155
Kümmerinstinkt 184
Kuscheldroge 296f.
Kuss/Küsse
– Definition (wissenschaftliche) 157
–, duftende 281f.
–, erster 156-160

L

Lächeln
–, höfliches 187
–, zygomatisches 187
Lachen 311
LaFrance, Marianne 132, 198f.
Langlois, Judith 185
Lanvin, Jeanne 283
Laubenvogel, Balzverhalten 53f.
Lawrence, D. H. 161
Leakey, Louis 271
Leidenschaft 304
Lek(king) 266-269
Lévi-Strauss, Claude 14
Licht, gelbes/goldenes 272
Lidheber (Musculus levator palpebrae superioris) 130
Lidmuskeln 101
Liebe
–, »auf den ersten Blick« 193
–, kameradschaftliche 300-303
–, leidenschaftliche 300-303
– ohne Worte 162f.
–, Sucht 293-296
–, wahre 164
Liebesglück, Haltbarkeit 305
Liebesschwur 173f.
Liebessignale, kameradschaftliche 308-312
Liebeswerben, Phasen 37-45
Liebkosung, sanfte 140
Liebowitz, Michael 291
Limbisches System 227
Linkshänder 255
Lippen lesen, von den 130ff.
Lippenmuskulatur 108
Lockstoffe 275
Lopez, Jennifer 72
Loren, Sophia 182
Lorenz, Konrad 184
Löwen 67, 138
Lüge
– Signale, nonverbale 307

M

Macht 45
MacLean, Paul 92
Madonna 72, 181f., 221, 232
Mandelkern *siehe* Amygdala
Mann/Männer
– Anatomie, sexuelle 172
– denken über Sex 166f.
–, Duft der 276ff.
Männerschuhe 234ff.
Männlichkeit betonen 65ff.
Manstead, Anthony S.R. 131, 186

Massey, Lorraine 198
Masters, William 164f.
Matisse, Henri 253
Max, K. A. 183
Maximizer 216
May, J. L. 252
McClintock, M. K. 298
Mehrabian, Albert 61, 93, 205
Meissnerkörperchen 170
Menschenaffen 35 *siehe auch* Gorillas sowie Schimpansen oder Orang-Utans
Mere Exposure 31
Merkelscheiben 170
Michelangelo 22, 203
Mimik(ry) 56, 29ff., 90, 180, 185-188
Mimikry-Prinzip, reptilisches 92
Minelli, Liza 192
Mita, T. H. 32
Mittelhirn 59
Mode *siehe* Zeichen, modische
Modetipps 242f.
Money, John 168
Monroe, Marilyn 69f., 182, 19, 220f., 264
»Moro-Reflex« 153
Morris, Desmond 35, 98, 114, 300

Moschus 276
Motivationskonflikt 91
»Moutza«-Geste 24
Mowat, Farley 271
Mund, verkniffener 108f.
Muscheln 245
Musculus (Muskel)
– depressor anguli 131
– gastrocnemius 233
– superior rectus 130
Musik 252
Mutter-Kind-Bindung 138
Muttermal 191

N

Nachtlokale, Vorteile 272
Napoleon 298
NASA 35, 208, 229
Nauta, Walle J. H. 286
Nervus posterior femoralis cutaneus 171
Nichtreaktion 105
Noradrenalin 312
Nucleus
– accumbens 294
– caudatus (Gehirnareal) 196
–, präoptischer/ventromedialer 277

O

Oberkörper vorneigen 88
Ogilvie, Malcolm 91
Ohr 125
Olivardia, Roberto 214
Onyx 245
Opossums 138
Orang-Utans 109
Orbicularis ori 109
Orbifrontal-Kortex 142
Orbiscularis-oris-Muskeln 157
Orgasmus 167f.
Orientierungsreflex 99, 263ff.
Östrogen 209, 276f.
»Ötzi« 241
Ovid 299
Oxytocin 167, 173f., 296, 297

P

Pacini-Körperchen 235
Pacori, Marco 84
Parallelisierung 90
Partialismus 213
Partner, Attraktivitätsniveau 215
Partnerlook 237
Partnervermittlung 21
Parton, Dolly 64
Patzer, Gordon L. 182, 190, 215
PEA *siehe* Phenyläthylamin
Perett, D. I. 183
Perineum 171
Perioralbereich 141
Peripathetiker 126
Perlen 246
Personenbeschreibungen, Schwierigkeiten 179f.
Pfau 67
Phenyläthylamin (PEA) 289ff.
Pheromone 298
Phillips, Katharine 214
Pinguin-Haltung 38
Pinguintanz 90
Pittman, Quentin 297
Platon 162
Po 221-224
Pond, Caroline 220
Pope, Harrison G. 214
Popenoe, David 302
Porges, Stephen W. 265
Präriehahn 57
Präsenz 57ff.
– Duftsignale 278-281
Presley, Elvis 26, 182, 236
Primaten 34, 55, 126ff., 154, 178, 218, 220, 279, 282 *siehe auch* Menschenaffen
Proxemik 254

Pubertät 210, 240, 271
Pudendalnerv 44, 171
Pupillen 83f.
Pupillometer 83
Putamen (Gehirnareal) 196
Putzsprechen (Grooming Talk) 114
Pygmalionismus 104

R
Ramachandran, Vilayanur 62
RAS *siehe* Aktivationssystem, Retikuläres
Rechtshänder 255
Rede-/Zuhörzeiten, Timing 123-126
Redundanz 310
Reinhardt, Ad 249
Reptilien 218
Restak, Richard 114
Rhinencephalon 280
Rhythmus 57f.
Richmond 130
»Riechhirn« 280, 283
Rivers, Joan 175
Rodgers, Joann E. 166, 297
Rodin, Auguste 22, 201, 206
Roggman, Lori 185
Romantik 269ff.
Rosenthal, Robert 312
Rot 227
Ruch, Willibald 312
Rückenmark, Vorderstrangbahn 171
Runzelmuskeln 187
Russel, Bertrand 137

S
Sägezahnmuskel 78
Sapir, Eward 120
Sartre, Jean Paul 253
Satisfaction Principle 216
Satisficer 216
Säugetiere 218
Savic, Ivanka 276f.
Schärfe, trigeminale 287ff.
Scheflen, Albert 96
Schimpansen 24, 61, 94, 109, 306 *siehe auch* Affen
Schlafzimmerblick 155, 193
Schmuck 225-249
Schokolade, Sex-Appeal 289ff.
Schönheitsfleck 191
Schönheitsideal(e) 212
–, männliches 203
–, weibliches 71, 202
Schreikranich, 85ff.

Schüchternheit 75, 106
Schuhe 230-234 *siehe auch* Männerschuhe
– Frauen, Tricks 231-234
Schulter(n)/Schulterblätter 72f., 78ff.
–, kalte 108, 217ff.
– Tipps 246ff.
Schulterumarmung 301
Schwangerschaft 210
Schwarmbildungsinstinkt 269
Schwartz, Barry 216
Schwarzenegger, Arnold 73
Scott, Walter 264
Sebum 281
Seebarsch 66
Sehen, trichromatisches 63
Sehzentren, Gehirn 127
Seidenäffchen 128 *siehe auch* Affen
Selbstmanipulationen 149
Serotonin 289f.
Sex 161-176, 222
–, Hunger auf 286f.
–, nach dem 174ff.
– Zeitpunkt, richtiger 163ff.
Sex-Appeal, Schokolade 289ff.
Sexphase 44f.
Sexualduftstoffe 277

Shakespeare, William 292
Shields, Brooke 228f.
Sicherheitsabstand 253-261
Signale
–, haarige 64f.
–, negative 105f.
Signalfarben 48
Silber 246
Simon, Herbert 216
Singh, Devendra 71, 73
Snyder, Whitey 70
Sokrates 291
Sorkin 133
Spiegelglatze 197
Spiegelung 90
Spinnen 38
Sprache der Liebe, nonverbale 19ff.
Stärken betonen 213-216
Stern, K. 298
Stewart, Elizabeth 169
Stewart, R. A. 221
Stichling 59
Stimme, liebevolle 309ff.
Stockenten 97, 124
Stoddart, Michael D. 276, 283, 285
»Stoffstreifenrock« 239
Strawinsky, Igor 253

Striatum, ventrales 194
Supraorbitalregion 68, 70
Symons, Donald 161, 178
Synchronballett 92 ff.
Synchronie 90
– Arbeitsplatz 125

T
Taille 71 f.
Taillen-Hüftumfang-Verhältnis 72
Talgdrüsen 282
Tanzen 222
tarsalis inferior/superior (Lidmuskeln) 101
Tastsinn 137
Tätowierungen 243
Taylor, Elizabeth 192
Team 55 f.
Tennov, Dorothy 299
Testosteron(spiegel) 276, 285
Thalamus 142
Themen, Unterhaltungen 134 ff.
Thorndike, Edward 26
Tipton, Billy 66
Tonfall 132 f.
Trapezmuskel 78
Treffpunkte, geeignete 133 f.

Trenholme, I. 183
Trigeminusnerv 287
Tryptophan 289 f.
Turnschuhe 236 f.
Tyrangiel, Josh 295

U
Übersehen werden 104 ff.
Uganda-Wasserböcke 266
Umarmung(en) 308 f.
–, seitliche 154
–, frontale 155
–, erste 153 ff.
Umgebung, richtige 251-274
Unisex-Look 239
Unterarmoberseite 150
Unterhaltungen, Themen 134 ff.
Unterschenkel 235
Unterwürfigkeit 75

V
Vay, Simon Le 126 f.
Vehrencamp, Sandra L. 222
Venus von Milo 202, 205, 220
Venus-Figur 202, 204
– Unterschiede zur David-Figur 207 f.
Venusringe 207

Verhalten, postkopulatorisches 173f.
Verlockung, Prinzip 48
Verrat, Signale 306
Vibrissae 141
Vienne, Véronique 225, 237
Viszeralnerven 28
VNO *siehe* Vomeronasalorgan
Volksfeste 280f.
Vomeronasalorgan (VNO) 297
Vorderstrangbahn, Rückenmark 171
Vorspiel, Sex 166
– Tipps 169-173
Vorübergehen 60ff.

W

Waal, Frans de 61, 306
Wahrnehmen 39
Wale 138
Walk & Talk 125
Waller, Williard 252
Walross/-rösser 66, 267
Walters, Mark Jerome 85
Waschbrettbauch 214
Webster, Gregory/Stephen 309
Weiblichkeit betonen 65ff.
Werben 34
Wernicke-Areal 186

West, Mae 17
Wettbewerbsdruck 266
Wimpernklimpern 88f.
Winkeldistanz 262f.
Wissen 45
Wolf 151
Wolfsspinne 38

X

Xenophobie 26

Y

Yoshikawa, S. 183

Z

Zähnezeigen 159
Zajonc, Robert 31, 34
Zärtlichkeit, Signale 140-143
Zehendekolletee 232
Zeichen, modische 62f.
Zeki, Semir 195f.
Zone(n)
–, erogene 161
–, persönliche 257ff.
Zuhör-/Redezeiten, Timing 123-126
Zuneigung 99f.
Zungezeigen 30
Zurückweisung 81